教育部人文社会科学研究青年项目资助
项目名称：新制度经济学意识形态理论批判与应对研究——基于维护意识形态安全的视角
（项目批准号：11YJC710056）
2012年南京信息工程大学科研启动费项目成果
2009年国家哲学社会科学基金重点项目"当代西方意识形态终结理论批判与我国意识形态安全"（项目批准号：09AZZ001）的阶段性成果

新制度经济学意识形态理论批判与我国意识形态安全研究

魏崇辉 著

图书在版编目（CIP）数据

新制度经济学意识形态理论批判与我国意识形态安全研究 / 魏崇辉著. —北京：中央编译出版社，2014.6
ISBN 978-7-5117-2203-4

Ⅰ.①新… Ⅱ.①魏… Ⅲ.①新制度经济学—意识形态—研究②意识形态—国家安全—研究—中国 Ⅳ.①F091.349 ②D631

中国版本图书馆CIP数据核字（2014）第114759号

新制度经济学意识形态理论批判与我国意识形态安全研究

出 版 人：	刘明清
出版统筹：	董　巍
责任编辑：	王媛媛
责任印制：	尹　珺
出版发行：	中央编译出版社
地　　址：	北京市西城区车公庄大街乙5号鸿儒大厦B座（100044）
电　　话：	（010）52612345（总编室）　（010）52612363（编辑室）
	（010）52612316（发行部）　（010）52612315（网络销售）
	（010）52612346（馆配部）　（010）66509618（读者服务部）
传　　真：	（010）66515838
经　　销：	全国新华书店
印　　刷：	北京振兴源印务有限公司
开　　本：	710毫米×1000毫米　1/16
字　　数：	245千字
印　　张：	16.25
版　　次：	2014年6月第1版第1次印刷
定　　价：	48.00元
网　　址：	www.cctphome.com　　邮　箱：cctp@cctphome.com
新浪微博：	中央编译出版社　　微　信：中央编译出版社（ID：cctphome）

本社常年法律顾问:北京市吴栾赵阎律师事务所律师　闫军　梁勤
凡有印装质量问题，本社负责调换。电话：010-66509618

作为一种新政治经济学，借由"制度"和"意识形态"分析，新制度经济学促成了经济学对政治学研究领域的侵入，为观察政治现象提供了新角度。作为新制度经济学组成部分的意识形态理论强调和凸显了意识形态的经济功能，为社会转型期国家意识形态建设提供指导。但新政治经济学视域下，新制度经济学对意识形态的理论建构是资本主义意识形态的展示。这集中体现在新自由主义视域。新自由主义视域下，包含意识形态理论的新制度经济学本身就是一种资本主义意识形态。基于马克思主义意识形态理论，本书认为，对新制度经济学意识形态理论的研究需要综合新政治经济学与新自由主义双重视域展开。综合视域下，新制度经济学通过强调是否促进经济发展作为判断意识形态的标准，刻意回避意识形态的阶级标准，本质上推崇的是资本主义意识形态，表面上"泛"意识形态化，实质是非意识形态化。对新制度经济学意识形态理论的全面认识应该包括两方面的内容：其一，新政治经济学视域下，新制度经济学对意识形态的基本认识，包含意识形态的涵义、特征和功能等。这是作为新制度经济学组成部分的意识形态理论；其二，作为一种新自由主义思潮，包含意识形态理论的新制度经济学本身就是一种资本主义意识形态。前者服从于、服务于后者，两者密切勾连。原因在于，新政治经济学是新自由主义经济学之一，侧重于学术思潮视角，而新自由主义则多带有意识形态色彩。本书的分析以作为新制度经济学一个组成部分的意识形态理论的理论建构为线索，围绕包含意识形态理论的新制度经济学的资本主义意识形态性展开。

通过对意识形态概念和理论缘起与变迁的交融分析，可以归纳社会变迁时期意识形态嬗变的基本境况。清晰地认识马克思主义意识形态理论意义上意识形态的涵义、特征、功能和结构是展开新制度经济学意识形态理论批判的基础。新制度经济学是一种新政治经济学和一种新自由主义存在。作为新制度经济学组成部分的意识形态理论建构在其制度理论、交易费用理论、产权理论、国家理论基础之上。由于自洽性需求，意识形态被引入研究的视域，借由修正的理论预设和方法论的个人主义，通过内涵解读等得以构造出一个生存体系。这一体系理论建构是资本主义意识形态的展示。在此过程中，作为一种新自由主义的新制度经济学的意识形态性不断得以彰显。这表现在新制度经济学意识形态的基本主张、根本立场、目标指向上。

意识形态安全是国家安全的重要组成部分。只要国家存在，意识形态就不会终结。意识形态安全与社会制度维系、执政合法性增强、社会整合、国家利益维护有重要关联，意识形态安全在我国具有重要意义。当前，影响我国意识形态安全现状的因素有新中国成立以来意识形态建设的经验和教训，有正在经受的由全球化、网络化、社会转型所带来的急剧变迁，既有有利的条件，又面对着诸多威胁。这是我国遭遇新制度经济学意识形态理论的背景。新制度经济学意识形态理论对我国意识形态安全构成多层面的威胁。

以马克思主义意识形态理论为指导与参照，对新制度经济学意识形态理论的批判是应对其威胁的基本步骤。通过两种意识形态理论的比较性解读，不能无视两种意识形态理论在意识形态经济功能、现实特征、实现路径等方面的契合与互补，但本质上，两种意识形态理论是对立与冲突的。这种对立与冲突是新制度经济学衍生背景的具体体现。虽然我国当代马克思主义意识形态理论实行了对新制度经济学意识形态理论的超越，但并不代表在维护意识形态安全方面就可以高枕无忧了。在着重发挥社会主义核心价值体系基础作用的同时，还需要构建应对新制度经济学意识形态理论威胁、维护我国意识形态安全的体系。

总的来说，必须深化意识形态研究。要深化对马克思主义意识形态理论的研究、深化对非马克思主义意识形态理论的研究、深化对意识形态安全的研究。要认识到在理论和实践中坚持和发展马克思主义是科学地认识各种非马克思主义的基础。必须推动马克思主义与非马克思主义的对话和交流，深刻认识非马克思主义的本质与影响，坚持用发展的马克思主义指导实践。同时，要消解制度拜物教，坚定地走中国特色社会主义道路。由于新制度经济学是制度拜物教的典型体现，当前，既要积极借鉴和运用新制度经济学等西方文明成果，更要坚定地走中国特色社会主义道路。如何认识、处理坚持公有制的主体地位与维护我国的基本制度之间的关系，是需要进一步深入思考的问题。

Abstract

As a kind of new political economy, through the system and ideological analysis, new institutional economics contributes to the field of economics on the intrusion of political science research and provides the observed angle of political phenomena. As an important part of the new institutional economics,the theory of ideology highlightes the economic function of ideology and provides guidance for the ideological construction of social transition countries. But under the perspective of new political economics the theoretical construction of new institutional economics' theory of ideology is still the ideology of capitalism.As a neo-liberalism, new institutional economics is itself a capitalist ideology.New institutional economics of comprehensive horizon emphasizes the judgment standard of theory as promoting economic development or not,which dilutes the class nature of ideology apparently and praises the capitalist ideology. New institutional economics theory of ideology is of pan-ideological apparently and non-real ideology essentially.Based on Marxist theory of ideology the total understanding of new institutional economics theory of ideology should include two aspects:First, new institutional economics theory of ideology under the perspective of new political economics includes the meaning,characteristics and functions of ideology. Second, as a neo-liberalism, new institutional economics is itself a capitalist ideology.Integrated perspective of new institutional economics theory of ideology is a threat to our ideological security.

Through discussing the blend of the origin and change of concepts and theories of ideology,the paper can summarize the basic situation of ideology during social change.By studying Marxist theory of ideology,we can clearly understand the ideological meaning, characteristic, function and structure of Marxism, which paves the way for criticizing new institutional economics theory of ideology. New institutional economics is a kind of new political economics and that of neo-liberalism. New institutional economics theory of ideology is constructed on theory of institution, transaction cost, property rights and state under the perspective of new political economics.As the self-consistent demand the theory of ideology is introduced.And by the revised theory of default,methodology of individualism and connotation, new institutional economics constructs a live system for ideology. As a neo-liberalism, new institutional economics is itself a capitalist ideology.This can be seen from the basic ideas, the fundamental positions and the target points of new institutional economics. Based on Marxist theory of ideology,we can see the facts as follows:The basic ideas of new institutional economics are liberalization, privatization, marketization.The fundamental positions of new institutional economics are property privatization and western-style democracy,and they oppose the socialist public ownership and socialism.The target points of new institutional economics are to advocate neo-liberalism and to maintain capitalist interests.

Ideological security is an important component of national security. Long as the state exists, the ideology will not end. Ideological security has close contact with the maintenance of social system,the enhancement of legitimacy,social integration and the safeguard of national interests. Ideology security is important in our country. At present,there are many factors impacting the situation of China's ideological security which include the experience and lesson of maintaining the ideological security from the founding of New China ,the dramatic changes brought by globalization, networking and social transformation.There are many favorable conditions and threats among them. There are many multi-dimensional threats of new institutional economicstheory of ideology to China's ideological security.

By taking Marxist theory of ideology as a guide to criticize the construction of new institutional economics theory of ideology,the paper interpretates the theories of comparative ideologies and finds many problems of new institutional economics theory of ideology. Meanwhile, the paper points that there are sone complementaries and fits between two kinds of ideological theory.Contemporary Marxist theory of ideology can transcend new institutional economics theory of Ideology.Critique of this study is a more clear understanding of threats of new institutional economics theory of ideology to Chinas ideological security which will help for better building the prerequisite and foundation of the response system.

To successfully deal with the threat of new institutional economics theory of ideology and to maintain ideological security,we need the leadship of the socialist core value system.And we should uphold the party controling ideology and grasping the ideological leadership firmly.Marxist theory of property rights should be adhered to.Socialist economic system should be upheld and improved.We should adhere to the socialist political system and promote the development of socialist democratic politics.Under the guidance of Marxism we should strengthen the critical study of western thought, such as new institutional economics. Socialist ideals and beliefs should be educated and. established firmly.We should persisted in reform and opening up and adhere to the national interests above everything else.

We should deepen the research of theory of Marxist ideology,non-Marxist theories of ideology and ideological security,which is the basis of understanding various non-Marxist scientifically to maintain and develop Marxism in the theory and practice.We should promote the dialogue and exchang of Marxist and non-Marxist,understand the nature and influence of non-Marxist deeply and adhere to the guidance of Marxism with the practice of development.We should break system fetishism and firmly take the socialist road with Chinese characteristics. As new institutional economics is the typical embodiment of the fetishism,we should actively learn and apply western civilization including new institutional economics and should firmly take the socialist road with Chinese characteristics at the same time.There are some questions which need further thought ,for example how to recognize and deal with the relationship between the dominant position of public ownership and the maintenance of the basic system, and so on.

目录

第一章 绪论 ··· 1

第一节 问题的提出与研究意义 ······················· 3
一、问题的提出 ··· 3
二、研究意义 ·· 4

第二节 研究现状 ··· 8

第三节 研究方法、研究思路、框架与创新之处 ··· 19
一、研究方法 ·· 19
二、研究思路、框架 ··································· 19
三、创新之处 ·· 23

第四节 需要说明的几个问题 ·························· 24

第二章 意识形态的流变：从柏拉图到马克思主义 ········ 29

第一节 意识形态：缘起与变迁 ······················· 31
一、柏拉图的"意识形态" ···························· 32
二、意识形态概念的英、法、德起源 ············· 33
（一）培根：意识形态概念的英国起源 ········· 33
（二）特拉西：意识形态概念的法国起源 ······ 35
（三）黑格尔：意识形态概念的德国起源 ······ 37

第二节　马克思主义意识形态理论创设与发展：从马克思到列宁 … 40
　　　一、"虚假的意识"：马克思对意识形态的批判 …………… 41
　　　二、"虚假的意识"与"观念的上层建筑"的统一体……… 42
　　　三、马克思主义意识形态理论：从马克思到列宁的发展 …… 44
　　第三节　意识形态：特征、功能与结构 ……………………… 46
　　　一、意识形态的特征 ………………………………………… 46
　　　二、意识形态的功能 ………………………………………… 50
　　　三、意识形态的结构 ………………………………………… 53

第三章　新制度经济学意识形态理论的学理解析…………… 58

　　第一节　新制度经济学的思想渊源与基本定位 ……………… 58
　　　一、作为一种新政治经济学的新制度经济学 ……………… 59
　　　　（一）新政治经济学前史：以探究政治学与经济学关系为线索… 59
　　　　（二）新政治经济学的兴起与新制度经济学的基本研究取向 … 61
　　　二、作为一种新自由主义的新制度经济学 ………………… 63
　　　　（一）从古典自由主义到新自由主义 …………………… 64
　　　　（二）新制度经济学：新自由主义的当代中国代表 ……… 65
　　第二节　新制度经济学意识形态理论的建构 ………………… 67
　　　一、制度理论 ………………………………………………… 68
　　　　（一）制度的含义 ………………………………………… 68
　　　　（二）制度产生的原因 …………………………………… 69
　　　　（三）制度的类型 ………………………………………… 70
　　　　（四）制度变迁 …………………………………………… 71
　　　二、交易费用理论 …………………………………………… 72
　　　三、产权理论 ………………………………………………… 74
　　　四、国家理论 ………………………………………………… 75
　　　五、新制度经济学引入意识形态理论的理论预设、方法论与目的 … 76

　　　　（一）理论预设：有限理性经济人 …………………………… 77
　　　　（二）方法论的个人主义 …………………………………… 81
　　　　（三）引入意识形态理论：一种自洽性需要 ……………… 83
　　六、作为新制度经济学组成部分的意识形态理论
　　　　——基于政治交易范式 …………………………………… 86
　　　　（一）意识形态及其变迁 …………………………………… 87
　　　　（二）国家、合法性与意识形态 …………………………… 89
　第三节　新制度经济学意识形态理论本质透析 ………………… 92
　　一、作为新制度经济学组成部分的意识形态理论的本质 ……… 93
　　二、新制度经济学意识形态本质
　　　　——基本主张、根本立场与目标指向 …………………… 95

第四章　新制度经济学意识形态理论对我国意识形态安全的威胁 …………… 102

　第一节　意识形态安全：内涵与判断标准 ……………………… 102
　　一、国家安全与意识形态安全 …………………………………… 102
　　二、判断意识形态安全的标准探析 ……………………………… 105
　第二节　意识形态安全的重要意义 ……………………………… 109
　　一、意识形态安全是社会制度得以维系的基本体现 ………… 109
　　二、意识形态安全是增强执政合法性的基本要件 …………… 110
　　三、意识形态安全是社会有效整合的基本保障 ……………… 112
　　四、意识形态安全是维护国家利益的基本手段 ……………… 113
　　五、我国意识形态安全的重要意义 …………………………… 114
　第三节　我国意识形态安全现状：
　　　　　遭遇新制度经济学意识形态理论的背景 ………………… 115
　　一、建国以来：我国意识形态安全现状形成的回顾与反思 …… 115
　　　　（一）意识形态安全视域的毛泽东意识形态理论与实践 …… 116

　　　　（二）意识形态安全视域的中国特色社会主义
　　　　　　　理论体系意识形态理论与实践 …………………… 117
　　二、全球化背景下的我国意识形态安全 ……………………… 120
　　　　（一）什么是全球化与谁的全球化：全球化的实质 ……… 120
　　　　（二）全球化对我国意识形态安全构成的威胁与压力 …… 122
　　三、网络化背景下的我国意识形态安全 ……………………… 125
　　　　（一）网络化及其在我国发展现状 ……………………… 125
　　　　（二）网络化对我国意识形态安全构成的威胁与压力 …… 126
　　四、社会转型背景下的我国意识形态安全 …………………… 128
　　　　（一）社会转型：含义与特征 …………………………… 128
　　　　（二）社会转型对我国意识形态安全构成的威胁与压力 … 130

第四节　新制度经济学意识形态理论
　　　　　对我国意识形态安全威胁的具体表现 ………………… 133
　　一、借助于"泛"意识形态化攻击马克思主义 ……………… 134
　　二、借助于科斯定理促动产权私有化改革 …………………… 137
　　三、借助于政治科斯定理推行西方式民主 …………………… 140
　　四、借助于"经济学帝国主义"渗透社会科学各领域 ……… 143
　　五、借助于工具理性消解价值理性 …………………………… 145
　　六、借助于新自由主义政策主张肢解民族国家 ……………… 147

第五章　新制度经济学意识形态理论批判：
　　　　　以马克思主义意识形态理论为指导与参照 ………… 150

第一节　契合与互补：两种意识形态理论之间 ………………… 151
　　一、意识形态经济功能方面 …………………………………… 151
　　二、意识形态承担主体方面 …………………………………… 153
　　三、意识形态实现路径方面 …………………………………… 154
第二节　无法回避的意识形态性：新制度经济学缘起的背景分析 … 156

一、资本主义制度省思：凯恩斯主义失效与福利国家"破产"…… 156

　　二、自由主义思潮在经济领域的修正发展：
　　　　从未改变的意识形态 ………………………………………… 159

　　三、没有帝国的帝国主义：
　　　　经济全球化大肆渲染的资本主义意识形态 ……………… 160

　　四、社会主义与资本主义的并存、竞争与对立 ……………… 162

　第三节　对立与冲突：新制度经济学意识形态理论批判　164

　　一、缺乏经验事实支持的理论预设 ………………………… 164

　　二、方法论个人主义与意识形态的社会性 ………………… 167

　　三、以降低交易成本为意识形态的基本功用 ……………… 169

　　四、以非阶级因素为意识形态变迁推动力 ………………… 171

　　五、以西方世界为理论构建的基本语境 …………………… 172

　　六、以解释西方世界为基本目标 …………………………… 174

　　七、以资本主义意识形态为永恒存在 ……………………… 176

第六章　维护意识形态安全的具体路径：
　　　　基于对新制度经济学意识形态理论的超越 ………… 179

　第一节　我国当代马克思主义意识形态理论
　　　　　对新制度经济学意识形态理论的超越 ……………… 180

　　一、以科学的态度对待意识形态及其建设 ………………… 180

　　二、始终以最广大人民的根本利益为基本取向 …………… 182

　　三、社会主义现代化建设是我们当前最大的政治 ………… 183

　　四、以"构建社会主义和谐社会"为展示方式 …………… 184

　　五、坚持和平发展道路，反对霸权主义和强权政治 ……… 186

　第二节　社会主义核心价值体系：
　　　　　应对新制度经济学意识形态理论威胁的基础 ……… 190

　　一、意识形态与核心价值体系的关系 ……………………… 190

二、现象背后的原因：核心价值体系的对立与冲突 …………192

　　三、以社会主义核心价值体系引领意识形态建设 ……………194

第三节　针对性措施：应对新制度经济学意识形态理论威胁与

　　　　维护意识形态安全……………………………………………197

　　一、坚持党管意识形态，

　　　　塑造维护意识形态安全的坚强领导核心………………………198

　　二、坚持和完善社会主义经济制度，

　　　　夯实维护意识形态安全的经济基础 …………………………202

　　三、坚持和完善社会主义政治制度，

　　　　构建维护意识形态安全的政治基础 …………………………210

　　四、以马克思主义为指导，

　　　　加强对新制度经济学等西方思潮的批判性研究………………214

　　五、牢固树立社会主义理想信念，

　　　　切实维护意识形态安全的思想基础 …………………………218

　　六、坚持改革开放，坚持国家利益至上，

　　　　营造维护意识形态安全的国际环境 …………………………220

结　语……………………………………………………………………224

参考文献…………………………………………………………………234

后　记……………………………………………………………………244

第一章 绪论

基于对马克思主义意识形态理论分析,本书认为,对新制度经济学意识形态理论①的考察需要综合新政治经济学与新自由主义双重视域②展开。本书对新制度经济学意识形态理论的研究包含有新制度经济学对

---

① 可以从认识论与实践论层面来进行意识形态理论研究。认识论的意识形态理论研究主要是对意识形态的基本认知。实践论视域下,意识形态可以分为广义与狭义两方面。广义意识形态实际上是一个包括经济、政治与文化等主要社会领域并最终以制度巩固下来的总体性文化,而狭义意识形态则只专指文化观念领域中的思想。所以,立足实践论进行的意识形态理论研究也应该分为广义与狭义两方面。广义的意识形态理论研究包含有经济、政治与文化等社会领域的各个方面。狭义的则仅仅局限于文化领域中的思想。综合认识论与实践论,本书认为,完整的"马克思主义意识形态理论"研究包含有马克思主义对意识形态的概念界定,对意识形态特征与功能的研究("马克思主义的意识形态理论"),还包含其对意识形态发展必由之路——马克思主义的研究。相应的,"新制度经济学意识形态理论"研究应包括有新制度经济学对意识形态的基本认知(这是新政治经济学视域下,新制度经济学的意识形态理论的基本内容。学界基于新政治经济学视域一贯将作为新制度经济学组成部分的意识形态理论表述为"新制度经济学意识形态理论",严格来说,其应该称为"新制度经济学的意识形态理论")及新制度经济学意识形态。学界一直以来的新制度经济学意识形态理论研究集中于新政治经济学视域。表面上,新政治经济学视域下,作为新制度经济学组成部分的意识形态理论刻意回避阶级性,新制度经济学似乎是以"价值中立"的姿态论述意识形态。但以马克思主义意识形态理论为指导,本书认为,新政治经济学视域下,新制度经济学对意识形态的理论构建是资本主义意识形态的展示,更关键的是,新自由主义视域下,包括意识形态理论的新制度经济学本身就是一种意识形态。本书综合新政治经济学和新自由主义分析新制度经济学对意识形态的基本认识及其鼓吹的资本主义意识形态。这与仅从新政治经济学视域、回避阶级性的考察是不同的。一般认为,新自由主义经济学运用经济学的基本分析理路,广泛渗透到其他学科中,形成了诸如新政治经济学(新自由主义经济学之一种)等交叉学科。新政治经济学侧重于学术思潮视域,新自由主义则多带有意识形态色彩。本书的分析以作为新制度经济学一个组成部分的意识形态理论的理论建构为线索,围绕包含意识形态理论的新制度经济学的资本主义意识形态性展开。参见杨生平:《论马克思主义意识形态理论的形成与发展》,北京:首都师范大学出版社1998年版。

② 《当代西方政治思潮(20世纪70年代以来)》一书中将新制度经济学作为新政治经济学的一个流派来研究,同时在"保守主义政治思潮"中将自由保守主义分为两种,其中之一即以保守自由市场为重点的经济学家,这些学者在经济学界被常称为"新自由主义者"。本书基于这种划分,从不同的视域将新制度经济学作出同属新政治经济学与新自由主义的划分。这是本书从双重视域考察新制度经济学意识形态理论的原因。参见徐大同主编:《当代西方政治思潮(20世纪70年代以来)》,天津:天津人民出版社2001年版。

意识形态的基本认识（新政治经济学①视域）以及新制度经济学意识形态（新自由主义视域）的内容。具体来说，新政治经济学视域下，新制度经济学对意识形态的理论建构是资本主义意识形态的展示②。这种不科学性集中体现在新自由主义视域。新自由主义视域下，包含意识形态理论的新制度经济学本身就是一种资本主义意识形态。前者服从于、服务于后者，两者密切勾连③。原因在于，新政治经济学是新自由主义经济学之一，侧重于学术思潮视角，而新自由主义则多带有意识形态色彩。综合新政治经济学与新自由主义双重视域，笔者认为，新制度经济学通过强调是否促进经济发展作为判断意识形态的标准，刻意回避意识形态的阶级标准，本质上推崇的是资本主义意识形态，表面上"泛"意识形态化，实质是非意识形态化。当前语境下，对意识形态的研究，不能仅仅停留在概念的解读上，而必须直面理论与实践，必须立足于当代中国的改革与发展。而且，对意识形态的关注，不能仅仅关注"副本"，更应该直面"正本"④。这里，在具体研究之前，对本书问题的提出、研究意义、研究现状、研究方法、研究思路、框架与创新之处以及需要说明的几个问题的阐释是必要的开端。

---

① 本书认为，可以从多重视域开展对新制度经济学意识形态理论的研究，比如，纯粹经济学视域、哲学（经济哲学）视域、新政治经济学视域等。而立足马克思主义意识形态理论、以维护意识形态安全为旨归的新制度经济学意识形态理论研究应以政治学与经济学交融的新政治经济学切入为最贴切、最合适。

② 对于西方经济学分析套路上的意识形态性，乔安·罗宾逊指出，"他们的先入之见与其说体现在明显的政治学说上，毋宁说体现在他们说喜欢研究的问题和他们据以进行研究的假设上。"参见张建君：《制度假设、分析工具与政治经济学的创新》，《当代经济研究》2007年第7期，第41~45页。

③ 这里"前者服从于、服务于后者，两者密切勾连"的意思是，新制度经济学对意识形态的认知是本书探究新制度经济学意识形态的线索。通过对作为新制度经济学组成部分的意识形态理论的切入分析，本书探讨了双重视域下的新制度经济学意识形态理论（如果没有学界对作为新制度经济学组成部分意识形态理论约定俗成的界定，这里则无需做此解释）。这体现了新制度经济学是学术思潮（新政治经济学）与意识形态（新自由主义）的综合，揭示了学术思潮与意识形态二者之间交融的关系：学术思潮是意识形态载体，意识形态是学术思潮的旨归。本书对此的认识参照了侯惠勤《析马克思主义意识形态理论的"冲突"》（载《中共南京市委党校南京市行政学院学报》，2007年第1、2期）的观点。

④ 马克思的意识形态批判存在两种：一种是对"正本"的批判，即对现实社会生产和生活的批判；一种是对"副本"的批判，即对作为现实社会生产和生活反映的意识形态的批判。对"副本"的批判建立在对"正本"科学批判的基础之上。相应地，对新制度经济学意识形态理论这一"副本"的批判必然要建立在对这一"副本"背后的"正本"批判的基础之上，不能就意识形态论意识形态。参见周宏：《解与批判——马克思意识形态理论的文本学研究》，上海：上海人民出版社2003年版，第225~226页。

第 1 章 绪论

第一节 问题的提出与研究意义

一、问题的提出

新制度经济学是当代西方①国家的主要政治思潮②之一。作为新政治经济学③的一种,新制度经济学运用经济学的方法研究政治问题,实现了学科研究的横向联合,为我们提供了全新的分析工具和理念。随着新制度经济学的一些代表人物(如科斯、诺斯④等)纷纷获得诺贝尔经济学奖,有人甚至将其与微观经济学、宏观经济学相提并论,称之共同构成了当代经济学的完整体系。传统的经济理论的三大传统柱石是——天赋要素、技术和偏好⑤。新制度经济学试图使人们认识到,仅有这三大柱石是不够的。制度应该成为经济理论的第四大柱石。"制度"和"意识形态"是其分析的基本范畴。借由制度分析,诺斯指出:"制度经济学的目标是研究制度演进背景下人们如何在现实世界中作出决定和这些决定又如何改变世界。"⑥新制度经济学促成了经济学对政治学研究领域的侵入,为观察政治现象提供了新视角。从政治经济的角度来看,新制度经济学为人们分析社会问题提供了新方法,对于转型国家来说,具有一定指导意义。作为新制度经济学(特别是诺斯的制度变迁理论)重要组成部分的意识形态理

---

① 这里的西方主要是一种政治意义上的概念,指的是以美国为首的西方发达资本主义国家。下同。
② 政治思潮作为一种观念形态可大致归结为:在特定历史条件下形成的,具有共同政治倾向和较为广泛影响的重大政治思想潮流。《当代西方政治思潮(20世纪70年代以来)》一书将"新制度经济学"作为新政治经济学之一来分析。仅仅从经济学上来看待新制度经济学对当代中国社会的影响,是不够的,也是不全面的,甚至不是主要的。当代中国语境下,对这个问题的认识更多应该从政治的角度开展。参见徐大同主编:《当代西方政治思潮(20世纪70年代以来)》,天津:天津人民出版社2001年版,导言2。该书中,"思潮"较"思想"而言,蕴涵范围更广,具有相当程度的受众,以"理论"为主要存在形式,并在一定程度上影响社会心理。
③ 布坎南(Buchanan)认为,新政治经济学是指那些与古典政治经济学相对的,力图突破正统新古典经济学狭隘的领域的几个学术流派,包括公共选择、调节的政治经济学、法学与经济学或法律的经济学分析、产权经济学、新制度经济学、新经济史学。参见布坎南:《宪法经济学》,刘军宁主编:《公共论丛(第2卷)》,北京:三联书店1996年版,第338页。
④ 作为新制度经济学的代表人物,"诺斯"的名字还经常被翻译成"诺思"。本书通用这两种译法。
⑤ 天赋要素指资本、劳动、土地等生产要素在各个经济主体之间如何保有;技术规定了生产要素和最终产品之间可能实现的投入产出关系;偏好指消费者的嗜好。这三个要素给定的话,经济的基本环境就确定下来了。其后的问题就是通过什么样的机制实现资源配置。新古典经济学认为是市场机制。
⑥ [美]诺思:《经济史中的结构与变迁》,上海:上海三联书店1991年版,第2页。

论，强调和凸显了意识形态的经济功能，为社会转型期国家意识形态建设提供指导。我们需要认识到的是，虽然新政治经济学视域下，新制度经济学表面上努力淡化意识形态的阶级性，但本质上，新自由主义视域下，包含意识形态理论的新制度经济学本身是一种资本主义意识形态。综合视域的新制度经济学意识形态理论从根本上是为了宣扬资本主义意识形态的"普世性"，为垄断资本利益服务。

因此，立足于马克思主义意识形态理论，对新制度经济学意识形态理论的全面认识应该包括两方面的内容：其一，新政治经济学视域下，新制度经济学对意识形态的基本认识，包含意识形态的涵义、特征和功能等。这是作为新制度经济学组成部分的意识形态理论；其二，作为一种新自由主义思潮，包含意识形态理论的新制度经济学本身就是一种资本主义意识形态。前者服从于、服务于后者，两者密切勾连。综合视域的新制度经济学意识形态理论对我国意识形态安全构成威胁。当前，新制度经济学在我国具有很大的影响力。学界展开了多重视角的研究，更多对集中于新政治经济学视域下，对作为新制度经济学组成部分意识形态理论的研究，缺少新政治经济学与新自由主义视域的综合性研究。本书试图综合双重视域系统阐述新制度经济学意识形态理论，比较马克思主义意识形态理论与新制度经济学意识形态理论的异同，"还意识形态以本来面目"，阐述新制度经济学意识形态理论对我国意识形态安全的威胁，以探寻威胁的应对为旨归。

二、研究意义[①]

当前，在我国存在着将西方资本主义意识形态当作"普世价值"的现象。这是一种"西化"的政治主张。"西化"政治主张与"西化"学术倾向之间存在密切关联。虽然前者是政治问题，后者是学术问题，两者的界限不可混淆，但需要注意到的是，不克服后者，前者就有土壤和市场。要克服学术思潮上的"西化"倾向，仅从政治上批判、揭露其实质和危害是不够的，还需要有针对性地从学理上加强马克思主义的研究，形成真正科学

---

① 魏崇辉：《两种意识形态理论的比较研究：马克思主义与新制度经济学——一个分析框架构建的尝试》，《上海行政学院学报》2010年第2期，第4~13页。

的、有充分说服力的马克思主义研究成果。①因此，在新制度经济学意识形态理论研究上，我们需要从学理上以马克思主义意识形态理论为指导，展开对新政治经济学视域下作为新制度经济学组成部分的意识形态理论的研究，搞清楚这一视域下意识形态理论具体内容，其所强调和论说的"意识形态"的基本内涵、特征与功能等。以此切入，论证新自由主义视域下，新制度经济学意识形态的旨趣。在此基础上，剖析新制度经济学意识形态理论对我国意识形态安全的具体威胁及应对措施。总体来看，对新制度经济学意识形态理论批判与我国意识形态安全的研究具有以下重要意义：

作为一种新政治经济学和新自由主义②，新制度经济学通过强调是否促进经济发展作为判断意识形态的标准，刻意回避意识形态的阶级标准，本质上推崇的是资本主义意识形态，表面上"泛"意识形态化，实质是非意识形态化。③新制度经济学彰显了意识形态的经济功能，体现了一定的"科学性"，但同时增加了意识形态的隐蔽性。④西方意识形态终结论的代表人物贝尔强调，从以下意义看，意识形态已经终结：在西方世界里，知识分子对政治问题基本达成共识：——接受福利国家，希望分权、混合经济体系和多元政治体系。新意识形态的驱动力是为了发展经济和民族强盛。通过宣告马克思主义意识形态的衰微，达到对资本主义辩护的目的，是贝尔等宣传非意识形态思潮的根本目的。新制度经济学则通过强调意识形态的经济功能，突出经济的意识形态判别标准，最终达到替资本主义鼓吹的目的，这与贝尔的意识形态终结论殊途同归。

---

① 王一程：《马克思主义是剖析"普世价值"问题的科学思想武器》，《政治学研究》2008年第6期，第5页。

② New Liberalism和Neo-Liberalism在英文中代表着截然不同的主张和诉求，分别属于政治哲学和经济学两种不同的学科语境。虽然两者都被翻译成"新自由主义"，但前者也被称作"现代自由主义"，是一种主张政府对经济进行广泛管理和部分干涉的政治经济立场，是生活于20世纪的自由主义者对19世纪古典自由主义的一种回应，更为注重和强调积极（肯定）的自由，致力于提高社会弱势群体和贫困成员的自由。而后者则通常被用以描述形成于20世纪70年代，并在80年代逐渐取得主导地位的一种政治——经济哲学。它鄙视或反对政府对经济的直接干涉，转而强调通过用鼓励自由市场、减少对商业运行和经济"发展"进行限制的手段来取得进步，实现社会正义。参见李小科：《澄清被混用的"新自由主义"——兼谈对New Liberalism和Neo-Liberalism的翻译》，《复旦学报（社科版）》2006年第1期，第56~62页。这里采用学界一贯的用词。

③ 魏崇辉：《两种意识形态理论的比较研究：马克思主义与新制度经济学——一个分析框架构建的尝试》，《上海行政学院学报》2010年第2期，第4~13页。

④ 同上。

哈贝马斯指出，当代西方资本主义国家，一方面，技术意识形态与老的宗教意识形态相比，"意识形态性较少"；另一方面，它更加隐蔽，更加难以抗拒，范围更广泛。老意识形态使用的办法是颠倒道德价值，新意识形态的办法是彻底把道德——价值排除在合法性论证之外。结果它甚至使具有解放潜力的生产力——科技的进步发挥使现存统治合法化的功能了。①当前，新制度经济学对我国经济学及其它学科影响非常大。立足于马克思主义意识形态理论，对新制度经济学意识形态理论的综合性研究有利于认清新制度经济学的本质，有利于批评地吸收其对我国意识形态建设有益的部分，有利于对我国意识形态安全形势有清醒的认识，进而积极维护意识形态安全②。

新制度经济学运用经济学的概念和分析工具，将意识形态作为影响经济绩效和制度演进的内生变量纳入分析框架，建构起颇具特色的意识形态理论。新制度经济学认为，意识形态是节约机制，通过它，人们认识了他们所处环境，减少了"试错"成本；同时，意识形态会通常与个人观察世界时对公平、公正所持的道德、伦理评价交织在一起，也就是说有时会在相互对立的理论和意识形态中作出选择。例如，收入分配是否公平的评价等。当人们原有的观念或经验与意识形态不符时，他们就会改变试图其意识形态，来发展一套更加适合其观念或经验的新的理性选择。意识形态是影响制度安排和经济变化的重要因素。作为一种制度，意识形态的变迁不可避免。在此过程中，国家起到重要作用。意识形态是维护政权合法性的重要因素，正因为如此，意识形态具有刚性。必须积极促进强制性和诱致性意识形态变迁的结合。国家要对意识形态教育投资以节约治理的交易成本。③在我国，党必须加强意识形态教育

---

① 法兰克福学派大力地批判西方当代意识形态运用他们引以自豪的发达的科技、对"效率"的崇拜以及"兼顾"型福利社会压抑清醒的批判意识的现象。参见［德］哈贝马斯：《作为"意识形态"的技术与科学》，上海：学林出版社1999年版，［美］马尔库塞：《单向度的人——发达工业社会意识形态研究》，上海：上海译文出版社1989年版。

② 魏崇辉：《两种意识形态理论的比较研究：马克思主义与新制度经济学——一个分析框架构建的尝试》，《上海行政学院学报》2010年第2期，第4～13页。

③ 由于Transaction Costs既可以翻译成"交易成本"，又可以翻译成"交易费用"，所以，本书中"交易费用"与"交易成本"通用。

的制度化建设,才能从根本上保证马克思主义在意识形态领域的指导地位。在非正式制度变迁中,党具有天然的优势。党可以促使有利于中国社会进步和生产力发展的制度的生成。我们党在意识形态建设上应该注重效率(意识形态经济功能)与公平的统一、原则性与包容性的统一等等,这是该理论给我们的启示。①

不同的学者依据不同的学术背景,对意识形态的理解各有侧重。心理学强调意识形态的心理整合功能,政治学强调意识形态的社会动员功能,人类学强调意识形态的文化意味,哲学家强调意识形态的求真取向。现代西方多强调意识形态的政治功能,并大量使用"政治意识形态"(political ideology)的概念。②这里强调了意识形态的心理功能、政治功能、文化功能和哲学功能,但对其经济功能没有给予应有的关注。这反映出我国学术界意识形态研究的普遍状况。而从政治经济的角度,在马克思主义意识形态理论的指导之下,在阐述新制度经济学意识形态理论的基础之上,批判地运用这一思想,有利于在理论上全面地认识意识形态理论,在实践中科学地推进意识形态建设。这与当前英美马克思主义研究主要趋势之一"分析的马克思主义"的基本思路是相吻合的,即运用博弈论、理性选择理论等经济分析的方法,完善其微观分析基础,重构传统的马克思主义理论,③这不失为一条推动马克思主义发展,促进马克思主义中国化的可能路径。④

中国特色社会主义理论体系是比较马克思主义意识形态理论与新制度经济学意识形态理论冲突、契合与互补之后当代超越的必然指向。这种比较既深刻剖析了马克思主义意识形态理论与新制度经济学意识形态理论的本质不同,又挖掘出二者之间的契合与互补,更与维护我国意识形态安全有着必然联系。同时,由于社会主义市场经济及其引致的社会转型对

---

① 魏崇辉:《两种意识形态理论的比较研究:马克思主义与新制度经济学——一个分析框架构建的尝试》,《上海行政学院学报》2010年第2期,第4~13页。
② 季广茂:《意识形态》,桂林:广西师范大学出版社2005年版,第6页。
③ 段忠桥:《20世纪70年代以来英美的马克思主义研究》,《中国社会科学》2005年第5期,第47~56页。
④ 魏崇辉:《两种意识形态理论的比较研究:马克思主义与新制度经济学——一个分析框架构建的尝试》,《上海行政学院学报》2010年第2期,第4~13页。

社会主义意识形态变迁与构建提出了要求,这一比较研究对此亦作出回应。而且,比较研究也促进我们在理论上对社会主义市场经济条件下当代中国意识形态建构原则①进行深入思考。虽然自从中共十七大上提出"中国特色社会主义理论体系"并进行了科学阐释以来,理论界做了大量的研究工作,取得了丰硕的成果,但更多地局限于对科学内涵、体系内容、历史发展、整体特征、内在联系、理论渊源、重大意义等层面,缺少比较视角的研究,而这却应该是研究当代中国意识形态变迁的一个不可或缺的视角。②

第二节 研究现状

关于制度的研究,最早始于古希腊。制度经济学正式提出之前,一些经济学家、社会学家如亚当·斯密、马克思、马克斯·韦伯等对制度已经进行了宏观分析,他们的研究偏重于整体性制度分析。西方制度经济学家如熊彼特、哈耶克、科斯、诺斯等人的制度研究则从多个层面分析经济现象、社会现象。新制度经济学运用制度、产权、国家(政府)和意识形态因素综合的理论分析框架阐述了制度内涵与构成,制度变迁与创新,交易费用理论,产权理论,国家与意识形态理论,制度与经济发展的关系等问题。他们的理性选择模型已经形成了比较成熟的研究框架,通过均衡分析及交易费用、有限理性、不完全信息、契约及权利结构等基本概念的运用,它可以解释制度的起源、性质、职能、变迁及其与经济绩效之间的关系等一系列问题。20世纪70、80年代以来,"对制度兴趣的复活已成为经济学、政治学、法学、人类学、社会学乃至历史学研究中的一个共同特征。为了有别于早期的制度研究,人们称这种新的制度分析方法为新

---

① 立足于马克思主义意识形态理论与新制度经济学两种意识形态理论的比较研究,笔者试图归纳当代中国意识形态建构原则:降低交易成本,有利于社会良性发展;坚持以人为本;坚持意识形态批判;坚持原则性与灵活性的统一,既坚持社会主义性质,又体现时代要求;加强全球化背景下意识形态安全工作。参见魏崇辉:《两种意识形态理论的比较研究:马克思主义与新制度经济学——一个分析框架构建的尝试》,《上海行政学院学报》2010年第2期,第13页。

② 魏崇辉:《两种意识形态理论的比较研究:马克思主义与新制度经济学——一个分析框架构建的尝试》,《上海行政学院学报》2010年第2期,第4~13页。

制度主义①（New Institutionalism）。"②新制度主义从不同视角对制度作出全面的研究，而且把视野扩展到公共管理、公共政策、比较政治学、国际关系等领域中。其中一些新制度经济学家运用经济学的框架结构阐述了他们的意识形态理论，以诺斯的阐释最具特色，最为全面、详细。作为新制度经济学组成部分的意识形态理论散见于科斯等的《财产权利与制度选择——产权学派与新制度学派译文集》（上海三联书店、上海人民出版社1994年版）；诺思的《经济史中的结构与变迁》（上海三联书店、上海人民出版社1994年版）、《西方世界的兴起——新经济史》（华夏出版社1989年版）、《制度变革的经验研究》（经济科学出版社2003年版）、《制度、制度变迁与经济绩效》（格致出版社、上海三联书店、上海人民出版社2008年版）、《理解经济变迁过程》（中国人民大学出版社2008年版）等等文献之中。国内也出现了对作为新制度经济学组成部分的意识形态理论进行研究的成果③，主要有：

①对新制度经济学的意识形态理论的文本解读。在对新制度经济学代表作剖析基础之上，解读新制度经济学意识形态理论的具体所指，并运用这一理论来分析其他相关理论问题。如杨雪冬发表在《经济社会体制比较》1996年第3期上的《意识形态与经济增长》、腾祥志发表在《学术月刊》1999年第2期上的《诺思的意识形态理论》、罗必良发表在《开放时代》1999年第3期上的《意识形态与经济发展》、黄新华发表在《理论与改革》2000年第6期上的《意识形态的新制度经济学分析》、马宝成发表在《新视野》2001年第3期上的《新制度经济学中的意识形态理论》、杨俊一发表在《哲学动态》2001年第4期上的《新制度经济学意识形态理论

---

① 以科斯、诺斯、威廉姆斯等为代表的新制度经济学与以加尔布雷思、缪尔达尔等为代表的新制度经济学之间在学术观点、研究方法上有明显区别。参见科斯等：《企业、市场与法律》，上海：上海三联书店1990年版；傅殷才：《制度经济学派》，武汉，武汉出版社1996年版。新制度主义政治学有历史制度主义、理性选择制度主义和社会学制度主义之分。本书主要强调的是以科斯、诺斯、张五常等为代表的新制度经济学及其指导下的理性选择制度主义政治学。参见朱德米：《新制度主义政治学的兴起》，《复旦学报（社会科学版）》2001年第3期，第107～113页。

② 何增科：《新制度主义：从经济学到政治学》，刘军宁主编：《公共论丛（第2卷）》，北京：三联书店1996年版，第345页。

③ 魏崇辉：《两种意识形态理论的比较研究：马克思主义与新制度经济学——一个分析框架构建的尝试》，《上海行政学院学报》2010年第2期，第4～13页。

的哲学阐释——兼论马克思主义意识形态理论的新视角》、陈捷发表在《西藏民族学院学报（哲学社会科学版）》2004年第1期上的《意识形态的经济分析——新制度经济学的意识形态理论及其启示》、庞永红发表在《道德与文明》2004年第2期上的《从诺斯意识形态理论看伦理道德的功能作用——诺斯意识形态理论探析》、夏宁发表在《商业研究》2004年第12期上的《意识形态的制度经济学分析》、林浩发表《云南财贸学院学报》2004年第2期上的《意识形态的起源、成本和功能失灵——关于诺思意识形态理论及一些评论的评论》、汪立鑫发表在《世界经济文汇》2005年第4期上的《意识形态的经济学分析：一个初步的框架》、陈书静发表在《社会科学》2006年第3期上的《意识形态的经济功能——诺斯的意识形态理论探析》、刘和旺发表在《山东社会科学》2009年第3期上的《论诺思意识形态理论的演变》等等。①

②以新制度经济学的意识形态理论为参照物的比较研究。主要是基于学术研究的层面，比较分析新制度经济学意识形态理论与其他相关理论的异同。如曹正汉发表在《经济科学》2001年第6期上的《将社会价值观整合到制度变迁理论之中的三种方法——凡勃伦、哈耶克、诺斯的理论之比较研究》指出，凡勃伦、哈耶克、诺斯分别以不同的方法将社会价值观整合到制度变迁理论模型之中；孙凤仪发表在《财经科学》2006第12期上的《两种制度经济学范式中的意识形态理论：分歧与根源》中分析了新制度经济学和马克思经济学的意识形态理论在意识形态的本质和功能、根源与变迁、意识形态与制度变迁的关系等方面的明显分歧以及产生分歧的根源。②

③新制度经济学的意识形态理论在当代中国语境下的具体适用。运用新制度经济学意识形态理论分析当代中国意识形态理论与实践的相关问题。如孙凤仪发表在《北京工商大学学报（社会科学版）》2007年第6期上的《新制度经济学视阈中的当代中国意识形态建构》针对主流意识形态在理论和现实的挑战与冲突中趋于弱化的事实作了新制度经济学视域的分

---

① 魏崇辉：《两种意识形态理论的比较研究：马克思主义与新制度经济学——一个分析框架构建的尝试》，《上海行政学院学报》2010年第2期，第4~13页。

② 同上。

析；姚洋发表在《江海学刊》2008年第5期上的《意识形态演变和制度变迁：以中国国有企业改制为例》以"国有企业改制"这个中央意识形态演变和地方制度创新相互作用的核心为例，强调中国改革体现了有限理性、意识形态的动态调整和民营化的多重均衡的博弈，类似的作品还有邓宏图的《理性、偏好、意识形态与社会演化：转型期中国制度变迁的经济史解释》（经济科学出版社2008年版）等等。①以上的分析更多是从新政治经济学视域对新制度经济学意识形态理论展开的研究。这种立足政治经济角度的分析确实为处于转型期的国家提供了一定指导。同时，有研究成果已经剖析了作为新制度经济学组成部分的意识形态理论构建中的资本主义意识形态本质。②

通过以上的分析，笔者认为，学界近年来对作为新制度经济学组成部分的意识形态理论研究取得了一定成绩，这主要是立足于新政治经济学视域展开的。而且，从新政治经济学视域出发的新制度经济学意识形态理论研究更多是集中于其对社会转型国家意识形态建设的指导作用，对于理论建构中的不科学性关注不够。更需要注意的是，包含意识形态理论的新制度经济学是一种新自由主义思潮，是资本主义意识形态。只有清晰这一点，才能从本质上全面认识新制度经济学意识形态理论。作为新自由主义的一个重要的理论流派，新制度经济学积极致力于以新古典经济理论来解析资本主义制度，褒扬资本主义，积极鼓吹新自由主义的政策和主张。本书认为，对"新制度经济学意识形态理论"的研究应该包括新制度经济学意识形态的研究。只有清晰这一点，才能从本质上全面认识新制度经济学意识形态理论。作为一种新自由主义思潮，新制度经济学③具有浓

---

① 魏崇辉：《两种意识形态理论的比较研究：马克思主义与新制度经济学——一个分析框架构建的尝试》，《上海行政学院学报》2010年第2期，第4~13页。
② 孙凤仪：《两种制度经济学范式中的意识形态理论：分歧与根源》，《财经科学》2006年第12期，第59~64页。
③ 法国学者亨利·勒帕日把美国20世纪50年代出现的"保守主义"经济学派称为"新自由主义"运动或美国"新自由派"（芝加哥学派）运动，并认为该运动的基本论点包括四个方面（思潮）或四大传播渠道："货币主义"思潮、"人力资本"论、"所有权"运动、"公共选择"学派。参见［法］亨利·勒帕日：《美国新自由主义经济学》，北京：北京大学出版社1985年版，第1~2页。学界比较统一的是，新制度经济学属于新自由主义的一个流派，在当代中国，是最有影响的流派。

厚的意识形态色彩，反映了资产阶级的价值观和利益要求。在当代中国，新制度经济学是新自由主义的主要代表。这里结合新自由主义从学术思潮到意识形态演变的历程，以及当前其学术性和意识形态性交织的现实对新制度经济学意识形态作出评述。自由主义在经济学领域[①]的发展大致经历了：17—18世纪，古典自由主义时期。这一时期主张自由，反对专制，限制政府权力；19世纪中期以后，特别是20世纪20年代末经济大危机之后做了重大调整的现代自由主义时期。这一时期的自由主义，又被称为"凯恩斯主义"；20世纪70年代的新自由主义时期。作为"对凯恩斯革命的反革命"[②]，新自由主义兴起于20世纪50年代末60年代初。当时任芝加哥大学教授的哈耶克和弗里德曼等人发表了一系列论著阐发新自由主义思想。其中，最著名的是哈耶克的《通向奴役的道路》（1944年），该书被认为是新自由主义的宪章。60年代新自由主义的著作出版高潮出现。出现了哈耶克的《自由的宪章》（1960年）、弗里德曼的《资本主义与自由》（1962年）、布坎南与塔洛克合著的《一致同意的计算》（1962年）等一系列重要的著作。其中包括新制度经济学的代表人物科斯的《社会成本问题》（1960年）。这是其在学术领域大放异彩的时期。20世纪70年代以后，主要资本主义国家在经济领域出现了"滞胀"现象使凯恩斯主义的宏观政策选择陷入了困境之中。此时，新自由主义逐渐走向政策层面。随着20世纪70、80年代以来资本主义由国家垄断向国际垄断转变，新自由主义开始实现由学术思潮向意识形态的转化，其学术性与意识形态性得以更大程度上的交融，成为国际垄断资本推行全球化的重要组成部分。这一转变的标志性事件是1990年的"华盛顿共识"[③]出台。

---

① 自由主义在政治学、哲学、法学、社会学、史学、文学等领域同样有明显的体现。这里以经济学视域的自由主义切入，着重考察的是自由主义作为一种意识形态存在的主张。

② 马涛：《弗里德曼：凯恩斯革命的反革命》，《社会科学报》，2006年12月7日。

③ 这是新自由主义意识形态化的标志性事件，带有普遍意义，是解读新制度经济学意识形态理论的重要事件，虽然华盛顿共识主要是针对拉丁美洲国家提出来的。除此之外，新自由主义还借助于其他形式兜售自己的意识形态，比如意识形态化的新自由主义在苏东剧变时的政策主张称为休克疗法，在亚非等转型国家被称作结构调整。等等。不管名字怎么变化，其实质都始终如一。由于新制度经济学是新自由主义的重要流派，是在我国的重要代表。故此，本书在有些地方对新制度经济学意识形态理论资本主义本质的表述会借助于对华盛顿共识的描述来阐明。

作为经济自由主义①的复苏表现形式，新政治经济学是经济学的基本分析理路渗透于政治研究中的产物。新政治经济学是新自由主义经济学之一，侧重于学术思潮视角，而新自由主义则多带有意识形态色彩。同样始于20世纪70年代末我国的改革开放出于对西方文明成果批判借鉴的需要，促成新自由主义的大量传入。20世纪90年代以来，关于新自由主义的各种文献在我国涌现，出现了引介、宣传、推广、批判等研究的高潮。但是，随着新自由主义在拉美和俄罗斯的失败，东南亚金融危机的发生，国内外学术界也开始逐步展开对新自由主义的冷静反思与批判。对新制度经济学这种新自由主义重要思潮的研究也是此时逐渐开展的。西方的批判主要来自左翼，其代表人物主要有：美国的著名学者诺姆·乔姆斯基、约瑟夫·斯蒂格利茨、大卫·科茨、约翰·贝拉美、福斯特、沃勒斯坦等；法国著名反新自由主义全球化学者苏珊·乔治、著名社会学家皮埃尔·布迪厄、解构主义的著名学者德里达；德国的著名学者哈贝马斯；英国著名左翼理论家佩里·安德森，以及巴西的多斯桑托斯、埃及的萨米尔·阿明、韩国学者安平勇等。他们多个角度展开了对新自由主义的批判。国内学者李其庆、丁冰、杨斌、胡代光、梅荣政、张晓红、周光春、张雷声、顾钰民、中国社会科学院"新自由主义研究"课题组等从多个视角分析指出，新自由主义其实质是国际垄断资本主义的思想理论体系和政策主张，是为国际垄断资产阶级经济和政治根本利益服务的，会造成全球两极分化的扩大、金融风险的加剧、发展中国家中发展的停滞的消极影响，使"富人和处于奴隶状态的穷人之间的两极分化。"②"新自由主义并不是发展中国家的治国良方，而是西方发达国家有意设置的圈套，是发展中国家的死亡陷阱。"③这其中包含有对新制度经济学的批判性研究。

---

① 有学者立足十七世纪以来的主要发展历程将自由主义做了四方面的内涵划分：政治自由主义、经济自由主义、社会自由主义、哲学自由主义。这些方面互相交织，互相融合。关注政治问题，带有强烈的政治关怀是它们的共同点之一。这是本书的基本立足点。参见李强：《自由主义》，北京：中国社会科学出版社1998年版，第16～18页。

② 胡代光：《剖析新自由主义及其实施的后果》，《当代经济研究》2004年第2期，第20页。

③ 郝清杰：《新自由主义：治国良方还是死亡陷阱》，《当代思潮》2003年第5期，第63页。

同时，近年来，国内专门对新制度经济学的批判性研究成为我国马克思主义学者重点工作之一，取得了一系列重要研究成果。代表性的有：程恩富的《产权理论与社会主义市场经济——十问张五常先生》(《学习》杂志1995年第5期开始连载)分别以私有制是经济发展的独步单方吗、公有制与市场经济不相容吗、高效率可以脱离公平吗、以国有资产换取特权是正着吗、"自私人"假设是唯一合理的经济分析吗等问题与新制度经济学的代表人物张五常展开商榷，以阐明马克思主产权理论的科学性。程恩富、黄允成主编的《11位著名教授批评张五常》(中国经济学出版社2003年出版)一书是国内学者通过对新制度经济学家张五常的批评来批判新制度经济学的代表作。11位知名教授分别对张五常所鼓吹的人的自私假设、私有产权主张、企图以殖民地经验误导中国改革，以及敌视马克思主义经济学等等方面展开批判性分析，从而揭穿了"张五常热"的实质。随后，由程恩富、胡乐明主编的《新制度主义经济学》(经济日报出版社2003年出版)是国内第一部以马克思主义为指导，系统、深入剖析研究新制度经济学的重要著作。它系统地分析了新制度经济学的成因，剖析了产权理论、交易费用理论、企业理论和制度与制度变迁理论，又与马克思相应理论做了比较，论证了新制度经济学虽然存在合理之处，但局限和误区却无法回避。它指出，"西方学者的产权理论模型强调交易费用的比较、市场机制作用的发挥和私有产权的精细化和明晰化，注重个别案例的研究；马克思产权理论模型强调生产力与生产关系的矛盾运动，注重阶级关系和制度革命的研究。"[1]其他代表性作品还有：吴易风发表在《宏观经济研究》2004年第11期上的《不能让新制度经济学产权理论误导我国国有企业产权改革》和《中国社会科学》2007年第2期上的《产权理论：马克思和科斯的比较》；何秉孟主编的《产权理论与国企改革——兼评科斯产权理论》(社会科学文献出版社2005年3月版)以及周小亮教授发表在《学术月刊》2004年第2期上的《当代制度经济学发展中的两条主线与其新自由主义本质之剖析》等成果。但是，综合新政治经济学视域和新自由主义视

---

[1] 程恩富、胡乐明主编：《新制度主义经济学》，北京：经济日报出版社2005年版，第245页。

域分析新制度经济学意识形态理论，非常少见。①从综合角度批判性研究新制度经济学意识形态理论，以维系我国意识形态安全为旨归的成果则更为鲜见。

  作为一个很有争议性的话语，"意识形态"自从出现以来引起了社会科学家的广泛关注。由于该词本身是特拉西第一个在哲学上作出的阐述，所以早期人们对其的研究更多地集中在哲学领域，或者完全出于社会形态斗争的需要，缺乏科学公正的分析。20世纪20、30年代以卢卡奇、葛兰西等为代表的西方马克思主义对意识形态表现出浓厚的兴致，对马克思主义意识形态理论充分展开，并在法兰克福学派发展到一个新高度。②肇始于黑格尔的"历史终结论"，经由西方一批著名学者帕累托、涂尔干、韦伯、曼海姆等的深入阐释，到20世纪50、60年代，发展成为丹尼尔·贝尔、利普赛特等明确宣布的"意识形态终结论"。20世纪90年代，随着两极格局的结束，以福山的"历史终结论"、亨廷顿的"文明冲突论"为标志性话语，"意识形态终结论"再次勃兴。20世纪70、80年代以来，以拉克劳、墨菲为代表的"后马克思主义"思潮兴起。他们从政治、文学、精神分析等多重视角对发达资本主义国家意识形态的特征、作用、发展趋势等作出了阐述，提出了一些新的研究方法，开创了新的研究领域，值得借鉴。但是，他们毕竟是以资本主义政治价值观为先在性基础，竭力淡化意识形态的阶级属性，偏离甚至抛弃了马克思主义的基本立场。③对于他们的观点、主张，国内学术界已经有了一定程度的译介。透过以上的分析可见，虽然近年来新制度经济学意识形态理论研究取得了一定成绩，但不能否认，这种研究更多集中在学理梳理上，重复研究比较多，缺少马克思主义意识形态理论基础上的研究。这在一定层面上反映了我国整个意识形态

---

  ① 有学者在论及当代西方意识形态理论流派时，指出最有影响的流派包括：自由主义、保守主义、保守主义、民主社会主义、西方马克思主义、新制度主义（其中有代表性的学科有新制度政治学、经济学和社会学等）、意识形态终结论，但并未阐述新制度主义自身的意识形态理论存在，而只是阐释了作为新制度经济学组成部分的意识形态理论。参见黄新华：《当代意识形态研究：一个文献综述》，《政治学研究》2003年第3期，第62～65页。

  ② 魏崇辉：《两种意识形态理论的比较研究：马克思主义与新制度经济学——一个分析框架构建的尝试》，《上海行政学院学报》2010年第2期，第4～13页。

  ③ 同上。

研究领域的状况。我国虽然已经确立了科学的意识形态理论，但研究中缺乏深入探讨，充斥着语言的游戏。①新形势下从中西方境域出发比较与超越的研究则更为鲜见。对于新制度经济学意识形态理论的认识，及其对我国意识形态安全的挑战以及应对的研究还非常少，马克思主义意识形态理论指导下，政治领域的研究则更少。②这已经无法满足迅速发展的实践需求。有学者指出，"当代中国意识形态研究是20世纪中国政治和思想文化史中最有研究价值的内容之一。"③在21世纪的当代中国仍然如此。除了对新制度经济学意识形态理论的研究之外，近年来意识形态研究有代表性的作品主要有：④

①意识形态理论研究。如被称为"……国内第一部用马克思主义观点系统论述意识形态概念发展史的著作"的俞吾金的《意识形态论》（上海人民出版社1993年版、2009年修订版）。此后，意识形态研究成为国内学术研究的一个热点，产生一批有影响的作品。这些作品主要是立足不同语境，特别是马克思主义发展历程，对意识形态的流变做解释和说明。姚大志的《现代意识形态理论》（黑龙江人民出版社1993年版）、王晓华发表在《浙江学刊》1995年第1期上的《关于意识形态的历史反思》、杨生平的《论马克思主义意识形态理论的形成和发展》（首都师范大学出版社1998年版）、何怀远发表在《江苏行政学院学报》2001年第2期上的《意识形态的内在结构浅论》、周宏的《理解与批判——马克思意识形态理论的文本学研究》（上海三联书店2003年版）、任晓等发表在《世界经济与政治》2003年第2期上的《意识形态与外交政策》、黄新华发表在《政治学研究》2003年第3期上的《当代意识形态研究：一个文献综述》、袁胜育发表在《社会》2004年第4期上的《西方意识形态研究的历史发展——

---

① 往往在同一成果中前后的意识形态概念不一致，甚至是相互抵牾的。本书在马克思主义意识形态理论指导下，试图论证"什么是意识形态"、"什么意识形态"的问题，从马克思主义对意识形态概念的基本界定出发，坚持"马克思主义是一种科学的意识形态"。

② 魏崇辉：《两种意识形态理论的比较研究：马克思主义与新制度经济学——一个分析框架构建的尝试》，《上海行政学院学报》2010年第2期，第4～13页。

③ 吴建国等：《当代中国意识形态风云录》，北京：警官教育出版社1993年版，序言。

④ 魏崇辉：《两种意识形态理论的比较研究：马克思主义与新制度经济学——一个分析框架构建的尝试》，《上海行政学院学报》2010年第2期，第4～13页。

兼论意识形态的社会功能》、季广茂的《意识形态》（广西师范大学出版社2005年版）、张秀琴的《马克思意识形态理论的当代阐释》（中国社会科学出版社2005年版）、郁建兴、陈建海发表在《哲学研究》2007年第10期上的《意识形态理论的当代新发展》、王晓升等的《西方马克思主义意识形态理论》（社会科学文献出版社2008年版）、袁铎的博士论文《非意识形态化思潮研究》（中国社会科学出版社2008年版）、姜迎春发表在《福建论坛（人文社会科学版）》2008年第10期上的《30年来意识形态研究的三大转向》等等。①

②当代中国意识形态研究。结合当代中国经受的具体变迁，如全球化、网络化、社会转型、市场经济发展与国际共运形势等，来具体谈论意识形态问题。如宋惠昌的《当代意识形态研究》（中共中央党校出版社1993年版）、胡隆辉的《当代中国意识形态论》（河南人民出版社1996年版）、张翔等发表在《学习与探索》2000年第6期上的《论新时期社会主义意识形态建设》、刘建飞的《美国与反共主义——论美国对社会主义国家的意识形态外交》（中国社会科学出版社2001年版）、郑永廷等的《社会主义意识形态发展研究》（人民出版社2002年版）、朱兆中的《中国社会主义意识形态建设纵论》（上海人民出版社2003年版）、王永贵等的《经济全球化与社会主义意识形态建设研究》（人民出版社2005年版）、童世骏等的《意识形态新论》（上海人民出版社2006年版）、刘明君等的《多元文化冲突与主流意识形态建构》（中国社会科学出版社2008年版）、田改伟的《挑战与应对——邓小平意识形态安全思想研究》（中国社会科学出版社2008年版）、仲崇东的博士论文"经济全球化与我国的意识形态安全"、吴玉荣的博士论文"互联网与社会主义意识形态建设研究"、赵勇的博士论文"社会主义意识形态功能研究"、曹丽的博士论文"我国新时期意识形态建设研究"、李美玲的博士论文"中国共产党意识形态观研究"、李英田的博士论文"利益关系变迁与意识形态创新"、廖胜刚的博士论文"新时期社会主义意识形态建设基本经验研究"、崔晓晖

---

① 魏崇辉：《两种意识形态理论的比较研究：马克思主义与新制度经济学——一个分析框架构建的尝试》，《上海行政学院学报》2010年第2期，第4~13页。

的博士论文"意识形态认同：新时期中国共产党社会整合的思想基础"、赵德江的博士论文"当代中国意识形态转型研究"、梁伟锋的博士论文"中国共产党的意识形态建设研究"、曹毅哲的博士论文"当代中国马克思主义意识形态研究"、侯惠勤发表在《河南大学学报（社会科学版）》2002年第2期上的《马克思关于意识形态虚假性之判断与当代意识形态之争论》和《马克思主义研究》2008年第7期上的《我国意识形态建设的第二次战略性飞跃》、何怀远发表在《毛泽东邓小平理论研究》2004年第7期上的《论邓小平对社会主义意识形态建设的杰出贡献》、吴金群发表在《理论与改革》2008年第3期上的《中国意识形态转型30年：政治经济学的三维透视》、刘少杰发表在《社会》2008年第3期上的《利益关系分化中的意识形态变迁》、黄一玲、焦连志发表在《江汉论坛》2009年第2期上的《建国以来中国社会转型的意识形态阐释》等等。①

③意识形态安全研究。从国家利益、国家安全的角度阐述意识形态安全问题。如倪建民的《国家安全：中国的安全空间与21世纪的国略选择》（中国国际广播出版社1996年版）、夏保成的《国家安全论》（长春出版社1999年版）、马振超发表在《公安大学学报》2001年第3期上的《转型期的意识形态安全与政治稳定》、仲崇东发表在《中共福建省委党校学报》2002年第1期上的《全球化与我国的意识形态安全》、陆忠伟的《非传统安全论》（时事出版社2003年版）、刘跃进等的《国家安全学》（中国政法大学出版社2004年版）、黄建明、杜阿奇发表在《湖北行政学院学报》2005年第4期上的《积极构建我国意识形态安全体系》、张艳国、王勇发表在《社会主义研究》2005年第6期上的《主动权：社会意识形态安全的一个解证》、宋效峰发表在《中共天津市委党校学报》2006年第3期上的《文化全球化与我国的意识形态安全》、解松发表在《江南社会学院学报》2008年第4期上的《社会思潮与我国国家意识形态安全》、王岩、茅晓嵩发表在《政治学研究》2009年第5期上的《"意识形态终结论"批判与我国意识形态安全》、张弘的硕士论文"我国意识形态安全问题研

---

① 魏崇辉：《两种意识形态理论的比较研究：马克思主义与新制度经济学——一个分析框架构建的尝试》，《上海行政学院学报》2010年第2期，第4~13页。

究——基于全球化、信息化、民主化的视角"等等。

第三节 研究方法、研究思路、框架与创新之处

一、研究方法

一是辩证唯物主义和历史唯物主义的方法。辩证唯物主义和历史唯物主义是科学世界观和方法论。运用辩证唯物主义和历史唯物主义批判新制度经济学意识形态理论，维护我国意识形态安全就是立足于意识形态变迁的语境，以马克思主义为指导，从我国实际出发，坚持历史与逻辑的统一；

二是多学科综合研究法。对新制度经济学意识形态理论批判与我国意识形态安全的研究是一个综合性的研究。在研究的过程中，必须注重马克思主义与政治学、经济学、社会学等其他学科结合起来。其中，必须坚持马克思主义的基础和指导地位；

三是史论相结合研究法。对意识形态的流变分析将选取柏拉图、培根、特拉西、黑格尔直至马克思主义经典作家，史论结合剖析该概念、理论演变的历史背景、当时的目标指向以及对后世的影响等等。同时，对新制度经济学意识形态理论的学理分析必然要从历史的角度切入，采取述评的方式可以避免变成单纯的叙述，可以避免可能出现的偏离主旨；

四是比较研究法，通过对马克思主义意识形态理论与新制度经济学意识形态理论的比较研究，展开对新制度经济学意识形态理论的批判与反思，从中总结可资借鉴的经验和启示，更加可以揭示新制度经济学意识形态理论的本质；

五是系统研究法，充分占有目前意识形态研究成果，特别是对新制度经济学意识形态理论批判性反思的理论成果，通过揭示新制度经济学意识形态理论的实质、意识形态安全在我国的重要意义，系统地分析、探讨当代中国制度变迁及在制度变迁中意识形态的变化、问题与对策。

二、研究思路、框架

本书遵循的研究思路是"意识形态的流变：从柏拉图到马克思主义→新制度经济学意识形态理论的学理解析→新制度经济学意识形态理论对我

国意识形态安全的威胁→新制度经济学意识形态理论批判：以马克思主义意识形态理论为指导与参照→威胁与应对：新制度经济学意识形态理论与我国意识形态安全→结语"。全文主要分为以下几个部分：

第一，在"意识形态的流变：从柏拉图到马克思主义"中，阐述从柏拉图到马克思主义意识形态的流变，通过对意识形态概念和理论缘起与变迁的交融分析，归纳社会变迁时期意识形态嬗变的基本境况。立足对马克思主义意识形态理论的分析，本书指出，"虚假的意识"是马克思对意识形态的基本定位，同时，意识形态是"虚假的意识"和"观念的上层建筑"的统一体。在对意识形态基本认知的基础之上，马克思展开了对资本主义意识形态的批判，同时也构建起马克思主义的基本理论体系。列宁更是将马克思主义作为一种意识形态，开启了马克思主义意识形态理论的新篇章。这说明马克思主义意识形态理论是意识形态本质理论、意识形态批判理论、意识形态构建理论与意识形态超越理论的统一。以上的分析使得我们可以清晰地认识马克思主义意识形态理论意义上意识形态的涵义、特征（意识形态具有依附性，没有独立的历史；在阶级社会中，意识形态具有阶级性，体现一定阶级的利益诉求；作为一种理论体系，意识形态带有强烈的批判性和实践取向；意识形态具有强烈的价值导向性，并通过相对独立性，对社会存在产生影响）、功能（辩护功能和约束功能；规引功能和团结功能；动员功能和激励功能；评价功能和践行功能）与结构（认知—理解；价值—信仰；目标—策略），为立足马克思主义意识形态理论，展开对新制度经济学意识形态理论的批判与反思做铺垫；

第二，在"新制度经济学意识形态理论的学理解析"中，通过分析新制度经济学的基本定位（一种新政治经济学和一种新自由主义存在），以及双重视域的新制度经济学意识形态理论的建构，剖析了新政治经济学视域下，作为新制度经济学组成部分的意识形态理论的基本框架，包含：该视域下意识形态理论建构的基础——制度理论、交易费用理论、产权理论、国家理论；新制度经济学引入意识形态理论的理论预设、方法论与目的；政治交易范式架构内，作为新制度经济学组成部分的意识形态理论的基本内容（意识形态及其变迁、国家、合法性与意识形态）。以马克思主义意识形态理论为指导，本书认为，新政治经济学视域下，新制度经济学对意识形态理论建构的过程中，资本主义意识形态得以宣扬。这种资本主义意识形态性集中体现在新自由主义视域。新自由主义视域下，包含意识形态理论的新制度经济学本身就是一种资本主义意识形态，表现在其基本主张（自由化、私有化、市场化）；根本立场（产权私有化和西方式民主，反对公有制与反对社会主义）；目标指向（鼓吹新自由主义，维护资本主义利益）等方面，分别与意识形态结构的认知—理解、价值—信仰、目标—策略相对应。

第三，"新制度经济学意识形态理论对我国意识形态安全的威胁"部分认为，意识形态安全是国家安全的重要组成部分。只要国家存在，意识形态就不会终结。本部分阐明国家安全与意识形态的关系，分析判断意识形态安全与否的标准，即该意识形态是否能够与人类社会发展的总趋势相吻合；意识形态安全的经济基础、政治基础和民众基石；关涉安全的意识形态与其他正式制度或非正式制度的契合程度；意识形态安全的信仰支撑，也就是说越多人将意识形态的内容上升为信仰，一国的意识形态越安全；意识形态安全的国际环境支持，即国际环境因素是否能够被规导至有利于维护意识形态安全。这是与下文分析新制度经济学意识形态理论对我国意识形态安全的威胁以及应对相对应的。意识形态安全与社会制度维系、执政合法性增强、社会整合、国家利益维护有重要关联，意识形态安全在我国具有重要意义。当前，我国意识形态安全现状有新中国成立以来维护意识形态安全的经验和教训，又经受着全球化、网络化、社会转型带来的急剧变迁，既有有利的条件，又面对着诸多威胁。这是我国遭遇新制度经济学意识形态理论的背景。全球化、网络化与社会转型为新制度经济学意识形态理论在我国的传播搭建了平台，提供了基础。新制度经济学意识形态理论对我国意识形态安全构成的多层面威胁具体表现在：借助于"泛"意识形态化攻击马克思主义；借助于科斯定理促动产权私有化改革；借助于政治科斯定理推行西方式民主；借助于"经济学帝国主义"渗透社会科学各领域；借助于工具理性消解价值理性；借助于新自由主义政策主张肢解民族国家。

第四,"新制度经济学意识形态理论批判:以马克思主义意识形态理论为指导与参照"部分首先将分析两种意识形态理论在意识形态经济功能、现实特征、实现路径等方面的契合与互补。这是全面认识新制度经济学意识形态理论的必要步骤。但是,更需要深刻认识到的是,马克思主义意识形态理论与新制度经济学意识形态理论存在本质的冲突与对立。这一冲突与对立是新制度经济学缘起背景(资本主义制度省思:凯恩斯主义失效与福利国家"破产";自由主义思潮在经济领域的修正发展:从未改变的意识形态;没有帝国的帝国主义:经济全球化大肆渲染的资本主义意识形态;社会主义与资本主义的并存、竞争与对立)的直接折射。以马克思主义意识形态理论为指导与参照,通过对理论预设、方法论基础、对意识形态地位和作用的认识、对意识形态变迁推动力的认识、基本概念、对意识形态发生、发展趋势的理解、理论构建的基本目标与旨趣等方面的分析指出新制度经济学意识形态理论存在的问题:缺乏经验事实支持的理论预设;方法论个人主义与意识形态的社会性;以降低交易成本为意识形态的基本功用;以非阶级因素为意识形态变迁推动力;以西方世界为理论构建的基本语境;以解释西方世界为基本目标。对新制度经济学意识形态理论本质的学理批判是展开应对其威胁以我国意识形态安全工作的基本前提和基础。

第五,"维护意识形态安全的具体路径:基于对新制度经济学意识形态理论的超越"部分将首先阐释我国当代马克思主义意识形态理论对新制度经济学意识形态理论的超越。但超越并不代表可以高枕无忧,还必须以社会主义核心价值体系引领意识形态建设,构建抵御新制度经济学意识形态理论威胁的体系,维护意识形态安全。两种意识形态理论的斗争,实质上是两种核心价值体系的对立与斗争。核心价值体系是意识形态的本质体现,是与基本制度紧密联系在一起的,集中体现了经济、政治、文化和社会发展的内在规定、要求和目标取向。要成功应对新制度经济学意识形态理论的威胁,维护意识形态安全,需要社会主义核心价值体系的引领。在着重发挥社会主义核心价值体系基础应对作用的同时,还需要构建应对新制度经济学意识形态理论威胁,维护我国意识形态安全的体系:坚持党管意识形态，塑造维护意识形态安全的坚强领导核心；坚持和完善社会主义经济制度，夯实维护意识形态安全的经济基础；坚持和完善社会主义政治制度，构建维护意识形态安全的政治基础；以马克思主义为指导，加强对新制度经济学等西方思潮的批判性研究；牢固树立社会主义理想信念，切实维护意识形态安全的思想基础；坚持改革开放，坚持国家利益至上，营造维护意识形态安全的国际环境。

第六，结语。其一，深化意识形态研究是深化马克思主义研究的一个重要方向。必须做到：深化对马克思主义意识形态理论的研究；深化对非马克思主义意识形态理论的研究；深化对意识形态安全的研究；其二，在理论和实践中坚持马克思主义是科学地认识各种非马克思主义的基础。要做到：推动马克思主义与非马克思主义的对话和交流[①]；深刻认识非马克思主义的本质与影响；坚持用发展的马克思主义指导实践。其三，消解制度拜物教，坚定不移地走中国特色社会主义道路。新制度经济学是制度拜物教的典型体现。当前，我们在积极借鉴和运用新制度经济学等西方文明成果的同时，必须消除制度拜物教，坚定不移地走中国特色社会主义道路。其四，坚持公有制的主体地位与基本制度的维护：进一步思考的问题。是否需要坚持公有制的主体地位？对于这个问题，必须旗帜鲜明地表明态度；如何坚持公有制的主体地位？这是坚持公有制地位的自然引申。

三、创新之处

作为新制度经济学组成部分的意识形态理论较为成功地探讨了意识形态的经济性功能、制度性作用，对仍处于经济转轨和社会转型的后发的当代中国等国家来说不乏借鉴和启示意义。[②]"对意识形态的任何考察都难以避免一个令人沮丧的结论，即所有关于意识形态的观点自身就是意识形态的"。[③]新政治经济学视域下，新制度经济学对意识形态的理论建构是资本主义意识形态的展示。这集中体现在新自由主义视域。新自由主义视域下，包含意识形态理论的新制度经济学本身就是一种资本主义意识形

---

① 魏崇辉：《两种意识形态理论的比较研究：马克思主义与新制度经济学——一个分析框架构建的尝试》，《上海行政学院学报》2010年第2期，第4~13页。

② 同上。

③ [英]大卫·麦克里兰：《意识形态》，长春：吉林人民出版社2005年版，第2页。

态。综合视域的新制度经济学意识形态理论对我国意识形态安全造成了威胁。本书在马克思主义意识形态理论指导下，对新制度经济学意识形态理论批判，积极探索了新制度经济学意识形态理论对我国意识形态安全的威胁及其应对。一直以来，学界对新制度经济学意识形态理论的关注仅仅倾向于新政治经济学或新自由主义其中的一个方面，综合研究比较少，本书试图在此做些创新。

本书另一个可能的创新之处体现在紧扣当代中国意识形态安全现状说明问题。意识形态是20世纪西方思想史上最庞杂、意义最含混、性质最诡异、使用最频繁的范畴之一。在意识形态问题上，一方面概念过剩，一方面概念不足。之所以出现这种情况，很大程度上是因为对意识形态的研究脱离了其具体衍生与发展、演变的语境，从而使研究成为一种语言的游戏。[①]在资本主义与社会主义是当今世界基本现实，中国是最大的社会主义国家的情况下，脱离语境的意识形态研究实在是不能带来太多的东西。针对脱离语境在意识形态研究中普遍存在，本书试图紧扣当代中国意识形态安全展开论述，努力使研究不成语言的游戏。

第四节 需要说明的几个问题

本书的立论依据是新制度经济学意识形态理论批判与我国意识形态安全，这是两个关键点。在行文过程中，必须避免向一方的过度倾斜和依仗，必须充分使两者结合起来。这是一个重点，也是难点。对新制度经济学意识形态理论的认识首先需要分析意识形态理论构建基础、意识形态理论的基本预设、意识形态理论的框架结构、意识形态变迁、国家、合法性与意识形态的关系等等，通过这一过程可以理解新政治经济学视域新制度经济学意识形态理论的基本内容——意识形态内涵、特征与功能。在意识形态理论建构的过程中，资本主义意识形态得以宣扬。新自由主义视域

[①] 季广茂：《意识形态》，桂林：广西师范大学出版社2005年版；王晓升等：《西方马克思主义意识形态理论》，北京：社会科学文献出版社2008年版。虽然我国还未实现现代化，但已经出现了后现代的迹象。这种情况在学术研究中，包括意识形态研究中普遍地存在。脱离语境大谈意识形态的状况普遍存在。

下,包含意识形态理论的新制度经济学意识形态性集中体现在新制度经济学意识形态的基本主张、根本立场与目标指向上。出于研究的必要,这里对诸如此类的问题作如下说明:

第一,新制度经济学意识形态理论在中西方的适用语境是存在根本不同的。我国的市场经济是社会主义的,而新制度经济学意识形态理论衍生与适用语境下的市场经济却是资本主义的。这一根本的差异可以在我国当代马克思主义意识形态理论对新制度经济学意识形态理论的超越上体现出来。

西方语境下,新制度经济学是一种非主流存在,是对主流经济学的一种补充,其意识形态性彰显的空间有限。但在当代中国语境下,新制度经济学俨然成为一种"主流",其意识形态性急剧膨胀。所以,对新制度经济学意识形态理论批判与我国意识形态安全的研究,必须不能简单地从某一个方面来切入,必须紧密结合当代中国语境下新制度经济学意识形态理论理论建构的背景,特别是从我国意识形态安全维护的视角来考察,不能简单地变成对新制度经济学意识形态理论或对我国意识形态安全的单方面阐述,更不能脱离当代中国语境。同时,需要注意的是,本书旨趣不在于论证当代中国意识形态理论是什么,对于"马克思主义是什么"、"社会主义是什么"等一系列重大理论问题没有,也无力做专门阐释,只是基于新制度经济学意识形态理论批判,以维护我国意识形态安全为指向,在评价与批判新制度经济学意识形态理论过程中尝试对这些问题作出针对性说明。

第二,必须对作为新政治经济学之一的新制度经济学与作为新自由主义之一的新制度经济学正确区分与认识。经济思潮与意识形态不能完全等同。作为一种新政治经济学流派,新制度经济学的理论建构是在资产阶级古典政治经济学理论基础上发展起来的。自从亚当·斯密创立了资产阶级古典政治经济学理论体系以来,这一理论经过两百多年的发展,其中不乏科学成分,是人类文明的共同成果。因此,在新制度经济学的意识形态理论建构中,有许多值得学习和借鉴的地方,其相对严整的理论建构思路可以启发我们在新形势下重构传统的马克思主义理论,推动马克思主义时代化。不能将之与以美国为首的西方发达国家为适应国际垄断资本扩张的需要而意识形态化、政治化和范式化的新自由主义相等同。

同时，作为国际垄断资本的思想体系，新制度经济学意识形态从本质上看是为了维护私有制，颂扬资本主义制度的。虽然新政治经济学视域下，新制度经济学对意识形态的理论构建有值得吸收、借鉴的成分，可以为马克思主义的发展提供新的资源，可以为我国意识形态工作提供理论借鉴，但是，这一理论建构宣扬的是资本主义意识形态。诺斯为了其制度变迁理论的自洽性而引入意识形态理论，最终还是展示了资本主义的利益诉求，服务于国际垄断资本扩张服务，通过对意识形态经济功能的彰显，回避意识形态的阶级性，借以达到淡化马克思主义、促动产权私有化改革、推行西方式民主，乃至肢解民族国家的目的。这是需要密切关注的。

第三，前面已经指出，新政治经济学视域下，意识形态理论是新制度经济学，尤其是诺斯的制度变迁理论的重要组成部分。综合视域下，新制度经济学通过强调是否促进经济发展作为判断意识形态的标准，刻意回避意识形态的阶级标准，本质上推崇的是资本主义意识形态，表面上"泛"意识形态化，实质是非意识形态化。①

本书研究过程中注意两个联系与区别：其一，基于新制度经济学研究意识形态理论，而不仅仅是诺斯的制度变迁理论。虽然意识形态理论首先是由诺斯提出来，并用于解释西方的兴起，但诺斯对意识形态理论的研究更多是基于新政治经济学视域展开的，出于其对西方历史解释的必要。而对新制度经济学意识形态理论的全面认识不能仅仅局限于新政治经济学视域。②因此，必须立足于、而不局限于诺斯制度变迁理论来研究新制度经济学意识形态理论；其二，新政治经济学视域下，新制度经济学对意识形态的理论建构是资本主义意识形态的展示。这集中体现在新自由主义视域。新自由主义视域下，包含意识形态理论的新制度经济学本身就是一种

---

① 魏崇辉：《两种意识形态理论的比较研究：马克思主义与新制度经济学——一个分析框架构建的尝试》，《上海行政学院学报》2010年第2期，第4～13页。

② 比如，中国的"新制度经济学运动"是以新制度经济学这一属于新自由主义学说的西方经济学正统学派为基础。在中国倡导彻底的私有化改革，把经济效率作为追求的首要目标，无视社会公平，对中国的改革过程产生了不小的负面影响。但是在其衍生本土，新制度经济学更多是作为一种新政治经济学存在，对经济效率的强调和凸显是无可厚非的。只是到了我国，情况就发生了根本转变。参见张林：《中国的"新制度经济学运动"——新自由主义者与马克思主义者一次触及灵魂的斗争》，柳欣、张宇主编：《政治经济学评论》2006卷第1辑，北京：中国人民大学出版社2006年版，第47页。

资本主义意识形态。因此,就新制度经济学意识形态理论而言,新政治经济学视域下的意识形态性更为集中地体现在新自由主义视域。本书中,前者发挥线索的作用。通过对新政治经济学视域新制度经济学意识形态理论的阐释,主要目的是揭示新制度经济学意识形态本质。

第四,新制度主义学者通常关注以下四个研究领域:(1)交易成本和产权;(2)政治经济学和公共选择;(3)数量经济史(一般是以一种制度的微观经济学的框架为基础);(4)认知、意识形态以及路径依赖的作用。①本书的研究主要是在马克思主义意识形态理论的指导下,通过对新制度经济学意识形态理论的批判性研究,维护我国意识形态安全。因此,本书对新制度经济学意识形态理论的研究主要着眼于其中与意识形态相关的内容。而对于其在其他领域中的具体应用,由于与本书主旨不符,同时,由于学科的限制、分工的不同,不在关注的范围。由于国家政权问题"是全部政治的基本问题,根本问题"②,政治"就是参与国家事务,给国家定方向,确定国家活动的形式、任务和内容"③,意识形态④安全是国家安全的基本组成部分,所以,一如一开始所说,本书对新制度经济学的剖析更多是将其视为西方的一种政治⑤思潮,努力彰显的是其在政治领域的影响和作用。因此,在行文过程中,为了凸显政治视域,本书会将意识形态理论看作新制度经济学,特别是新制度经济学政治观组成部分。⑥通过对新制度经济学的意识形态分析,我们努力说明如果缺少政治视域的研

---

① [美]约翰·N.德勒巴克、约翰·V.C.奈:《引论》,[美]约翰·N.德勒巴克等编:《新制度经济学前沿》,北京:经济科学出版社2003年版,第2页。
② 马克思、恩格斯:《马克思恩格斯选集(第4卷)》,北京:人民出版社1995年版,第252页。
③ 同上。
④ 有学者指出,在社会生活中,政治和政治意识,是人们对自己所生活于其中的社会群体根本利益的集中反映。政治和政治意识是一般意识形态中具有决定意义的因素。根据意识形态的这一特殊本质,我们可以把意识形态看作是一种政治文化,或者称之为政治意识形态。参见宋惠昌:《当代意识形态研究》,北京:中共中央党校出版社1993年版,第9~17页。
⑤ 如果新制度经济学的眼界仅仅局限于经济学研究的范围内,其影响力绝对不会有今天这么大。这一点从新制度经济学对当代中国众多学科的渗透可见一斑。类似的"新自由主义经济学"的影响力不仅限于经济学领域。
⑥ 有学者在《西方新政治经济学的政治观》中分析了"意识形态的制度功能",将意识形态理论作为新制度经济学政治观的一个组成部分。参见杨龙:《西方新政治经济学的政治观》,天津:天津人民出版社2003年版。

究工作将意味着什么。

　　一般认为,制度分析有微观层次、中观层次(利益集团)和宏观层次(国家理论)等三个层次。科斯注意力更多放在交易费用在企业和所有权形成方面的作用,诺斯则关心交易费用是如何使广义的宏观制度有意义并发生作用。①马克思的研究更多集中于宏观层次。本书着力从宏观层面②批判新制度经济学意识形态理论。从这一角度来看,意识形态理论在马克思主义与新制度经济学(尤其是诺斯的制度变迁理论)之间是具有可比较的。同时,马克思从物质生产活动出发阐释了其制度变迁理论。马克思制度变迁理论是通过考察生产力与生产关系之间的矛盾运动,揭示人类社会的发展规律。马克思曾指出,"本书(《资本论》——引者)的最终目的就是揭示现代社会的经济运动规律。"③马克思制度变迁理论深入到社会变迁的最根本、最本质的层面。而马克思主义意识形态理论的根本指向是超越资本主义意识形态,构建"自由人的联合体",这是马克思主义对社会发展目标的最终延伸。本书认为,一定意义上,马克思主义制度变迁理论、马克思主义意识形态理论与马克思主义是同一的。以马克思主义意识形态理论为指导,对新制度经济学经济学意识形态理论批判分析的过程,就是新马克思主义与新制度经济学展开比较的过程。

---

　　① 比如诺斯在《经济史中的结构与变迁》一书中在交易费用理论的基础之上引入意识形态理论分析了人类经济制度的演变与停滞,是非常具有启发意义的,诚然,他认为导致经济增长的最关键因素是私有权的建立。

　　② 20世纪60年代经济史学家经常使用的"制度"与新制度经济学使用的"制度"大有不同。前者所指出的"制度"侧重于形形色色的组织。诺斯使用的"制度"概念与人类学家使用的文化概念十分接近,只是他特别关注文化的那些对交换产生直接影响并有助于"有效市场"出现的侧面。这与马克思主义对意识形态的认识是契合的。[美]罗伯特·威廉·福格尔:《道格拉斯·诺斯和经济理论》,[美]约翰·N.德勒巴克等编:《新制度经济学前沿》,北京:经济科学出版社2003年版,第32页。

　　③ 马克思:《资本论(第1卷)》,北京:人民出版社1975年版,第11页。

第二章 意识形态的流变：
从柏拉图到马克思主义

普遍认为，"意识形态"（ideology）一词是法国哲学家托拉西于1797年在《意识形态的要素》中第一次使用。首次被使用的"意识形态"用来表示一种专门研究"观念"的科学。很快，"意识形态"就被用于指称关于社会的观念，并得以广泛的运用。不同的学者依据不同的学术背景，对意识形态的理解各有侧重，对意识形态概念的界定也众说纷纭。社会科学领域，最难理解和最具有歧义的概念之一，在乔治·拉伦看来，就是意识形态概念。[①]大卫·麦克里兰认为，意识形态是"整个社会科学中最难以把握的概念。"[②]但概念的界定是展开学术研究的起点。为了避免陷于关于意识形态概念的无谓争论，本书先从历史的角度出发，对意识形态概念做宏观的描述，努力获得一些关于意识形态的基本认知。这是对新制度经济学意识形态理论批判和反思的基础性工作。从历史角度叙述意识形态概念的缘起与变迁，首先需要探讨柏拉图视域的意识形态。因为，从广义上看，意识形态概念可追溯至柏拉图《理想国》中的"高贵的谎言"（noble lie）的思想。[③]培根、特拉西、黑格尔等基于不同历史语境从不同侧面阐发了意识形态概念。同时，对意识形态概念演变过程的考察，不能无视作为一种理论形态的意识形态的变

---

① Jorge Larrain.*The Concept of Ideolgy*,Hutchinson,London,1979,P13.
② [英]大卫·麦克里兰：《意识形态》，长春：吉林人民出版社2005年版，第1页。
③ 魏崇辉：《两种意识形态理论的比较研究：马克思主义与新制度经济学——一个分析框架构建的尝试》，《上海行政学院学报》2010年第2期，第4~13页。

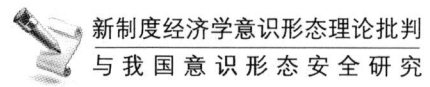

化。马克思主义对意识形态概念的阐释,以及作为一种意识形态理论展示的过程当属近现代的事情。

西方近现代以来,作为一种理论形态的意识形态才出现。"生产的不断变革,一切社会状况不停的动荡,永远的不安定和变动,这就是资产阶级时代不同于过去一切时代的地方。一切固定的僵化的关系以及与之相适应的素被尊崇的观念和见解都被消除了,一切新形式的关系等不到固定下来就陈旧了。一切等级的和固定的东西都烟消云散了,一切神圣的东西都被亵渎了。人们终于不得不用冷静的眼光来看他们的生活地位、他们的相互关系。"①这为意识形态理论走上历史舞台提供了土壤。在这个社会急剧变迁的"资产阶级时代",思想家从各自的知识背景出发对意识形态作出阐发。有的对意识形态概念进行了间接或直接的阐释,有的则阐发了他们的意识形态理论,虽然他们不一定使用"意识形态"一词。②"1776年这一年,是由于两件分开但密切相关的事情而著名;在美国有《独立宣言》的签署,在英国则有《国富论》的出版。……两者都是共同的思想与情感潮流下的产物,而且都是源自十七世纪末叶自由主义意识形态的先知洛克的著述。由于《国富论》是以清晰而令人印象深刻的理论来反映自由主义的舆情,因此这本书即象征着现代最早的一个意识形态时代的来临。而独立宣言则由于其呼吁反叛,遂开启了长期的现代革命运动的序幕……由于两者之间的关系,使得该年真正可以特别称之为'意识形态时代元年'。"③意识形态时代里,最具代表性的意识形态是马克思主义意识形态。马克思主义意识形态是在充分吸收借鉴前人优秀成果基础上的结果,是一种科学的意识形态。而且,"历史唯物主义的创立与意识形态学说的

---

① 马克思、恩格斯:《马克思恩格斯选集(第1卷)》,北京:人民出版社1995年版,第274页。

② 在《意识形态论》一书中,俞吾金先生从"意识形态学说"(如马克思意识形态学说,也就是马克思关于意识形态的基本理论,包括马克思的意识形态概念的含义、基本特征、"虚假的意识"的问题、意识形态与科学的关系等)和"意识形态理论"(从马克思主义意识形态学说出发,探讨当代中国的意识形态理论以及社会主义社会的意识形态理论)层面展开意识形态研究。本书亦可说是将新制度经济学的意识形态理论与及其鼓吹的理论化的资本主义意识形态融汇为一体的综合研究。参见俞吾金:《意识形态论》,上海:上海人民出版社1993年版。

③ [美]克拉姆尼克、华特金士:《意识形态的时代》,台北:联经出版事业公司1983年版,第9页。《国富论》的作者亚当·斯密是古典政治经济学和自由主义经济学的创始人,新制度经济学是对其思想的继承与发展。

形成是同一过程的两个方面。"①对马克思主义意识形态理论的肯认，就是对历史唯物主义、对马克思主义的坚持。②更为重要的是，马克思主义意识形态极具实践能力，能够在实践中行得通，这一点更是其他意识形态相形见绌的。在马克思主义意识形态理论的指导下，本书认为，新制度经济学代表的是资本主义意识形态，是与马克思主义直接对立的。立足马克思主义对意识形态的基本定位，③本书对意识形态的特征、功能和结构作出论述，以期在此基础上对新制度经济学意识形态理论展开针对性批判研究。

第一节　意识形态：缘起与变迁

一直以来，我们对意识形态的关注往往集中在与社会存在相对应的社会意识层面。单纯从这一点来看，除了语义较为含糊不清，容易引起纷争之外，意识形态与其他意识形式没有太大不同。但是，"对马克思来说，意识形态的关键却在于，它不仅仅是一种意识，它还同时被理解为一种实践力量并主要理解为一种实践力量。正是这一点至关重要而又很少被学术界注意到。"④而且正如有学者在"……断言意识形态是这个时代的哲学主题"的同时指出的那样，"在我们这个时代，社会主义意识形态与资本主义意识形态的对立是一个无法回避的事实。这两种意识形态的本质、相互关系和发展趋向不能不对我们探讨的其他哲学问题发生深刻的影响。撇开这两大意识形态的冲突，哲学研究就显得苍白无力，就被降低为无聊的

---

① 由于马克思主义意识形态理论的重要内容是阐释意识形态发展的必由之路——马克思主义意识形态，所以说，对马克思主义意识形态理论的分析与对马克思主义本身的分析是一致的。新制度经济学意识形态理论以鼓吹资本主义意识形态、攻击社会主义意识形态为旨归，虽然在有些地方意识形态概念缺位，但不意味着意识形态理论的消失。笔者认为，必须综合意识形态概念与理论的研究。

② 魏崇辉：《两种意识形态理论的比较研究：马克思主义与新制度经济学——一个分析框架构建的尝试》，《上海行政学院学报》2010年第2期，第4～13页。

③ 马克思主义意识形态理论包含有马克思、恩格斯、列宁等马克思主义经典作家关于意识形态的基本观点，内容十分丰富。基于主旨，限于篇幅与能力，这里只能截取其中对新制度经济学意识形态理论批判具有指导意义的部分。

④ 赵凯荣：《重新理解马克思对意识形态的批判》，《学术研究》2007年第7期，第5页。

语言游戏,甚至连最简单的事实也说明不了。"①因此,这里对意识形态概念的阐述基于现实,从社会变迁的角度来考察。

一、柏拉图的"意识形态"

"意识形态"一词最早可以追溯到柏拉图的"高贵的谎言"的思想。"高贵的谎言"一词是柏拉图在《国家篇》讲到一个神话时提出的。柏拉图指出,"我们应该把真实看得高于一切。虚假对于神明来说是毫无用处的,但是对于凡人来说,却可以作为一种药物。国家的统治者,为了国家的利益,有理由用它来应付敌人,甚至应付公民。而其余的人,一概不准和他发生任何关系。如果一般人对统治者说谎,我们以为这就像一个病人对医生说谎,一个运动员不把身体的真实情况告诉教练员,一个水手欺骗舵手一样,是有罪的。"②在柏拉图的"理想国"中,"高贵的谎言"就是金银铜铁的比喻:"他们虽然一土所生,彼此都是兄弟,但是老天铸造他们的时候,在有些人身上加入了黄金,这些人因而是最宝贵的,是统治者。在辅助者(军人)的身上加入了白银。在农民以及其他技工身上加入了铁和铜。"③柏拉图看来,"高贵的谎言"之所以是正当的,就在于城邦与哲人之间存在着永恒的冲突④:哲人与城邦趣味相异,而哲人的彻底性或"神圣的疯狂"对城邦有潜在的危害,如何充分利用哲学的教化功能,而又不至于为哲学的疯狂所伤害,就是柏拉图式政治哲学的主要课题。在"正义"问题的指引下,在讨论城邦之前,柏拉图特意引入了关于"谎言"的讨论以说明:政治本身只有意见,没有真理。统治者只是以真理的名义统治,但只是欺骗,只是"意识形态"的诡计。"谎言乃是一种不论谁在自身最重要的部分(在心灵上——引者注)——在最重要的利害关系上——都最不愿意接受的东西,是不论谁都最害怕它存在在那里的。"⑤苏格拉底由此得出一个基本理念:"谁不会自觉自愿地"作恶,"恶"应该是一种社会现象,受某些条件激发

---

① 俞吾金:《意识形态论》,上海:上海人民出版社1993年版,第5页。
② [古希腊]柏拉图:《理想国》,北京:商务印书馆1986年版,第88页。
③ [古希腊]柏拉图:《理想国》,北京:商务印书馆1986年版,第127~129页。
④ 程志敏:《从"高贵的谎言"看哲人与城邦的关系——以柏拉图<理想国>为例》,《浙江学刊》2005年第1期,第86~90页。
⑤ [古希腊]柏拉图:《理想国》,北京:商务印书馆1986年版,第79页。

而产生,具有被动(而非主动)色彩。

柏拉图强调"高贵的谎言"目的是使城邦公民爱护他们的国家,维护社会的和谐。在这里,作为意识形态萌芽的"高贵的谎言"发挥了维护城邦统一的作用。作为一种"意识形态","高贵的谎言"是一种"迫不得已"的选择。即便如此,"高贵的谎言"为后世的"意识形态"提供了某种预设——因为具有虚假性、否定性,所以,应该受到批判,但是,又具有其合理性。统治者为了达到统治的目的,会编造出种种谎言,将他们的统治建立在对世界虚假的表现之上。这可以从现实的政治生活中找到佐证。而意识形态中包含有合理的成分,否则,它们也不可能长期控制人们的精神世界。此后西方思想家受到柏拉图的启发和影响,有论述强调为了某种利益政治谎言合理者;有考察神话、意识形态或虚假意识在政治生活中作用者。柏拉图的"高贵的谎言"这从广义上为后世意识形态概念的诞生奠定了基础,是为意识形态谱系的起点,预设了意识形态起源的根由——去蔽。

二、意识形态概念的英、法、德起源

基于历史唯物主义,对意识形态概念变迁的分析必须立足于对其衍生的背景、目标指向的解读。马克思主义意识形态理论从准备到发展、完善的过程都体现出这一点。因此,在阐释马克思主义意识形态理论之前,这里从主旨需要出发,选取培根、特拉西、黑格尔作为意识形态概念变迁的英国起源、法国起源和德国起源,试图寻找意识形态研究的立足点,努力不再脱离了其具体衍生与发展、演变的语境去研究意识形态,不再使研究成为一种语言的游戏。而且,我们知道,作为一个概念的意识形态与大多数实际存在的各种"意识形态"一样发端时间大致相当。对意识形态概念演变过程的考察,不能无视意识形态的演变。① 这种考察可以使得我们对意识形态理论的性质作出清晰的判断。

(一)培根:意识形态概念的英国起源

虽然马基雅维利不是"意识形态"概念的直接提出者,但他可能是政

---

① [澳]安德鲁·文森特:《现代政治意识形态》,南京:江苏人民出版社2005年版,第1页。在资本主义意识形态出现之前,奴隶主义意识形态与封建主义意识形态多以神话、宗教等形式来阐发自身,缺乏理论的严整论证。从这个角度出发,有学者指出,意识形态是个现代事件,我们所谈论的传统意义上的意识形态是经过现代化处理的。参见任剑涛:《政治哲学讲演录》,桂林:广西师范大学出版社2008年版,第169页。

治学领域意识形态理论的第一个直接阐述者。他对意识形态理论的阐述不是拘泥于对概念的界定，而在于对理论与现实之间密切联系的敏锐感知。在马基雅维利那里，祛除意识形态之蔽，需要一个现实的视角。马基雅维利透过转换的视角思想诸如意识形态理论之类的政治现象和政治问题。他将对政治现象和政治问题的思考放到人们利益、欲望等现实因素的基础之上，摆脱了之前政治思想领域充斥的抽象思维以及道德维度。① 更进一步的，马基雅维利将对宗教的认识与统治、权利结合起来，他认为作为一种思想力量，宗教对人们的思想发挥引导、塑造的作用，进而影响统治者与被统治者的生活。这一看法启发了后来者对意识形态这一意识形式的认识。他还特别阐释了获得与延续权力中暴力和欺骗的作用。他认为，暴力和欺骗要在权力的运作中协同发挥作用，单单依靠暴力运用不能拥有足够的能力，所以，君主还要善于使用欺骗。即便君主不拥有某一品质，但在现实政治生活中，他也必须表面上使得民众感觉到其拥有。这种思想在马克思主义的意识形态理论中得到了新的诠释。② 资产阶级思想家为了推动自然科学的发展，促进资本主义经济的进一步发展以及资本主义制度的确立，开始找寻观念背后的利益因素，开始从认识论的角度展开革命性的变革，试图祛除观念中的偏见与谬误。意识形态的个中消息逐渐凸显，即为去除人心中的愚昧。这一点在培根那里体现得更加明显。

"显而易见，'意识形态'这个词是近代思维的产物这一点并非出自偶然。"③ 在近代资产阶级大革命逐渐拉开序幕的时候，作为近代资产阶级思想解放运动的产物，"意识形态"逐渐地诞生于反对封建神学的过程中。在社会发生如此之大变迁时，意识形态粉墨登场。而近代之所以产生这一概念很大程度上基于近代认识论的崛起、科学的发达以及对宗教的普遍不满。资产阶级的思想家认为，只有破除宗教神学和经院哲学的阴

---

① 金林南、谈育明：《政治理性的自觉与悖反——意识形态理论的生成背景与历史分析》，《宁夏大学学报（人文社会科学版）》2009年第5期，第64页。

② 周宏：《理解与批判——马克思意识形态理论的文本学研究》，上海，上海三联书店2003年版，第40～41页。

③ [德] 费里斯：《信仰与意识形态》，刘小枫主编：《20世纪西方宗教哲学文选（上）》，上海：上海三联书店1991年版，第562页。

霾，才能为资本主义发展提供精神动力。培根的"四假相说"被认为是近代"意识形态"产生的源头。作为上升时期资产阶级的代表，渴望探索自然，要求发展科学，主张发展生产的培根认为经院哲学阻碍了人们对事物真实的认识。他的"四假相说"展露出意识形态的信息，从认识论的视角对意识形态概念的衍生作出了卓越的贡献。随后的洛克则从概念和理论两个层面，对意识形态研究作出了阐释。他坚持认为，知识只有完全依靠经验，准确地使用文字，严格地作出判断，人们才能获得科学的认识。这为资本主义意识形态奠定了认识论基础。同时，他的政治理论如社会契约论和三权分立学说，为批判封建主义思想观念提供了强大的思想武器。对此，马克思曾经评说到，"人们感到需要一部能够把当时的生活实践归结为一个体系并从理论上加以论证的书。这时，洛克关于人类理性的起源的著作（《人类理解论》——引者注）很凑巧地在英吉利海峡那边出现了，它像一位久盼的客人一样受到了热烈的欢迎。"[①]洛克对意识形态概念形成产生了重大影响。更为关键的是，作为重要的启蒙运动思想家，洛克为资产阶级谋求建立资本主义统治秩序[②]勾画了蓝图，这一蓝图被其界定为——自由主义。自由主义作为当代西方最为重要的一种意识形态把"生活实践归结为一个体系并从理论上加以论证"，对新自由主义意识形态产生了直接的影响。

（二）特拉西：意识形态概念的法国起源

18世纪法国哲学家受到16、17世纪英国思想家的极大启发，更加强调理性的力量，展开了对宗教神学和封建主义等传统偏见的批判。如孔狄亚克、爱尔维修、狄德罗、霍尔巴赫等。他们大都坚持彻底的感觉主义，在认识论领域去除宗教神学，基于唯物主义立场、观点说明认识、观念的形成及其本质，并且已经认识到构成种种偏见中的利益因素，虽然未能深入思考下去。但是，他们的彻底感觉主义认识论极大地影响了特拉西，促成

---

① 马克思、恩格斯：《马克思恩格斯全集（第2卷）》，北京：人民出版社1962年版，第162页。
② 这体现出洛克的意识形态理论是服务于资产阶级利益诉求的，带有鲜明的资本主义性。对此，出于阶级性的局限，洛克没有科学认识。而马克思则基于实践展开了对资本主义意识形态的深刻批判。当代西方的"意识形态终结论"有将意识形态等同于马克思主义的倾向（这使得他们无法获得对意识形态的科学认识），这与洛克等西方自由主义意识形态理论阐释者的理解有共通之处。

了意识形态概念的诞生。与之前提及的其他学者一样，最早使用"意识形态"一词的特拉西也是一个彻底的感觉主义者，强调人的感觉在知识形成中的重要性。在他看来，人的感觉是一切准确的观念的基础，人们的一切观念都应该能够还原为直接的感觉。宗教意识和来自其他权威的知识之所以是应被拒绝的谬误，就在于这类观念不能还原为直接的感觉。意识形态的惟一任务就是"还原"。通过这样的"还原"，为了摒弃宗教、形而上学，进而在感觉的基础之上重新出发政治、法律、经济等等各门科学的基本观念，特拉西试图借助于从思想回溯至感觉的方法。这其中，凡不能还原为感觉的观念，就是虚妄的，不属于意识形态范围。特拉西认为，意识形态是人类一切知识走向科学的保证，具有认识论意义。

"意识形态"的使用与当时（18世纪）晚期法国的教育改革和社会改革的现实有着必然的联系。在拒斥宗教等旧的传统观念的同时，特拉西的"意识形态"也反对那些维护旧的观念的，为资产阶级的思想观念提供了认识论基础、方法论指导。在特拉西看来，作为一切科学的基础，意识形态是"负有社会使命的"，其目标在于为人类服务，乃至拯救人类，以使人们摆脱种种偏见，可以理性地统治。可见，其中启蒙色彩浓厚。此时的意识形态"……展现了一种利用理性把握和控制社会生活的规律以增进人类生活的改善和获得更大幸福的启蒙运动的乐观主义态度。"[①]基于这一主旨，特拉西以及他的信徒们还设计了一套国民教育制度，希望能将法国改造成一个理性的、科学的社会。由于他们的学说把（对个人自由的）信念与精心构思设计的国家计划纲领糅合起来，具有一定的"实效性"，因此，曾经一度得到了拿破仑的认可与支持，并成为法兰西共和国的法定学说。在执政初期，拿破仑与意识形态家们保持了和平融洽的关系。

但是，由于意识形态家们在政治上都是的共和主义者，始终坚持自由的基本信条，并对宗教采取批判和否定的态度，这就不仅威胁了宗教学说，而且也威胁了世俗的权威。与拿破仑企图重建宗教、恢复帝制相违背。而且，在意识形态研究的过程中，特拉西采取的是"从思想回溯到感觉"的方法，坚持在感觉的基础之上进行。其观点并丝毫没有逾越过自己

---

① ［澳］安德鲁·文森特：《现代政治意识形态》，南京：江苏人民出版社2005年版，第2页。

的观点,也没有与阶级相联姻,而纯粹在思想领域打转,既不能科学地奠定认识论的基础,更不能为其它学科的改造及实践提供坚实的理论基础,也恰好成为他人指责意识形态家是"空想家"和"玄想家"的把柄。所以,自1803年起,他们与拿破仑之间的"友好"关系破裂,拿破仑便开始逐渐排斥他们,更将1812年法国在对俄战争的军事失利归咎于"意识形态家"学说的蛊惑。拿破仑公开谴责指出,意识形态家们不仅仅是错误地认识社会和政治现实的"空想家",更是秩序、宗教和国家的"破坏者"。"就是这些空论家(ideologue)的学说——这种模糊不清的形而上学,以一种不自然的方式,试图寻出根本原因,据此制订各民族的法律,而不是让法律去顺应'一种有关人类心灵及历史教训的知识'——给我们美丽的法兰西带来不幸的灾难。"①

(三)黑格尔:意识形态概念的德国起源

之后,"意识形态"一词就在法国、英国、德国、意大利等国流行起来,并且带有了"褒"、"贬"双重含义,而贬义占据了主导。相应地,Idéologues这个法语词也兼有了"意识形态家"和"空想家"这两个意思。意识形态在德国获得了它的批判内涵,这对马克思意识形态理论形成具有重要意义。比如,康德通过批判性的哲学反思,考察了科学知识的来源及其普遍必然性,提出了"人为自然立法"的原则,突出了人的主体性在知识中的作用。康德试图在对人类知识审视、追问的过程中建立起新的形而上学以适应科学发展的需要,满足资产阶级的需求。除了康德之外,费希特、谢林、黑格尔、费尔巴哈等对意识形态进行了深入研究。其中,黑格尔的意识形态研究具有综合性,对马克思的影响最大。黑格尔提出了"教化(Bildung)"和"异化(Entfremdung)"的概念。这两个概念的提出,不仅对这个哲学发展史有重大的意义,而且对意识形态概念的发展也有决定的推动作用。正如K.兰克所说:"马克思意识形态学说中所有决定性的环节都已经在黑格尔的异化理论中预先构成了。"②黑格尔指出,任何特定时代的思想都是相对于变化着的历史情境而言的。虽然特拉西提

---

① [英]雷蒙·威廉斯:《关键词》,北京:三联书店2005年版,第217~218页。
② 俞吾金:《意识形态论》,上海:上海人民出版社1993年版,第28~29页。

出了"意识形态"这个概念，但他并未从社会历史视域对意识形态做深入的考察。黑格尔虽然很少提及"意识形态"概念，但却对各种与社会历史发展相对应的意识形态作出了深入的阐释。

马克思指出，"德国的哲学和法哲学在黑格尔的著作中得到了最系统、最丰富和最完整的阐述；对这种哲学的批判不但是对现代国家和对同他联系着的现实的批判性的分析，而且也是对目前为止的德国政治意识和法意识的整个形势的最彻底的批判，而这种意识的最主要、最普遍、上升为科学的表现形式就是思辨的法哲学本身。"①德国哲学的批判理性直接促成了马克思的意识形态理论。但是，必须认识到，虽然黑格尔强调指出，假如具有理性、有意义，那么历史必定存在于整个历史过程之中，不能从特定的个人或者时代的部分性意图中去找寻，但他不是从社会的经验事实出发来看待意识形态，而仅仅是把意识形态看作是逻辑理念自身运动的产物。对黑格尔法哲学的批判是马克思历史唯物主义的意识形态理论创立的基础。在《德意志意识形态》中，马克思将以费尔巴哈、布·鲍威尔和施蒂纳为代表的现代德国哲学成为"德意志意识形态"，指出其是停留在黑格尔哲学基础、局限于宗教批判的意识形态，与现实建立的是一种虚假的批判关系。他们的批判停留在纯粹思想领域，没有把哲学与德国的现实相联系，他们不是与现实作斗争，而是与现实的影子作斗争。

总体来看，16、17世纪，资本主义经济在西欧逐渐发展起来，资产阶级为了促动资本主义经济的发展和资产阶级制度的确立，从思想上发动了革命性变革。针对当时思想文化领域宗教神学和经院哲学阴魂未散，英国、法国和德国的资产阶级思想家们批判了虚幻的观念和偏见，为意识形态概念的初步确立奠定了唯物主义感觉论基础，德国的古典哲学使意识形态概念具有了浓厚的历史积淀。启蒙思想家围绕"意识形态"概念阐发自己的意识形态理论，其本身作为一种资本主义意识形态在反对封建主义和宗教神学的过程中发挥了巨大能量。同时，作为理论形态的意识形态也逐渐形成。例如，上文提及的"意识形态时代元年"诞生的古典自由主义。总的来看，相对封建主义意识形态，资本主义意识形态是历史上的先进社会意识形态，一定程

---

① 马克思、恩格斯：《马克思恩格斯全集（第1卷）》，北京：人民出版社1956年版，第459~460页。

度上正确地放映了社会发展的规律和趋势,能够促进社会的发展。但是,一方面,虽然资本主义意识形态是以对封建主义意识形态的批判为基点和指向的,但是其本质上只是以一种意识形态批判另一种意识形态,始终是在意识形态的范围内打转。另一方面,更重要的是,由于缺乏科学阶级实践向度,资本主义意识形态最终沦落为落后的意识形态。资产阶级宣扬的意识形态,是对资本主义社会阶级对立关系的歪曲。这体现出资产阶级出于维护自身利益的需要以及局限性,以歪曲的形式来反映自身的利益,在观念中颠倒现实社会的本质关系,使得意识形态中产生了虚假成分,"虚假的意识"得以出现。这在资产阶级成为统治阶级,资本主义统治秩序确立以后逐渐体现出来。而这种意识形态的虚假性在此之前体现的不是那么明显。当成为统治阶级之后,如何维护资产阶级既定利益,如何维护资本主义统治秩序成为资本主义意识形态的主要工作,资本主义意识形态中的非科学性逐渐显现,真理性的成分逐渐减少。当今世界,资本主义统治秩序占据主导地位,国际垄断资本为了维护自身利益大肆宣扬其非科学的意识形态,即是很好的证明。根据上文的分析,笔者认为,非马克思主义的意识形态研究要么纠缠于概念的界定,要么局限于认识论视域,对社会现实的认识不彻底,在意识形态内打转转,要么忽视了阶级实践向度,无法达到对意识形态的科学认识。更为关键的是,非马克思主义的意识形态研究本身也是一种落后的意识形态,这决定了其无法获取关于意识形态的科学认识。对意识形态的科学认识是由马克思主义意识形态理论[①]来完成的。马克思主义意识形态理论指导作用体现在马克思主义经典作家对意识形态的基本定位、基本认知及这一过程中马克思主义作为一种科学意识形态的彰显。意识形态的特征通过其功能得以显现。意识形态结构动态地反映其特征与功能。基于马克思主义意识形态理论的创设与发展,剖析其基本适用、具体适用,分析意识形态之特征、功能与结构是意识形态分析的可能路径。借由这种路径,可以实现对新制度经济学意识形态、普世价值实质的科学批判。

---

① 马克思主义意识形态理论是博大精深的理论体系,涉及诸多方面的内容。本书认为对马克思到列宁的马克思主义意识形态理论的把握基本上就能够获得对马克思主义意识形态理论的基本认知。这里阐释了从马克思到列宁马克思主义意识形态理论的创设与发展历程。

第二节 马克思主义意识形态理论创设与发展：
从马克思到列宁

马克思、恩格斯被看作是现代意识形态理论的奠基者。马克思确立了"意识形态"的现代语境。①《德意志意识形态》是马克思、恩格斯继《神圣家族》后的第二部合作著作。这部著作批判了"虚假的意识"，即以思辨哲学方式出现的以使实在神秘化的哲学和观念形态，并且，通过这个批判初步揭示了现实资本主义社会的颠倒性。这部著作同时是马克思主义世界观形成的标志。"虚假的意识"是马克思对意识形态的基本定位。如果说在特拉西那里"意识形态"是对偏见和假相的客服，那么在马克思那里"意识形态"则是偏见和假相本身，虽然在去除偏见和假相的态度上马克思和特拉西没有二致。②意识形态除了包含虚假的成分，一如上文在分析柏拉图的"高贵的谎言"时所说，其中必定包含有合理的成分，否则，也不可能长期控制人们的精神世界。所以，马克思看来，意识形态既是"虚假的意识"，也是一种"观念的上层建筑"，是二者的统一体。这是对意识形态的基本认知。在此基础之上，马克思展开了对资本主义意识形态的批判，同时构建起马克思主义的理论体系。列宁将马克思主义作为一种意识形态开启了马克思主义意识形态理论超越的新篇章。

实践向度是马克思主义意识形态理论一以贯之的基石。出于实践的需要，列宁完成了马克思主义意识形态概念的重要发展。他将意识形态从一个否定性的概念变成一个描述性的中性概念。马克思主义意识形态理论包括对资本主义意识形态的批判和科学意识形态的建构。总体来看，马克思主义意识形态理论视域下，意识形态是"虚假的意识"与"观念的上层建筑"的统一。在阐释意识形态理论过程中，马克思主义意识形态也得以展示。列宁更加明确了这一点，指出马克思主义就是一种科学意识形态。因

---

① 张秀琴：《马克思意识形态理论的当代阐释》，北京：中国社会科学出版社2005年版，第5页。
② 周宏：《理解与批判——马克思意识形态理论的文本学研究》，上海：上海三联出版社2003年版，第76页。

此，可以说，马克思主义意识形态理论包含有意识形态本质理论、意识形态批判理论、意识形态构建理论与意识形态超越理论。①虽然在这一过程中，特别是"从《德意志意识形态》到《资本论》，马克思实现了意识形态研究的具体化和精细化：从着眼于意识形态理论原则的一般研究到对早期资本主义意识形态理论个案的实证分析。然而'意识形态'术语在这一逻辑进程中逐渐淡出，在意识形态理论获得最完整最具体表达的地方甚至出现该术语的空缺。"②。这从另一层面为我们认识其他意识形态理论提供了方法论指导。有些意识形态理论虽然可能只字未提"意识形态"甚至否定意识形态的存在，鼓吹"意识形态终结"、"泛"意识形态、非意识形态等等，在意识形态时代，这只是意识形态化的另一种表现而已。

一、"虚假的意识"：马克思对意识形态的批判

"黑格尔政治哲学批判是马克思政治思想乃至全部思想发展的转折点。马克思对黑格尔的批判，首先指出了这样一点，即黑格尔在国家与市民社会、家庭的关系问题上弄颠倒了。"③马克思意识形态理论的研究起点是《黑格尔法哲学批判》。由于德意志意识形态的真正基础是黑格尔哲学，黑格尔哲学作为思辨的唯心主义哲学，把一切都头足倒置起来："德国哲学家们在他们的黑格尔的思想世界中迷失了方向，他们反对思想、观念、想法的统治，而按照他们的观点，即按照黑格尔的幻想，思想、观念、想法一直是产生、规定和支配现实世界的。"④所以，在大部分著作中，马克思、恩格斯将意识形态视为一个否定性概念。这与当时的特殊社会语境是密不可分的。在马克思主义形成与发展的过程中，马克思与恩格斯几乎时刻都要与各种错误思潮进行斗争，对意识形态（"虚假的意识"）的批判自然成为他们的重要工作。

---

① 周宏在《理解与批判——马克思意识形态理论的文本学研究》一书中将马克思意识形态理论分解为意识形态本质理论、意识形态批判理论与意识形态超越理论。由于意识形态批判本身蕴含了构建之意，只是这种意蕴在马克思时期体现的并不明显，因此，借用这一划分方式，本书以为，马克思主义意识形态理论应该分为意识形态本质理论、意识形态批判理论、意识形态构建理论与意识形态超越理论。参见周宏：《理解与批判——马克思意识形态理论的文本学研究》，上海：上海三联出版社2003年版。
② 戈士国：《拜物教语境中的意识形态概念》，《哲学动态》2008年第4期，第20页。
③ 郁建兴：《马克思国家理论与现时代》，上海：东方出版中心2007年版，第201页。
④ 马克思、恩格斯：《马克思恩格斯全集（第3卷）》，北京：人民出版社1960年版，第16页。

《德意志意识形态》是马克思、恩格斯于1846年合作完成的一部著作。这部著作"标志着马克思主义意识形态理论的诞生。"①马克思认为，以前的意识形态总是认为"思想统治着世界，把思想和概念看作是决定的原则，把一定的思想看作是只有哲学家们才能揭示的物质世界的秘密。"②"虚假的意识"不是从现实的人及其实际的活动出发，而是从想象的、设想的意识出发。"以往几乎整个意识形态不是曲解人类史，就是完全排除人类史。"③马克思主义创始人曾经指出"虚假的意识"的认识根源，"意识形态是由所谓的思想家通过意识、但是通过虚假的意识完成的过程。……他只和思想材料打交道，他毫不疑迟地认为这种材料是由思维产生的，而不去进一步研究这些材料的较远的、不从属于思维的根源。"④马克思、恩格斯进一步从阶级层面与社会历史层面挖掘"虚假的意识"形成的原因。"统治阶级的思想在每一时代都是占统治地位的思想。这就是说，一个阶级是社会上占统治地位的物质力量，同时也是社会上占统治地位的精神力量。"⑤阶级地位的不平等是虚假意识产生的阶级根源。阶级利益和人类利益的混淆，是"虚假的意识"产生的社会历史根源。在他们看来，意识形态"……在他们看来全都是资产阶级偏见，隐藏在这些偏见后面的全都是资产阶级利益。"⑥这是马克思对意识形态的基本定位。⑦同时，如有的学者指出的那样，"历史唯物主义的创立与意识形态学说的形成乃是同一个过程的两个方面。"⑧马克思、恩格斯在对各种唯心主义和社会主义思潮批判的过程中，阐发了唯物主义历史观。

二、"虚假的意识"与"观念的上层建筑"的统一体⑨

从意识形态的"客观存在及其阶级作用"看，意识形态是一定阶级

---

① 郑永廷等：《社会主义意识形态发展研究》，北京：人民出版社2002年版，第3页。
② 马克思、恩格斯：《马克思恩格斯全集（第3卷）》，北京：人民出版社1960年版，第16页。
③ 马克思、恩格斯：《马克思恩格斯选集（第1卷）》，北京：人民出版社1995年版，第66页。
④ 马克思、恩格斯：《马克思恩格斯选集（第4卷）》，北京：人民出版社1995年版，第726页。
⑤ 马克思、恩格斯：《马克思恩格斯选集（第1卷）》，北京：人民出版社1995年版，第98页。
⑥ 马克思、恩格斯：《马克思恩格斯选集（第1卷）》，北京：人民出版社1995年版，第283页。
⑦ 魏崇辉：《马克思主义与新制度经济学意识形态思想的比较研究》，《天府新论》2008年第2期，第43～46页。
⑧ 俞吾金：《意识形态论》，上海：上海人民出版社1993年版，第53页。
⑨ 魏崇辉：《马克思主义与新制度经济学意识形态思想的比较研究》，《天府新论》2008年第2期，第43～46页。

社会结构中与经济基础相适应的"观念的上层建筑"。虽然以往的剥削阶级的意识形态是以"虚假的意识"为基础的,但是鉴于它们在阶级社会中是一种客观存在,并且起着为统治阶级服务的作用,这又是不以人的意志为转移的客观历史事实。因此,意识形态也是一种真实的意识,或者说,意识形态包含有正确的成分。马克思赋予了意识形态概念以科学的含义,使它成了历史唯物主义的一个重要范畴,强调它是一种"观念的上层建筑"。意识形态的本质只能是对经济基础和政治制度的反映。"意识在任何时候只能是被意识到了的存在,而人们的存在就是他们的实际生活过程,如果在全部意识形态中人们和他们的关系就像照相机中一样倒现着,那么这种现象也就是从人们的生活的历史过程中产生的,正如物象在眼网膜上的倒影是直接从人们生活的物理过程中产生的一样"。①这是马克思对意识形态的基本认知。②

马克思的意识形态概念主要在否定性和中立性这两种意义上使用。"一方面,也是更重要的一方面,马克思、恩格斯对以唯心史观为基础的剥削阶级的意识形态持否定态度,指斥其虚假性和非科学性;另一方面,马克思、恩格斯也认为意识形态'毕竟是人类史的一个方面',因而使意识形态概念又具有了中立性含义。"③历史唯物主义认为,社会存在决定社会意识,社会意识是社会存的反映。马克思主义创始人给予意识形态以充分的重视。马克思主义认为,现实生活的生产和再生产是决定历史的根本因素。但是,"对历史斗争的进程发生影响并且在许多情况下主要是决定着这一斗争的形式的,还有上层建筑的因素,包括意识形态。"④意识形态是"虚假的意识"和"观念的上层建筑"的统一体,是对社会存在的反映。诚然,这并不能否认马克思、恩格斯对意识形态的基本认知是以批判为主的,他们对资产阶级哲学、政治经济学、政治思想、文化等意

---

① 马克思、恩格斯:《马克思恩格斯全集(第3卷)》,北京:人民出版社1960年版,第29~30页。
② 魏崇辉:《马克思主义与新制度经济学意识形态思想的比较研究》,《天府新论》2008年第2期,第43~46页。
③ 马克思、恩格斯:《马克思恩格斯全集(第3卷)》,北京,人民出版社1960年版,第33页。
④ 魏崇辉:《马克思主义与新制度经济学意识形态思想的比较研究》,《天府新论》2008年第2期,第43~46页。

识形态展开了系统的批判。马克思意识形态理论是以意识形态批判理论为主的,同时兼及意识形态本质理论、意识形态构建理论与意识形态超越理论。在马克思、恩格斯时期,意识形态的集中体现是资本主义意识形态。作为一种社会意识的理论形式,意识形态在社会中占统治地位的经济关系即经济基础之上产生出来,并为统治阶级的根本利益服务,通过否定或掩蔽现实的社会矛盾,来实现和维护社会关系的再生产。①

三、马克思主义意识形态理论:从马克思到列宁的发展

上文已经指出,严格意义上的马克思意识形态理论的重要发展是由列宁来完成。他将意识形态从一个否定性的概念变成一个描述性的中性概念。之所以出现这种情况,不仅仅是因为列宁继承了马克思、恩格斯意识形态理论的精髓,更主要的是出于其所处时代的实践需要需要。实践向度是马克思主义意识形态理论根本向度,这从马克思、恩格斯时期就已经开始了。"意识形态:重要的不是真假而是在实践中行得通。"②马克思、恩格斯没有过多地纠缠在意识形态是真还是假的问题上,而是更多地将注意力放在意识形态的实践作用上。他们的兴趣不在于对意识形态理论的深刻阐发,而在于对资本主义意识形态、资本主义社会的批判,在于对无产阶级运动的实践推动。在资产阶级时代,商品成为整个社会存在的普遍范畴,产生了"商品拜物教"为核心的资本主义社会意识形态。要克服资本主义意识形态,"跳出意识形态",马克思认为不能仅仅停留在精神层面的批判,而要改变产生这种意识形态的社会基础。

与马克思、恩格斯所处时代相比较,列宁所处的时代已经有很大的变化:一方面,资本主义进入垄断阶段,各资本主义国家经济政治发展不平衡,为无产阶级的解放斗争提供了客观条件;另一方面,马克思主义在其传播中已经先后战胜了种种资产阶级思潮的进攻,无产阶级革命需要无产阶级意识形态。在列宁看来,资产阶级有自己的意识形态,无产阶级也应该有自己的意识形态,也就是以马克思主义的唯物史观和剩余价值理

---

① 郁建兴等:《政治学导论》,杭州:浙江大学出版社2003年版,第182~183页。郁建兴等对马克思意识形态概念的定义突出了三点:意识形态是理论化、系统化的社会意识,不包括情感、表象等;意识形态在社会关系的再生产中的作用;意识形态概念主要适用于资本主义批判。

② 赵凯荣:《重新理解马克思对意识形态的批判》,《学术研究》2007年第7期,第8页。

论为基础的社会主义和共产主义意识形态,是适应社会历史发展潮流的"科学的意识形态"。列宁指出,"没有革命的理论,就不会有革命的运动。"①在列宁那里,马克思主义意义的意识形态内涵进一步丰富,主要指特定阶级或者社会集团对现存或构想中的社会制度进行解释、辩护或对某种社会制度进行批判、改造的理论体系。②由于无产阶级意识形态(也就是马克思主义意识形态、社会主义意识形态)不能从自发的工人运动中产生,所以,无产阶级政党必须要对工人阶级进行意识教育。列宁认为,工人阶级依靠自身的力量只能形成工联主义意识,不可能有社会民主主义的意识。所以,无产阶级政党必须对工人阶级进行无产阶级意识形态的有计划、有组织的"灌输"。列宁将"灌输"思想运用到到俄国革命实践中取得了巨大的成功。虽然列宁的"灌输"带有俄国特色,但却明确了这一思想的实质,即先进的意识形态只有通过各种形式的"灌输",与代表先进生产力的社会进步群体的行动相结合,才能产生出感召力。③至此,为了适应和推动实践发展,马克思主义意识形态理论中意识形态构建理论(构建社会主义意识形态)的成分得以凸显。总体来看,本书认为,意识形态概念在马克思主义的发展历程中,经过马克思主义经典作家(马克思、恩格斯、列宁)的创立与发展,逐渐清晰,逐渐丰富起来。这种强烈的阶级性与实践性促成了社会主义意识形态从理论到现实的转变。同时,也使得马克思主义意识形态理论包容了意识形态本质理论、意识形态批判理论、意识形态构建理论与意识形态超越理论的内容,为我们开展对诸如新制度经济学之类资本主义意识形态批判提供了科学指导,使我们认识到,当代马克思主义的使命是,批判资本主义意识形态,构建社会主义意识形态。

总之,马克思主义意识形态理论是意识形态本质理论、意识形态批判理论、意识形态构建理论与意识形态超越理论的统一。马克思主义意识形态理论没有拘泥于意识形态概念的界定,而是更多地展开了对资本主义意

---

① 列宁:《列宁选集(第1卷)》,北京:人民出版社1995年版,第311页。
② 黄新华《当代意识形态研究:一个文献综述》,《政治学研究》2003年第3期,第58页。
③ 魏崇辉:《新时期对灌输教育思想的再认识和运用》,《东北农业大学学报(社会科学版)》2007年第3期,第12~14页。

识形态的批判。更为关键的是,马克思主义意识形态理论指明了一条意识形态发展的必由之路。这是立足社会现实对意识形态背后的利益原因和社会根源、阶级实践基础科学认识之上作出的。

第三节 意识形态:特征、功能与结构[①]

虽然马克思主义没有对意识形态概念作出明确的阐释,但它却框定了意识形态研究的当代语境。马克思主义意识形态理论是我们认识新制度经济学等资本主义意识形态的基本指导。在经历了从马克思到列宁的变迁之后,马克思主义意识形态理论逐渐获取了丰富的内涵。本书中,马克思主义意识形态理论指导作用体现在马克思主义经典作家对意识形态的基本认知,以及在这一过程中马克思主义作为一种科学意识形态的彰显。

一、意识形态的特征

立足于马克思主义意识形态理论,从其对意识形态概念的基本解读出发,笔者认为意识形态具有以下特征[②]:

其一,意识形态具有依附性,没有独立的历史。社会意识可以分为作为上层建筑的意识形式和非上层建筑的意识形式。属于上层建筑的社会意识形式称为意识形态,又称为观念上层建筑。除了意识形态这一观念上层建筑之外,上层建筑还包含政治法律制度及设施、政治组织等政治上层建筑。作为一种社会意识,意识形态起源于社会物质生活。"思想、观念、意识的生产最初是直接与人们的物质活动,与人们的物质交往,与现实生活的语言交织在一起的。人们的想象、思维、精神交往……是人们物质行动的直接产物。"[③]意识形态依附于社会存在。意识形态依附于经济

[①] 本书的研究焦点是对新制度经济学意识形态理论的批判与我国意识形态安全的维护,是在对意识形态做学理分析的基础之上,突出关注意识形态(涵义、特征)对现实的影响(功能),以及其如何实现这种影响(结构)。

[②] 由于没搞清楚意识形态与主流意识形态的关系,有些研究者强调意识形态所谓"强制性"等。主流意识形态与一些强势意识形态(如某些宗教信仰等)带有强制性,但很多意识形态并不具有这一特征。参见http://www.chinavalue.net/Article/Archive/2008/8/10/129781.html,2009年9月10日。两种社会制度与意识形态对立的背景下,意识形态研究逐渐成为各个学科的重点,但随意性的问题却普遍存在。

[③] 马克思、恩格斯:《马克思恩格斯选集(第1卷)》,北京:人民出版社1995年版,第72页。

基础。经济基础是指由社会一定发展阶段的生产力所决定的生产关系的总和。经济基础决定上层建筑。另外，意识形态指导政治上层建筑的建立，而政治上层建筑一旦形成会成为一种现实的力量，影响并制约意识形态。这是意识形态依附性的另一种表现。

正因为意识形态的这种依附性，意识形态没有自己独立的历史。《德意志意识形态》中，马克思、恩格斯在批判思辨的唯心主义者主张的同时，指出"道德、宗教、形而上学和其他意识形态，以及与它们相适应的意识形式便不再保留独立性的外观了。它们没有历史，没有发展，而发展着自己的物质生产和物质交往的人们，在改变自己的这个现实的同时也改变着自己的思维和思维的产物。"①归根到底，意识形态的发展是社会存在发展在人们观念中的体现。经济基础是意识形态赖以产生、存在和发展的物质基础，意识形态是经济基础得以确立、巩固统治地位不可或缺的思想要件。意识形态的产生、存在和发展都可以直接或间接地从社会的经济结构中得到说明。经济基础的性质决定上层建筑的性质，有什么样的经济基础就有什么样的意识形态。经济基础的变革必然会引起意识形态的变化，并决定着其变化的方向。因此，在马克思、恩格斯看来，只有推翻意识形态所产生的现实的社会关系，一种意识形态才能消灭。仅仅通过精神领域的批判，意识形态是不会被消灭的。

其二，阶级社会中，意识形态具有阶级性，体现一定阶级的利益诉求。意识形态最本质的特征是阶级性。马克思意识形态理论认为，意识形态是统治阶级的思想，是为了维护统治阶级的根本利益。按照阶级性，意识形态可以分为奴隶主意识形态、封建主意识形态、资本主义意识形态、无产阶级意识形态。为了维护自己的统治地位，统治阶级会将自己的意识形态冠以真理的头衔。上文对意识形态概念与理论发展历程的阐释已经说明，意识形态中确实含有正确的成分。这是统治阶级实行统治的基本条件，也是其成功掩盖其阶级性的基础。但是，根本上，意识形态是统治阶级根本利益的反映。代表统治阶级利益的意识形态往往以扭曲的方式反映世界，因为其目的是依照本阶级的利益去伪装真相。作为一种思想体系，意识形态往往是特定

---

① 马克思、恩格斯：《马克思恩格斯选集（第1卷）》，北京：人民出版社1995年版，第73页。

时代的某些代表性人物创立的，但是，它所反映的绝不仅仅是某个人的思想，而是某个阶级、社会群体的要求、愿望与理想，根本上是服务于某一阶级、社会群体创立新的社会制度或者维护既存社会制度的目的。

由于资本主义意识形态把资产阶级的利益说成是全社会的共同利益，以掩盖其内在的为统治阶级的利益服务的本质，因此，马克思、恩格斯在《德意志意识形态》中把"德意志意识形态"界定为"虚假的意识形态"。在《共产党宣言》中，他们进一步强调指出，世界上根本不存在超阶级关系的意识形态，意识形态与阶级对立之间存在必然联系。马克思、恩格斯强调，无产阶级和人民群众的普遍利益是一致的。这是因为无产阶级是大工业的产物，无产阶级运动是为绝大多数人谋利益的运动，与为少数人谋利益的运动根本不同。马克思、恩格斯运用"意识形态"一词来批判资产阶级意识形态，虽然他们并没有直接提出"无产阶级意识形态"这一概念，但也已经用于"共产主义意识"来说明无产阶级思想观念。列宁继承和发展了马克思、恩格斯的意识形态理论，首次将马克思主义与意识形态联系起来。他区分了资本主义意识形态和无产阶级意识形态。他认为，无产阶级意识形态是无产阶级根本利益的体现，所以，具有鲜明的阶级性。同时，无产阶级意识形态还科学地解释了社会发展规律，所以，具有科学性。因此，无产阶级意识形态是阶级性与科学性的统一。

其三，作为一种理论体系，意识形态带有强烈的批判性和实践取向。通过上文基于概念与理论的视角对意识形态展开的阐释，我们可以看出来理论化的意识形态是一个现代事件。现代意义上的意识形态理论同时是围绕批判性展开的一个理论与实践交融的现象。作为一种理论体系，意识形态是包含有政治法律思想、经济思想、道德、宗教、哲学等的有机的思想观念和信仰体系，是对特定的经济关系、政治关系和社会关系的认识和概括，是某一阶级、社会集团改造社会或维护某种社会制度的理论根据，其中包括社会理想、社会目的和行动计划。①相应地，意识形态在反应某一个阶级、社会集团的利益诉求的同时，自然是对其他阶级、社会集团的一种批判。"一定意识形态总是要对异质意识形态进行抵御、排斥，不允许

---

① 李元书：《意识形态与政治社会化》，《学习与探索》2002年第5期，第20～25页。

其他意识形态的干扰与侵袭。"① 比如，资本主义意识形态就是资产阶级对资本主义生产关系、政治关系和社会关系的认识和概括，体现了资产阶级理论上反对封建社会，构建和维护资本主义社会的愿望和诉求。这其中自然包含了对封建社会意识形态的批判。

"批判的武器当然不能代替武器的批判，物质力量只能用物质力量来摧毁；但是理论一经掌握群众，也会变成物质力量。"② 强烈的批判性促使意识形态通过实践实现目的，同样，只有到实践中去，批判才能有力量。在政治生活中，意识形态的实践性突出表现在"它以理论形态表明人们从事某种政治活动的企图，反映了某一社会集团的人们为达到一定社会目标的明确信念，因而它是为维护某一特定社会集团的利益服务的。这就决定了任何一种意识形态都有自己特定的社会宗旨，有特定的实践目的。"③ 任何意识形态都是与社会实践有着千丝万缕的密切相关的，企图通过实践来实现政治行为主体的目的。

其四，意识形态具有强烈的价值导向性，并通过相对独立性④，对社会存在产生影响。一般认为，价值是在认识活动和改造活动中所带有的特定的行为取向。意识形态通过为人们认识世界提供一套价值体系，指导人们认识相应的社会政治经济文化关系。马克思主义认为，社会存在决定社会意识。意识形态从根本上是由社会存在决定的，但是，它自身又有特定的发展规律。意识形态有时会先于经济关系和社会关系，有时又会落后于经济关系和社会关系。意识形态有时会成为社会变迁的先导，有时又会成为社会变迁的阻滞，并不是总是与经济关系、社会关系的发展或瓦解同步的。意识形态的价值导向性通过相对独立性，对社会存在产生推动或阻碍的影响。

而这种实践取向直接反映在意识形态的能动性上。恩格斯指出，在

---

① 郑永廷等：《社会主义意识形态发展研究》，北京：人民出版社2002年版，第345页。
② 马克思、恩格斯：《马克思恩格斯选集（第1卷）》，北京：人民出版社1995年版，第9页。
③ 宋惠昌：《当代意识形态研究》，北京：中央党校出版社1993年版，第13页。
④ 作为社会意识的一种，意识形态的相对独立性体现在多个方面。对社会存在的反作用是其中最为突出的表现。除此之外，还有：社会意识与社会存在发展的不同步性（有时滞后于社会存在，有时超前于社会存在）、与经济发展水平的不平衡性、社会意识之间具有关联性以及社会意识的继承性等等。从共时角度横向来看，意识形态对社会存在的反作用在这里受到了强调和凸显。而且，意识形态相对独立性的其他表现最终还是通过对社会存在的反作用表现出来。

社会发展中起决定作用的是物质的生活条件、经济因素，它们归根到底决定政治、意识形态、国家制度。但是，当政治和意识形态因素产生出来以后，便对社会存在产生了反作用。这是意识形态相对独立性的突出表现。意识形态不会凭空出现，只有在适应一定社会物质生活条件的需要后才能产生出来，所以，它必然具有满足这些需要的价值。同时，在一定条件下，意识形态还能转化为物质力量并作用与社会存在，进而影响到社会历史的发展。先进的意识形态反映了社会发展的客观规律，对社会存在、社会发展会起到促进作用。而落后的意识形态则由于不符合社会存在，与社会发展规律相违背，会对社会发展起到阻碍的作用。可见，意识形态具有强烈的能动性。意识形态是一种相信"事物能够比现在的状态更好"的信念，同时，又借助于反作用，成为一种改造社会的计划，这使之成为影响人们政治行为的"观念的力量"①。因为，一种政治意识形态源自这样一种信念，即事物能够比现在的状态更好。安东尼·唐斯说意识形态是"一种有关美好社会的文字幻想，一种建构此种社会的信仰形式"。特定意识形态的追随者认为，如果他们的计划得到实施，情况就会比现在好。

二、意识形态的功能

意识形态作为社会上层建筑的重要组成部分，在国家的政治生活、经济生活、文化生活、精神生活、社会生活中起着非常重要的作用。意识形态的功能，可以从不同的角度来考察。比如，有经济功能②与政治功能、文化功能之分、有理论功能与实践功能之别等。这里从意识形态的基本特征出发，对应性地从以下几个方面来探讨意识形态的基本功能。诚然，这些功能之间是相互交汇、相互融通的。

第一，辩护功能和约束功能。意识形态具有依附性，没有独立的历史。意识形态是依附在一定的社会存在基础之上的，是对以生产劳动为基础的社会物质生活的反映。意识形态是要为现实的社会存在服务的。这是

---

① [美] 迈克尔·罗斯金：《政治科学》，北京：华夏出版社2001年版，第104~105页。

② 作为新制度经济学组成部分的意识形态理论就着重探讨了意识形态的这一功能，下文对此有阐述。本书认为，意识形态辩护功能和约束功能、规引功能和团结功能、动员功能和激励功能、评价功能和践行功能等发挥，就可以减少搭便车行为，就是意识形态经济功能发挥的过程。这从一个侧面体现出作为新制度经济学组成部分的意识形态理论更多地是为我们提供了开展学术研究的新视角和方法。

意识形态基本功能之一。为了维护合法性，统治阶级不仅需要利用暴力机器如军队、警察、监狱等，同时需要充分利用观念上层建筑。而往往意识形态在获取民众认同和支持方面作用更大，效果更明显。统治者会充分利用意识形态来维护其统治的合法性①。

与这种辩护功能相关的是，意识形态具有约束功能。意识形态要想成功地发挥辩护功能，不是仅仅依靠形式上完备的宣传。意识形态要想说服人，首先需要对意识形态主体有一定的约束力。这就是意识形态的约束功能。通过这种约束功能的发挥，意识形态使得其主体按照其提供的是非、优劣标准行为。在这方面新制度经济学作出了独特的贡献。诺斯以一名经济学家的独特视角指出，通过约束功能的发挥，意识形态有利于克服搭便车，从而可以达到规范社会关系，乃至促进经济发展的结果。

第二，规引功能和团结功能。统治阶级会充分利用意识形态来维系其统治的合法性，而统治阶级的反对势力也会通过意识形态宣扬来鼓吹自己的政治主张以博取民众的支持和同情。这些反对势力会通过各种手段、方式和方法来灌输自己的意识形态，以获取与统治阶级相抗衡的机会和空间。这都反映了意识形态具有规引和团结的功能。

意识形态在保持整个社会意识形态的统一中，发挥团结统一水泥的作用。②在政治实践中，意识形态总是试图发挥统一多元利益诉求，试图将各种利益、各个阶层、集团的思想统一起来，使得各个阶层和集团的意识与意识形态相符合。不管是统治阶级，还是与之相对抗的势力，都认识到意识形态的规引和团结功能是非常巨大的，并且都采取各种方式和方法来利用意识形态的这种功能。比如，20世纪70、80年代以来，新制度经济学作为一种新自由主义思潮，在我国得以大肆传播。而新制度经济学在转轨国家的最终目的是推动私有化，这是一种典型的资本主义意识形态。借

---

① 所谓合法性是"指某个政权、政权的代表及其命令在某个或某些方面是合法的。它是一种特性，这种特性不是来自正式的法律或法令，而是来自由有关规范所判定的、'下属'据以（或多或少）给予积极支持的社会认可（或认可的可能性）和'适当性'。"参见［英］米勒、波格丹诺等编：《布莱克维尔政治学百科全书》，北京：中国政法大学出版社1992年版，第410页。

② 宋惠昌：《当代意识形态研究》，北京：中共中央党校1993年版，第25页。

助各种学术期刊、各类出版机构、报刊、讲坛，新制度经济学的文章、译著、专著、随笔、小品文等等层出不穷，更是在我国政府决策中有所体现，使得新制度经济学（作为工具的和意识形态的）"深入人心"，规引和团结了一部分利益群体。

第三，动员功能和激励功能。与规引功能和团结功能相互交融的是动员功能和激励功能。这是意识形态能动性和相对独立性的集中体现。与规引功能和团结功能相比较，动员功能和激励功能显得更为积极和主动。一种意识形态通过对异己意识形态的批判，动员和激励民众在实践中反对异己意识形态，进而达到构造自己意识形态的目的。

一般而言，意识形态的动员功能和激励功能是由少数政治精英来实现的。现代意识形态一般都经过了理论上的论证，努力向着一种完备的理论体系靠拢。意识形态描绘了一种更加美好的未来和愿景，动员和激励民众为了某种社会理想、社会制度和社会目标而奋斗。这种动员功能和激励功能在社会处于危机状态和转型时期体现得尤为明显。在社会转型期，利用得当的话，意识形态的功能会大于正式制度。在社会处于危机状态下，比如生死存亡的关键时刻，需要政治组织的成员牺牲自己的利益甚或生命时，如果没有意识形态的激励功能发挥，是很难想象的。这方面成功的例证如法国大革命时期的自由、平等、博爱口号，20世纪俄国、中国革命时期的解放被压迫者口号等等。

第四，评价功能和践行功能。一如上文所指，意识形态具有强烈的价值导向性。这种价值导向性使得民众对意识形态所指有了价值层面的认识。意识形态的这种评价功能的基本特点是意识形态包含有依据主体的利益和价值需求来评判客体的内容。这种意识形态评判的旨趣不在于辨别对象"是什么"、"怎么样"、"为什么"，而在于揭示客体对主体是好还是坏，有价值还是无价值，价值是大还是小。比如，在美国的政治生活中，代表美国垄断资产阶级利益的意识形态认为，"美国社会的本质是正确的，好的，作出其它的选择安排是不现实的"。[①]美国以这一套观念来

[①] ［美］R·H·奇尔科特：《比较政治学理论：新范式的探索》，北京：社会科学文献出版社1998年版，第33页。

推行其全球战略：美国好，进步是美国体制演变中所固有的，美国对其他国家的政治关系就是要保卫和扩展自由并在互惠基础上保证经济繁荣。在这种意识形态评价功能指引之下，什么是对的，什么是坏的呢？很显然，凡是与之一致的，就是对的，美国就会去支持；凡是与之相左的，就是错的。那么，对的或错的，是否仅仅停留在评价阶段呢？事实已经给出我们的答案显然是否定的。对于与其意识形态不一致的，美国就去讨伐。这就自然引出意识形态的践行功能。

在价值评价功能的指导下，意识形态通过反作用，对社会存在产生积极或消极的影响。马克思主义意识形态理论使得无产阶级认识到，只有在马克思主义指导下，工人阶级才获得了本阶级的阶级意识，由自在阶级上升为自为阶级。马克思主义代表了最广大人民的根本利益。工人阶级的利益同最广大人民的根本利益是完全一致的。这种意识形态理论的评价功能发挥在于使无产阶级认识到，凡是不从马克思主义出发，不坚持马克思主义的思想和认识都是错误。同时，在评价功能之后，无产阶级在先进政党领导之下积极践行无产阶级革命。无产阶级革命的目标，就是用自由人的联合体代替阶级对立的社会，实现人的自由而全面的发展。

三、意识形态的结构[①]

就一般意义而言，无论是"普遍意识形态"，还是"特殊意识形态"，"虚假的意识形态"，还是"真实的意识形态"，"好的意识形态"或"坏的意识形态"，"科学的意识形态"还是"非科学的意识形态"，也不论是"政治意识形态"还是"法律意识形态"，"经济意识形态"还是"美学意识形态"，都是由三个基本层面要素构成的"三维结构"的思想观念体系。"三维结构"分别为认知—解释、价值—信仰和目标—策略。这三个要素构成了一个动态的意识形态结构。如果三个要素哪个方面出现了问题，那么整个意识形态理论体系就会出现断裂，进而导致意识形态出现危机。从本书的主旨出发，我们可以得出，要维护一个国家主流意识形态的地位，维护意识形态安全，必须对威胁这一意识形态的异

[①] 何怀远：《意识形态的内在结构浅论》，《江苏行政学院学报》2001年第2期，第13~17页；[英]安德鲁·海伍德：《政治学核心概念》，天津：天津人民出版社2008年版，第26~28页。

己意识形态理论体系展开结构层面的研究，以期有针对性地作出回应。

第一，为了更好地对新制度经济学意识形态理论从意识形态结构上开展剖析，这里首先对"认知—解释"、"价值—信仰"和"目标—策略"在意识形态理论体系中所处的位置、发挥的作用作概括介绍：其一，认知—理解层面是意识形态对其基本理念进行说明的部分。这是意识形态最基础的部分。任何一种意识形态都有着一部分内容，它主要是用来说明"是什么"。胡格韦尔特认为："'意识形态'这个词现在只意味着能促使人们行动起来并证明他们的行动正确性的一整套思想、信仰和价值观。"①其二，价值—信仰层面是意识形态中体现价值判断并进而上升到信仰的内容。它主要是告诉人们哪些意识形态、意识形态中的哪些部分是正确的，应该成为信仰的。价值—信仰部分是人们进行价值选择的指导，是人们对社会进行价值评价的重要依据。其三，目标—策略层面是意识形态基本理念实现的目标、途径和艺术。②正因为这一层面的内容，意识形态才能成为一种强大力量，进而对社会形成强大的影响。类似的，亦可以将意识形态划分为批评、价值和策略。具体来看，意识形态被广泛地用来表示旨在为某种有组织的政治行动提供根据的一套或多或少具有连贯性的观念。在这个意义上，所有意识形态首先都以"世界观"（world view）的形式，为人们提供对现存秩序的说明和批评；其次，它提供人们想要的未来的模型，即"美好社会"（good society）的景象；最后，它为政治变革能够如何发生和应当如何发生提供基本轮廓。

无论依照"认知—解释"、"价值—信仰"和"目标—策略"的标准，还是批评、价值和策略的标准，笔者以为，新制度经济学意识形态具备"认知—解释"、"价值—信仰"、"目标—策略"的基本结构，最终目的是"中心国家"（the center），尤其是美国的资本主义扩张。而与"中心国家"相对应的"外围国家"（the periphery），也就是发展中国家则在全球化的过程中被"边缘化"。结合另一种意识形态结构（即批评、价值和策略）划分方式来看，新制度经济学意识形态与马克思主义意识形态存在本

---

① ［英］胡格韦尔特：《发展社会学》，成都：四川人民出版社1987年版，第226页。
② 喻中：《关于法律意识形态的几点思考》，《探索》2002年第2期，第59～63页。

质的不同（而在马克思主义是一种主流意识形态存在时，这种批评就表现为对意识形态安全的威胁）。这一过程中，新制度经济学意识形态首先要努力通过说明其"是什么"（认知—解释），随后所阐述的就是它认为哪些意识形态或意识形态中的哪些部分是对的，也就是解释其所认为的"应该是什么"（价值—信仰）的问题。意识形态之所以成为一种强大的理论，很大程度上是通过目标——策略层面实现的，它所解决的问题是如何达致"应该是什么"的问题。我们知道，意识形态化的新自由主义在苏东剧变时的政策主张称为休克疗法，在拉丁美洲叫做华盛顿共识，而在亚非等转型国家被称作结构调整。借助学术的外衣，打着促进中国成功实现社会转型（转轨）的旗号，新制度经济学在中国大肆宣扬的是资本主义意识形态。不管用什么名字，我们必须看到的是，新制度经济学意识形态的传播是全球化和网络化时代"中心国家"一整套规划的结果，比如，"中心国家"对"外围国家"有条件的经济援助、"中心国家"占据优势和先机的国际贸易、"中心国家"主导的国际传媒、他们的文化娱乐产品以及生活方式等。

第二，关注意识形态研究中的普世价值问题及其具体体现（这里需要关注的是普世价值在新制度经济学意识形态理论中的体现）。所谓"普世价值"具有三层含义，其一，这种价值具有普遍适用性（普适性），即不是仅仅适用于个别人、少数人甚至大多数人，而是适用于所有人；其二，这种价值具有普遍永恒性（不变性），它不仅仅适用于一时一地，而适用于所有时间、所有地点，不以任何条件为转移；其三，这种价值是以具有普遍必然性的命题（普遍必然判断）来表述的。[①]就当今局势而言，"普世价值"问题"不是一个纯学术问题，而是一个意识形态领域斗争的前沿问题。"[②]当前普世价值是否真正存在呢？立足马克思主义意识形态理论，从意识形态的结构出发，我们可以看出，意识形态理论体系中核心和灵魂性的部分是"价值——信仰"层面。这也是马克思主义意识形态理论所极力彰显的部分——意识形态批判理论的重要指向。马克思主义

---

① 程广云、韩璞庚：《论普世价值如何可能》，《学术月刊》2002年第5期，第14~21页。
② 刘书林：《"普世价值"问题出现的过程、原因及实质》，《思想理论教育导刊》2008年第11期，第5页。

意识形态批判理论对资本主义意识形态展开了深刻的剖析、解读，明确地解决了"应该是什么"的问题。价值层面的内容往往是意识形态理论体系的中轴。价值与真理是有明显区别的。价值观体现出比较强烈的个性化色彩，是特殊的、个别的。而真理则体现出更多的共性化色彩，是一般的、普遍的。实践主体特殊的利益需要则决定了价值具有强烈的个性化色彩。超越国家、民族和阶级特殊利益的共同的普遍性利益是不存在的。特别是当前，我们的世界在整体上还是阶级社会，两极分化依然存在，剥削和压迫还没有被消灭，阶级还没有被消灭。因此，普遍适用于所有国家、民族和阶级的普世价值是不存在的，不能把真理和价值混为一谈。①马克思主义是无产阶级的思想体系，也不是适用于一切人、适应一切时代的"普世价值"。②因此，笔者认为，坚持马克思主义意识形态理论分析"普世价值"是对待这一问题的科学态度。只有坚持马克思主义意识形态理论，才能科学地认识与应对"普世价值"。在不侈谈"普世价值"的同时，要坚持立足当代中国的国情，从实际出发，从国情出发，批判地吸收借鉴西方的优秀文明成果中的合理成分和有益部分。

  与新制度经济学意识形态理论具有本质对立与冲突的马克思主义意识形态理论指出，无产阶级在消灭私有制、消灭阶级过程中必然要建立自己的意识形态。这种意识形态是科学的。无产阶级意识形态不仅反映了无产阶级的利益和愿望，而且正确反映了历史发展规律，它必然在无产阶级革命和建设事业中发挥巨大的指导作用，体现了阶级性和真理性的高度的统一。明确指出资产阶级有自己的意识形态，无产阶级也应该有自己的意识形态的是列宁。这是伴随着世界上第一个社会主义政权的确立而进行的。毛泽东的社会主义意识形态理论是与中国近代以来最大的社会变革相伴相随的。邓小平的社会主义意识形态理论的形成是与中国改革开放实践

---

  ① 钟君：《政治价值具有普适性吗？》，《红旗文稿》2010年第2期，第11～14页。而新制度经济学意识形态理论恰恰无视语境地强调真理与价值的统一，强调产权私有化与西方式民主的普世性。

  ② 汪亭友：《马克思主义是普世价值吗》，《政治学研究》2009年第2期，第11页。该文指出，马克思主义是普遍真理并不意味着马克思主义是"普世价值"。因为马克思主义普遍真理适用的范围是无产阶级领导的全人类的解放事业，实践的主体是无产阶级及其领导下的广大人民群众。如果超出了全人类的解放事业这个范围，离开了无产阶级这个实践的主体，马克思主义的普遍真理就会失去用武之地。同时，马克思主义普遍真理也是在不断发展着的，马克思主义普遍真理的指导性也是具体的、历史的。

密不可分的。当前,当代中国又处在社会转型的关键时期,社会现实要求社会主义意识形态理论的创新和发展。要实现对当代中国社会中意识形态理论的科学认知,必须要搞清楚意识形态背后的利益原因和社会根源,明确意识形态的阶级基础。当代中国社会的社会主义意识形态是无产阶级意识形态。而新制度经济学从根本上是为了宣扬资本主义意识形态的"普世性",为垄断资本利益服务。新制度经济学意识形态理论将资本主义意识形态作为普世价值加以传扬,对我国意识形态安全造成严重威胁。为我国维护意识形态安全指明一条必由之路的是马克思主义意识形态理论。

通过以上的分析,笔者认为,社会急剧变迁时期,往往是各种意识形态粉墨登场之时,是各种意识形态斗争与较量的时期。社会急剧变迁时期,也孕育着意识形态发展的重大机遇。意识形态既是社会变迁的原因,也是社会变迁的结果。在社会变迁时期,对意识形态的考察极具意义。当前,我国正出于社会急剧变迁时期,新自由主义意识形态、普世主义(普世价值)与殖民主义、帝国主义、霸权主义勾连在一起[①],是西方资本主义国家推行资本主义价值的重要媒介,成为西方社会对付非西方社会的意识形态。这种形势下,新制度经济学通过强调是否促进经济发展作为判断意识形态的标准,刻意回避意识形态的阶级标准,本质上推崇的是资本主义意识形态的普世性,表面上"泛"意识形态化,实质是非意识形态化。对此,我们必须保持清醒的认识。基于马克思主义意识形态理论的创设与发展,分析意识形态之特征、功能与结构是意识形态分析的可能路径。借由这种路径,可以实现对新制度经济学意识形态、普世价值实质的科学批判。

---

① 马德普:《普遍主义的贫困——自由主义政治哲学批判》,北京:人民出版社2005年版。

第三章 新制度经济学意识形态理论的学理解析

上文已经指出，立足于马克思主义意识形态理论，笔者认为，对新制度经济学意识形态理论的考察需要综合新政治经济学与新自由主义双重视域。这主要是因为新制度经济学是一种新政治经济学存在，同时又是一种新自由主义思潮。[①]

第一节 新制度经济学的思想渊源与基本定位

在自由资本主向垄断资本主义转变的19世纪末至20世纪30年代，资本主义国家国内矛盾加剧，1929—1933年的经济大危机使正统经济学受到普遍质疑。在这种情况下，对制度，特别是资本主义制度的批判和反思成为一种必然，制度主义成为一股学术研究的热潮，经历了德国历史学派→美国老制度经济学→新制度经济学→20世纪80年代发展起来的演化经济学[②]的发展历程。一直以来，国内的相关研究，由于学科限制的原因，更多仅仅关注新制度经济学作为一种新政治经济学或新自由主义存在的一个方面，很少将二者结合起来研究。就意识形态理论而言，有学者已经展开对作为新制度经济学组成部分的意识形态理论的系统研究，取得了一定研究成果。同时，有学者针对新制度经济学的意识形态性，开展了对它的意识形

---

① 本书基于新政治经济学和新自由主义视域，对新制度经济学意识形态理论的研究试图既对学界一贯研究加以系统梳理，同时，又尝试立足马克思主义意识形态理论对其展开全面透析。

② 卢现祥、朱巧玲：《新制度经济学》，北京：北京大学出版社2007年版，第6页。

态批判。而新制度经济学同时以一种新政治经济学和新自由主义而存在。本书这里首先对新制度经济学以新政治经济学和新自由主义存在这一事实系统梳理,以使我们对新制度经济学意识形态理论有全面和完整的认识。

一、作为一种新政治经济学的新制度经济学

通过探究政治学与经济学关系考察政治经济学发展历程,笔者认为,一定意义上可以说,新政治经济学是政治学与经济学再次融合的产物。新制度经济学运用经济学的方法和观点来分析政治学的问题,这在意识形态问题上体现尤为明显。

(一) 新政治经济学前史:以探究政治学与经济学关系为线索

理论上对一个问题的关注往往与社会经济生活的发展密切相关。古希腊时期以城邦为基本的社会单位,城邦中的居民过着共同的社会,个人离开城邦生活难以为继。当时的各种学说大都以城邦的具体运行为核心和基础。那时的"城邦学"以城邦为研究的对象,政治、经济、文化、哲学等都在其关注的视野内。经济学此时处于发生的雏形和萌芽状态,还没有形成一个独立的学科,与政治学尚未分离。近代以来,经济学逐渐形成,与政治学在国家问题上有了共同的研究对象,它们从自己学科的角度研究国家。欧洲中世纪神权一统天下,在一定程度上压制世俗国家。近代资产阶级兴起以后,积极争取政治权力,以维护个人的权利。推崇世俗权力和民族国家,强调中央集权,强调国家在保卫个人财产和权利中的作用。17世纪中叶到19世纪30年代反映英国新兴工业资产阶级利益和要求的经济学说产生了,史称古典政治经济学。[1]1776年,亚当·斯密出版了《国民财富的性质和原因的研究》一书,创立了第一个系统的政治经济学体系。其后,大卫·李嘉图等学者解释和发展斯密的学说。政治经济学是处于上升时期的资产阶级的经济思想,论述了资本主义国家在经济中的地位和作用,经济的目标是增加财富,国家的任务是

---

[1] 近代早期的政治学是主张"强国家"的。与之相一致的重商主义将流通(商业)作为增加财富的源泉,主张发挥国家干预在财富增加中的作用。在资本主义统治秩序确立以后,"自由放任"成为政治学与政治经济学的主流思想,国家成为保护个人权利的障碍。所以,虽然重商主义的代表人物蒙克莱田在1615年《献给国王和王太后的政治经济学》一书中首次提出"政治经济学"一词,但真正创立政治经济学的却是威廉·配第,其于1662年出版的《赋税论》被成为是政治经济学的开山之作。

保证财富的增加。政治学从保护个人权利(强调"天赋人权")的角度来研究国家,而政治经济学从增加财富的角度来关注国家,是处理政治和经济过程的相互关系的一门社会科学,带有管理学的特征,关注的是指导政策,为提高管理水平、发展财富而努力。随着资本主义确立了统治地位,西方近代后期的政治学说发生了主题转换,即从保护个人权利来研究国家实现了到强调个人权利以限制国家权力的转变。19世纪的政治经济学是一门和现代经济学有关,但首先关注管理而不是关注商业或个人经济学的社会科学。①马克思第一次将国家概念建立在生产方式上,用经济解释国家的起源,用经济基础和上层建筑这对概念及其相互关系描述了政治与经济之间的关系。

19世纪末期20世纪前期,政治学与经济学处于分离的状态。这一时期的经济学研究注意力集中在微观领域。②马歇尔于1890年出版的《经济学原理》将注意力集中在微观经济分析上,考察在既定资本主义制度下,稀缺资源的配置和效率问题,研究"谁,为何,如何生产"。"18世纪原本名为'政治经济学'的学科,到了19世纪末变成了'经济学'",③史称新古典经济学。基于资本主义制度已经得到稳固这一事实,经济学研究开始逐渐抛弃了"制度"变量,在资本主义制度框架之内,研究稀缺资源配置与效率的问题。为了达到"准确"的目的,经济学将历史因素、社会整体性因素、伦理道德因素、权力因素以及意识形态因素等等都抛弃。这使得经济学具有根本致命的缺陷:对社会现实,尤其是意识形态不能做出令人信服的解释和说明。④因此,不能全面认识人类行为,尤其是政治行为。这种内在的缺陷性致使经济学出现了危机,一些经济学学开始逐渐认识到,脱离政治学的经济学是"无用的",政治学与经济学之间存在着难以割舍的天然关系。总体来看,经济学与政治学的彻底分离在使得作为政治经济学直接继承者的经济学在理论建构以及实践运用中取得巨大成就的

---

① 魏崇辉、王岩:《公共选择学派的个人主义:一个多重视角的考量》,《贵州社会科学》2010年第3期,第52页。
② 同上。
③ [美]福山:《信任——社会道德与繁荣的创造》,呼和浩特:远方出版社1998年版,第26页。
④ 尤其是意识形态不能做出令人信服的解释和说明。

同时，也开始趋向于衰落。随着20世纪30年代世界性经济危机的发展，自由放任的经济学说已经无力扭转经济困境。凯恩斯经济学主张国家需要发挥纠正市场缺陷的作用，以解决经济危机。至此，国家又进入到经济学研究的视角。政治学又与经济学部分地结合。总之，政治学与经济学的发展经历了从交织，契合，分离到互用的变迁。在此过程中，两大学科在研究的哲学基础、范式、工具和对象等等方面有一些互相借鉴。①比如，新制度经济学和新制度主义政治学（主要是受新制度经济学影响比较大的理性选择主义政治学）都借由一致的理论预设、方法论、政治交易范式等表现出对制度（意识形态）及其变迁的关注。

（二）新政治经济学的兴起与新制度经济学的基本研究取向

相对古典政治经济学而言的新政治经济学在20世纪70年代走上历史的舞台。当时，各国陷入滞胀困局，凯恩斯主义失灵，新古典综合派遭遇沉重打击。各种思潮纷纷粉墨登场，其中包括新政治经济学。他们以经济学的角度切入政治领域，用经济学的方法来关注政治问题，故此被称为"新政治经济学"，这与近代最初构建起的政治经济学是有很大不同的。"二战后，当一个经济学和政治学的新领域在阿罗、唐斯、奥尔森、布坎南、图洛克、里克、尼斯卡宁、弗雷和其他人的著作中发展起来以后，经济学、社会学、政治学开始融合。这个新领域被赋予许多新名称（例如数学政治学理论、非市场决策的经济学研究、公共选择等），其中最恰如其分的两个名字是政治决策的经济学理论以及新政治经济学。"②新政治经济学经常被批评"太过宽泛"，企图"包罗万象"，数学将形式主义带入研究之中，致使"对经济现象解释乏力、空洞"。虽然这并不影响新政治经济学获得快速发展，但这些批评都有一定的道理。严格来讲，新政治经济学并不是一个经济学流派，而是一种研究取向的靠拢与近似，其中包括有公共选择理论、产权经济学、新制度经济学、新经济史学等等。他们分别从不同的角度展开对政治与经济关系以及相关问题的研究，但其共同点就

---

① 魏崇辉、王岩：《公共选择学派的个人主义：一个多重视角的考量》，《贵州社会科学》2010年第3期，第52页。
② [荷]汉·范·德尔等：《民主与福利经济学》，北京：中国社会科学出版社1999年版，第6页。

是政治学与经济学的融合。普遍认为，社会与个人、政治与经济、国家与市场之间的关系是新政治经济学的三个主要研究对象。①学界将新政治经济学划分"政治的经济学"与"经济的政治学"。前者主要是指布坎南、阿罗等运用较为成熟的经济学分析方法分析政治现象和问题，现在发展成为公共选择理论、寻租理论、官僚理论等。而后者则源于制度主义的复兴以及新制度经济学的兴起，是将政治和其他非经济因素引入经济，讨论它们对经济的影响。在《政治经济学——一种比较方法》一书中，克拉克对政治学和经济学做的阐释是：正义是政治学的主要目标，其制度域是政府，主要的行为主体是共同体；而繁荣是经济学的主要目标，市场是其制度域，个人是主要行为主体。对社会而言，正义与繁荣同等重要，不能偏废。社会既要面对实现正义的目标，同时又要应对实现繁荣的任务。政治和经济是这一过程不可或缺的两个方面。政治学与经济学的融合将会形成一种跨学科的政治经济学研究方法。②

作为一种新政治经济学，新制度经济学③是"经济的政治学"，讨论政治、意识形态的经济影响。新制度经济学试图弥补传统经济理论缺乏独立政治决策分析的缺陷，运用经济学的基本方法来分析政治问题和现象，在其假定的政治市场中，人们建立起广泛的契约关系。在政治交易中，人们通过衡量个人的成本——收益作出决策。新制度经济学认为，经济学不应以研究资源的稀缺性为主，而应以研究交换为主。运用经济学的方法和观点来分析政治学的问题，新制度经济学实现了经济学与政治学研究的再融合。新制度经济学把人们从相互交换中获得利益的经济概念应用于政治决策的领域，开拓了政治学的新范式，促进了政治与经济的进一步融合。制度的研究最早始于古希腊。制度经济学正式提出之前，一些西方学者，如亚里士多德、亚当·斯密、马克思、马克斯·韦伯等等，都对制度展开了

---

① 在此基础上同时研究政策选择、发展、环境、经济转轨、国际组织、经济一体化和国际关系等问题。参见马春文：《什么是政治经济学？》，《社会科学战线》2005年第3期，第52～58页。
② 贾根良：《西方异端经济学传统与中国经济学的激烈转向》，《社会科学战线》2005年第3期，第43～51页。
③ 确切地说，新政治经济学是一种研究取向的靠拢和近似。这一点在新制度经济学也有充分体现。新制度经济学内部分歧林立，观点也五花八门，本书立足于基本理论预设、方法论、政治交易范式将其各种不同的研究取向归拢在一起，虽然这不是十分全面，但并不影响对其意识形态理论的剖析。

偏向于整体性的分析。20世纪70年代以来,"对制度兴趣的复活已成为经济学、政治学、法学、人类学、社会学乃至历史学研究中的一个共同特征。为了有别于早期的制度研究,人们称这种新的制度分析方法为新制度主义①(New Institutionalism)。"②基于不同角度,新制度主义对制度作出全面的解读,并且将视角拓展到到公共管理、公共政策、比较政治学、国际关系等相关领域。诺斯等一些新制度经济学家运用经济学的分析工具阐述了他们的意识形态理论。③新制度经济学试图通过从制度和历史的角度批判主流经济学的假设和概念,进而重构传统经济学模型无疑为解释中国社会转型提供了一个有价值的视角。但我们必须注意到的是,新制度经济学的发展是以西方发达资本主义国家为背景的,其所依存的制度环境是资本主义市场经济制度以及与之相对应的西方式民主、价值观念。

二、作为一种新自由主义的新制度经济学

虽然新自由主义的价值理念隐含在新政治经济学的分析过程中,但二者依然分属不同的视域。④新政治经济学是当代西方学科交融的体现,

---

① 政治学研究的侧重点在不同时期有着不同的变化。但制度主义传统非常久远。在古希腊时期,亚里士多德运用制度分析的方法研究过古希腊各种城邦政体。在资产阶级进行政治革命的19世纪乃至20世纪的前期,由于在现实政治生活中资产阶级进行政治革命的目的是建立适应市场经济和民主政治发展的政治制度,在理论上政治学者关注的主题都是政治体制。在资产阶级革命完成以后,政治体制、政治制度进入相对平稳的发展时期。政治学研究的中心实现了由政治体制向公共政策的转移。20世纪50、60年代,行为主义政治学成为了当代政治学的主流派别。出现这一状况主要是因为一些美国的政治学家对政治学研究仅仅停留在规范性研究领域,仅仅从宏观上研究政治产生了不满。制度研究进一步让位于行为研究,国家研究让位于政治系统研究,规范研究让位于经验研究。但是,行为主义研究方法过于强调研究方法的科学性以及研究人员价值上的"中立",无法满足现实政治生活的需要。迨到20世纪70、80年代,主流政治学重新把制度纳入研究的视野。政治学的研究对象实现了向制度的复归。本书将新制度经济学视为新政治经济学的一种,经济学只是手段,政治才是其指向。在旧政治经济学中,政治及其与经济的关系是外生的,在新政治经济学中则是内生的。参见魏崇辉、王岩:《视阈·融通·走向:新制度经济学意识形态研究》,《社会科学家》2009年第2期,第136页。

② 何增科:《新制度主义:从经济学到政治学》,刘军宁主编:《公共论丛(第2卷)》,北京:三联书店1996年版,第345页。

③ 魏崇辉:《两种意识形态理论的比较研究:马克思主义与新制度经济学——一个分析框架构建的尝试》,《上海行政学院学报》2010年第2期,第4～13页。

④ 李强在《自由主义》中以"政治经济学与古典经济自由主义的复兴"为题阐述了新制度经济学。在他看来,新政治经济学是新自由主义(经济自由主义)的表现形式之一。张严冰认为,新政治经济学理论都表现为或归结为某种主义,如马克思主义、自由主义、现实主义或国家主义等。参见李强:《自由主义》,北京:中国社会科学出版社1998年版;张严冰:《新政治经济学近年在中国的发展综述》,《中国政治学年鉴2003—2005》。

它既不同于经济学,也不同于政治学,而是两者的有机融合。经济学领域中的新自由主义指的是崇尚自由放任、反对政府干预的学派。新政治经济学拓展了经济学与政治学的研究视野,提高了社会科学解释、解决现实问题的能力。如上文所指出的那样,对新制度经济学不能仅从经济学视域来分析,因为没有纯粹的经济学。新古典经济学也是一种政治经济学,只不过它的政治前提隐含不讲而已。新古典经济学是政治自由主义在经济领域的延续,政治自由主义就隐含其中。从新古典经济学出发的新政治经济学(自然包括新制度经济学)反过来去推导政治问题,推出来的还是政治自由主义,并用经济学更加捍卫了自由主义。①

自由主义经历了从古典自由主义到新自由主义的发展。新自由主义是对古典自由主义基本理念的继承和发展。"华盛顿共识"的出台标志着新自由主义从学术思潮到意识形态的转变。代表国际垄断资本利益的新自由主义积极在处于社会转型期的当代中国谋求利益。新制度经济学充当了新自由主义的当代中国代表。作为一个本来在西方影响力有限的新自由主义流派,新制度经济学却在社会主义中国受到热捧,充当了谋求垄断资本利益的代言人。

(一)从古典自由主义到新自由主义

这里首先需要对自由主义(Liberalism)与新自由主义②有一定认识。自由主义最初形成于17世纪的英国,它是在古希腊等西方思想的基础上产生、发展起来的,对现代经济思想、政治思想都影响深远。以亚当·斯密为代表的古典政治经济学的自由主义思想被称为古典自由主义。古典自由

---

① 张严冰:《新政治经济学的三种话语及其意识形态性:对于西方新政治经济学在中国的适用性问题的思考》,《"新政治经济学及其在中国的适用性"理论研讨会论文集》;参见刘骥:《找到微观基础——公共选择理论的中国困境》,《开放时代》2009年版第1期,第161页。

② 国内外学术界关于到底什么是新自由主义定义多种多样,基本共识是:新自由主义是在继承资产阶级古典自由主义经济理论的基础上,以反对和抵制凯恩斯主义为主要特征,适应国家垄断资本主义向国际垄断资本主义转变要求的理论思潮、思想体系和政策主张。新自由主义与古典自由主义经济理论既有联系又有区别,并且通过对凯恩斯革命的反革命而著称于世。"华盛顿共识"的形成与推行是新自由主义从学术思潮嬗变为意识形态的主要标志。"新自由主义是我们这个时代明确的政治、经济范式——它指的是这样一些政策与过程:相当一批私有业者能够得以控制尽可能广的社会层面,从而获取最大的个人利益。新自由主义首先与里根和撒切尔关联,最近20年,它一直是主流政治党派、大多数传统左派和右派所采取的全球政治和经济趋向。这些党派及其实施的政策,代表了极端富裕的投资者和不到1000家庞大公司的直接利益。"参见[美]诺姆·乔姆斯基:《新自由主义和全球秩序》,南京:江苏人民出版社2000年版,第1页。

主义理论基础是个人主义，四大理论支柱是："经济人"假设、古典自由贸易理论、市场机制理论、分配理论。古典自由主义主张经济自由，强调市场机制是推动经济发展的"看不见的手"，反对封建制度和国家干涉。新自由主义是依据新的历史条件对古典自由主义加以改造而来。所谓"'新自由主义'，顾名思义，是在古典自由主义思想的基础上建立起来的一个新的理论体系，亚当·斯密被认为是其创始人，该理论体系也称为'华盛顿共识'，包含了一些有关全球秩序方面的内容……"①它更加强调"三化"：自由化、私有化、市场化。这里阐释的"新自由主义"主要是意识形态性质的，这也是本书的基本立足点。就理论体系整体来看，古典自由主义与新自由主义在对待政府干预、理论特质以及平等观方面存在不同。相对而言，古典自由主义对国家干预较为敏感，主张政府发挥"守夜人"作用。与之有一定差异的新自由主义并不反对国家干预，它真正要反对的是发展中国家和社会主义国家干预。由于需要建立新的社会制度形态——资本主义制度，古典自由主义较新自由主义较为激进，而新自由主义是在资本主义制度框架内的阐释，更加具有保守性。古典自由主义将平等纳入到自由思想之中，而相对保守的新自由主义一直以垄断资本利益为中心。②按照法国经济学家勒帕日的界定，新自由主义经济学起源于20世纪50年代，包括货币学派、"人力资本"论、公共选择学派、产权经济学派。③迄今为止，诺贝尔经济学奖得主中大多数是"新自由主义经济学"的积极倡导者和推进者，比如哈耶克、弗里德曼、布坎南、贝克尔、科斯、诺斯、卢卡斯等人。新自由主义经济理论构建起比较成熟、比较完善的经济学的理论范式和价值理念，取得的巨大的成功，特别是在理论预设、方法论和交易范式上。新自由主义从学术思潮到意识形态的转变集中体现在"华盛顿共识"的出台。

（二）新制度经济学：新自由主义的当代中国代表

"所谓华盛顿共识，指的是以市场为导向的一系列理论，他们由美

---

① [美]诺姆·乔姆斯基：《新自由主义和全球秩序》，南京：江苏人民出版社2000年版，第3页。
② 张才国：《新自由主义意识形态》，北京：中央文献出版社2007年版，第36~37页。
③ [法]勒帕日：《美国新自由主义经济学》，北京：北京大学出版社1983年版。

国政府及其控制的国际组织所制定,并由他们通过各种方式实施——在经济脆弱的国家,这些理论经常用做严厉的结构调整方案。其基本原则简单地说就是:贸易自由化、价格市场化和私有化。"①1989年,正当拉美国家身处债务危机中,经济社会亟需改革之时,在华盛顿召开的以拉美国家经济调整和改革为主题的研讨会后期,美国国际经济研究所的高级研究员约翰·威廉姆森对拉美国家的改革提出了10条政策措施,并声称就此已与美国财政部达成一致,因此,命名为"华盛顿共识"。②"华盛顿共识"被认为是"新自由主义宣言"。2004年,中国社会科学院"新自由主义研究"课题组撰写的"新自由主义研究"将"新自由主义"的主要观点归纳和概括为以下三点:在经济理论方面大力宣扬"三化"(自由化、私有化、市场化),在政治理论方面特别强调和坚持"三否定"(否定公有制、否定社会主义、否定国家干预),在战略和政策方面"极力鼓吹以超级大国为主导的全球经济、政治、文化的一体化,即全球资本主义化"。报告指出,新自由主义是从20世纪70年代中后期开始,适应资本主义由国家垄断阶段向国际垄断阶段过渡,逐步成为在美英等有重要影响的经济学;以"华盛顿共识"的出笼为标志,新自由主义由学术思潮嬗变为美国的国家意识形态,本质上是维护私有制和资本主义制度,反对公有制和社会主义的。

在西方资本主义国家,新制度经济学强调指出:"我们社会中最令人反感的弊病并不是资本主义发展过度造成的,恰恰相反,它与缺乏明确的、专有的以及可以转让的产权这一情况有关,……西方社会重病缠身,河流变成了脏水沟,城市里无法生活,虽然总的说来生活水平有所提高,又做了重新分配财富的努力,然而贫穷困苦依然存在……这一切之所以如此,不是因为我们的社会是资本主义,恰恰相反,这是因为我们这个社会

---

① [美]诺姆·乔姆斯基:《新自由主义和全球秩序》,南京:江苏人民出版社2000年版,第3页。
② 华盛顿共识包括:(1)加强财政纪律;(2)把政府支出的重点转向经济回报高和有利于改善收入分配的领域,如基本医疗保健、基础教育和基础设施;(3)改革税收,降低边际税率和扩大税基;(4)利率自由化;(5)采用一种具有竞争性的汇率制度;(6)贸易自由化;(7)资本进入、特别是FDI进入自由化;(8)私有化;(9)放松政府管制,消除进入和退出障碍;(10)保护产权。参见江时学:《新自由主义、"华盛顿共识"与拉美国家的改革》,《当代世界与社会主义》2003年第6期,第30~33页。

现在不是,并从来都不曾是真正的资本主义社会。"这些新自由主义经济学家是自由至上论者。他们推崇有限政府论。"应该受到谴责的是国家,而不是资本主义或市场经济"。①需要注意的是,他们并非不要政府,只是希望将政府作用限定在一定范围内。其实,这是自由主义的一贯主张。亚当·斯密指出,政府最好的经济政策就是让市场机制这只"看不见的手"自由调节经济的运行,而政府的职能仅仅限于以下几个方面:保护本国的社会安全,使之不受其他独立社会的暴行与侵略;保护人民不使社会中任何人受其他人的欺侮压迫,换言之,就是设立一个严正的司法行政机构;建设并维持某些公共设施。②但是,当这种衍生于西方国家的思潮来到中国后,情况发生了根本性转变。近年来,海内外一些别有用心的人士,顽固坚持资产阶级自由化,内外呼应,利用各种论坛,借介绍新自由主义之机,狂热鼓吹自由化、私有化、市场化,全盘西化。而当前,正是新自由主义在我国传播走向深化的阶段,也是我们应对新自由主义意识形态理论对我国意识形态安全威胁的关键时期。作为新自由主义在当代中国的主要代表,新制度经济学③在这股新自由主义传播的风潮中进入我国,并且越来越得到知识界、政府等社会各个界别人群的关注。新制度经济学在西方国家的影响力有限,但却对我国改革,尤其是产权改革产生了很大的影响。当前,在我国传扬的新制度经济学作为新自由主义意识形态的重要表现形态,积极倡导和推进彻底的私有化改革,把经济效率作为追求的首要目标,无视社会公平,严重背离了中国改革的社会主义方向。

第二节 新制度经济学意识形态理论的建构

作为新制度经济学组成部分的意识形态理论是建构在其制度理论、交

---

① [法]亨利·勒帕日:《美国新自由主义经济学》,北京:北京大学出版社1985年版,第29~30页。
② [英]亚当·斯密:《国家财富的性质和原因的研究(下卷)》,北京:商务印书馆1981年版,第253、254、272页。
③ 如绪论中所说,本书所进行的阐释是立足马克思主义意识形态理论展开的。着力关注的是作为新制度经济学组成部分的意识形态理论,以及作为一种意识形态形式存在的新制度经济学。因此,本书提及更多的新制度经济学学者是阐述新制度经济学意义上的意识形态理论的以及那些主张带有明显意识形态性的。

易费用理论、产权理论与国家理论基础之上的。而对制度理论、交易费用理论、产权理论、国家理论与意识形态理论阐释的过程,就是资本主义意识形态展示的过程。古典政治经济学和新古典经济学将资本主义制度视为永恒不变的自然秩序,因此,它们的分析都是在不考虑制度和时间的前提下进行的。由于建构在脱离现实的假设和推理的基础之上,新古典范式因此饱受批评。随着20世纪70年代"滞胀"问题的出现,西方主流经济学陷入空前的危机,制度经济学应运而生。制度的分析纳入到新古典理论的框架中。但是,资本主义核心价值理念并未发生改变。可以说,在作为新制度经济学组成部分的意识形态理论建构的过程中,资本主义意识形态得以宣扬。这种资本主义意识形态性集中体现在新自由主义视域。因为新自由主义视域下,包含意识形态理论的新制度经济学本身就是一种资本主义意识形态,表现在新制度经济学意识形态的基本主张、根本立场与目标指向上。

一、制度理论

制度是新制度经济学的核心概念,这一概念支撑了新制度经济学的理论体系。立足新政治经济学角度来看,新制度经济学制度理论阐释了制度的含义、制度产生的原因、制度类型、制度变迁等内容。这一理论构建为整个新制度经济学理论的构建奠定了基础,而仅仅从新政治经济学角度来看待制度理论是很难洞察其实质的。表面上,新制度经济学论述的是"价值中立"的"制度"。但实质上,新制度经济学颂扬的是私有产权制度。

(一)制度的含义

"制度"是新制度经济学的基本概念。舒尔茨认为,制度是"……一种行为规则,这些规则涉及社会、政治及经济行为。"[①]康芒斯形象地指出,"制度似乎可以比做一座建筑物,一种法律和规章的结构,正像房屋里的居住人那样,个人在这结构里面活动……"。制度就是"集体行动控制个人行动"。他试图在一种"普遍的原则"中寻找适用于人类一切行为的制度意义[②];从个人行为的角度,集体行为对个人行为不仅仅像通常

[①] [美]科斯等:《财产权利与制度变迁》,上海:上海三联书店、上海人民出版社1994年版,第253页。

[②] [美]康芒斯:《制度经济学(上册)》,北京:商务印书馆1983年版,第86~88页。

理解的那样是一种约束或控制，即告诉人们能做什么，不能做什么；制度的深层次的意义也不仅在于集体行动是"一种对个人行动的解放，使其免受强迫、威胁、歧视、或者不公平的竞争……"更重要的是，"集体行动还不仅是对个体行动的抑制和解放……"，它是"个体的意志的扩张，扩张到远远超过他自己微弱的行为所做到的范围"。因此，制度涵义延伸为"集体行为抑制、解放和扩张个体行动。"①这是制度经济学者对制度含义的基本认知。②笔者认为，从短期来看，制度是对人们行为进行制约的人类自身设计的规则，是人类能动性和自主性的表现。这种说法对于解释短期人类社会现象具有一定说服力。这是新制度经济学对制度的基本界定。但是，从长期来看，制度是人类社会内生的、博弈参与者之间互动从而最终自我实施的均衡结果。

（二）制度产生的原因

制度的产生依赖于人们对破坏承诺与互相欺骗行为的妨碍财富增加的认识，依赖于人们消除过高的交易成本的愿望。一旦交易变得昂贵时，制度便至关重要，并且，交易又的确是昂贵的。③由于资源具有稀缺性，交易成本普遍地存在于人们各种交易行为之中。这些费用包括获取信息的费用、制定合约与执行合约的费用、组织资源、协调资源与执行激励措施的费用、代理执行和服从管理的费用等等。而这些成本在传统经济学理论中是被忽略不计的。新制度经济学的"制度"概念强调的是其规约人们的基本行为，降低交易成本的作用。新制度经济学把降低交易成本作为制度的首要的、基本的功能。制度确立经济秩序，提高社会经济效益，降低个人经济活动的风险，保证取得稳定的预期。同时，这些制度还可以增加社会的利益。集体行动过程中会出现一些个人单独行动时不会存在的问题，比如说"搭便车"、道德风险、欺骗、"磨洋工"等等外部性问题。比如环境污染，被污染方被迫接受污染造成的环境破坏后果。在缺少相应的制

---

① ［美］康芒斯：《制度经济学（上册）》，北京：商务印书馆1983年版，第91~92页。
② 魏崇辉：《新制度经济学意识形态生存世界的建构》，《贵州社会科学》2009年第2期，第96~101页；魏崇辉：《新制度经济学视角的意识形态研究》，南京，东南大学硕士论文2004年；魏崇辉：《作为一种制度的意识形态：基于新制度经济学的解说》，《生产力研究》2007年第11期，第8~10页。
③ ［美］诺斯：《历时经济绩效》，《经济译文》1994年第6期，第1~7页。

度规定的情况下，污染方的生产权（连同"污染权"）与被污染方的生存权（连同"享受好的生活环境的权利"）处于对立之中，此时，个人利益之间处于严重冲突中。新制度经济学认为，社会可以通过建立排他性产权制度，规定在环境问题上责、权、利关系，无权的一方必须为自己的行为承担相应的责任。例如污染一方向被污染方支付相应的赔偿。外部性的问题，在产权明晰的前提之下，通过一定的制度安排，借助交易的方式获得了解决。这种方法被科斯称为"外部性问题的内部化"。①

（三）制度的类型

新制度经济学家从多个层面对制度作出类型划分。比如，将制度分为正式制度、非正式制度和实施机制②。"正式制度"指的是由某些人或者某些组织自觉和有意识地制定的各项法律、法规、规则，以及经济活动主体之间签订的正式契约。而"非正式制度"指的是在社会发展和历史演讲过程中自发形成的、不依赖于人们主观意志的文化传统和行为习惯、意识形态。还可以将制度分为宪法秩序、制度安排和规范性行为规则。在这个分析框架中，宪法秩序是第一类制度，这些规则是制定规则的规则；第二类是制度安排，即在宪法秩序框架中创立的操作规则，比如：法律、规则、合同等；第三类制度指的是一种规范性行为规则，包括道德、习俗，以及意识形态③。不论正式制度，还是非正式制度或者宪法秩序、制度安排和规范性行为规则，都存在一个供给问题，也就是一个社会可以提供制度的能力和提供制度的多少。这种能力在制度变迁中体现得尤为明显。④

---

① 魏崇辉：《新制度经济学意识形态生存世界的建构》，《贵州社会科学》2009年第2期，第96～101页；魏崇辉：《新制度经济学视角的意识形态研究》，南京：东南大学硕士论文2004年；魏崇辉：《作为一种制度的意识形态：基于新制度经济学的解说》，《生产力研究》2007年第11期，第8～10页。

② 正式制度和非正式制度能否有效实施，还要看实施机制是否健全。实施机制的主体一般是国家或政府。

③ "意识形态是理论化系统化的价值体系，而且具有强烈的阶级性和社会约束力，在一定制度上可以把它看作是政治制度的一个组成部分。而文化心理中所体现的价值观则反映了一个民族各阶层共同的心理习惯。"作为非正式制度的意识形态糅合了文化心理的因素。参见张宇：《过渡之路——中国渐进式改革的政治经济分析》，北京：中国社会科学出版社1997年版，第48页。

④ 魏崇辉：《新制度经济学意识形态生存世界的建构》，《贵州社会科学》2009年第2期，第96～101页；魏崇辉：《新制度经济学视角的意识形态研究》，南京：东南大学硕士论文2004年；魏崇辉：《作为一种制度的意识形态：基于新制度经济学的解说》，《生产力研究》2007年第11期，第8～10页。

（四）制度变迁

新制度经济学认为，与商品一样，制度也存在一定的市场环境之中。同时，制度市场中也存在着供给与需求。所谓制度需求，是指制度服务的接受者的需求或社会需求，该需求是在分析成本和收益的基础上确定的。制度供给指的是制度决定者的供给，它是由制度决定者生产和提供的。当供给与需求相一致时，制度均衡产生。不过，在现实社会中，制度以非均衡的形式常态存在。所谓制度非均衡，是指缩小或者扩大覆盖范围就可以增加收益的制度状态。非均衡的存在形式使得制度谋求变迁。制度变迁是新制度经济学描述制度变化的基本概念。新制度经济学认为，制度变迁是制度的替代、转换与交易过程。在新制度经济学看来，制度变迁不是泛指任何的制度变化，而是特指一种效率更高的制度对原有制度的替代。其中包含有新制度对旧制度的替代、新制度的生产。制度变迁常常是从某一制度的一个或几个制度安排开始的，而不是整个社会结构中所有制度安排的变迁。制度变迁的基本原则，诺斯认为，是通过成本与收益的比较，在预期收益大于成本的情况下，行为主体为追求最大化收益而推进制度变迁。一种新的制度安排只有在预期收益大于成本时才能作出。制度的供给者此时具有选择新制度以实现制度收益最大化的动机。同时，制度变迁本身也存在一个成本和收益的问题。诸如设计新的制度，说服相关人员，都需要耗费时间、精力和其他资源。同时，也可能会经历冲突。制度变迁的主体是个人、团体和政府。按照新制度经济学的成本——收益分析方法，只有在自身收益大于成本的情况下，主体才会推动制度变迁。[1]制度变迁会促成利益的重新分配，会造成经济和政治的多重后果。[2]诺斯认为，现实中制度变迁方式的选择受制于一个社会利益集团之间的权力结构和社会的偏好结构。[3]从不

---

[1] 魏崇辉：《新制度经济学意识形态生存世界的建构》，《贵州社会科学》2009年第2期，第96～101页；魏崇辉：《新制度经济学视角的意识形态研究》，南京：东南大学硕士论文2004年；魏崇辉：《作为一种制度的意识形态：基于新制度经济学的解说》，《生产力研究》2007年第11期，第8～10页。

[2] 这正是新制度经济学进入政治领域的原因，也是本书基于意识形态安全考察新制度经济学的基本理由。

[3] 杨瑞龙：《论我国制度变迁方式与制度选择目标的冲突及其协调》，《经济研究》1994年第5期，第10页、第40～49页。

同的角度，可以对制度变迁的类型作出划分，比如，基于其层次，有基础性制度安排与次级制度安排；基于其主体，有强制性制度变迁与诱致性制度变迁；基于其途径，有制度移植与制度创新；基于其方式，有渐进式制度变迁与激进式制度变迁。①

二、交易费用理论

新制度经济学看来，制度是交易的存在形式，而交易是制度的基本内容。交易普遍存在。康芒斯认为交易是人与人之间的"交互影响的行动"。他认为交易有三种类别，分别为：其一，平等个人之间的资源交换，也就是买卖的交易；其二，处于长期契约规定的上下级之间的命令与服从关系，即为管理的交易；其三，政府与公民之间的关系，也就是法律意义上的上下级之间的关系。康芒斯将这种交易界定为"配额的交易"。②交易费用是制度运行的成本。交易费用思想是科斯在1937年的论文《企业的性质》一文中提出的。在该文中科斯利用"交易成本"的概念解释了"企业为什么出现"这一看似简单的问题。科斯认为，市场和企业是两种不同的组织劳动分工方法，二者具有互替性，企业的存在是由于它能够节约市场的交易成本，所以，交易成本的差别是企业出现的真正的原因。但是，企业不能完全代替市场，也不能无限扩大，市场交易费用与企业内部管理费用之间的数量对比构成了市场与企业的界限。企业之所以存在，是为了节约经济协调活动中的成本。企业对交易成本的节约主要表现在两个方面：一是通过企业，一系列契约被一个契约替代，从而减少了交易次数所引发的契约的签订和履行成本；二是通过契约，企业内部权威机制取代了市场的价格机制，企业管理协调节约了市场交易的信息搜集成本。在有限理性约束下，长期契约对未来预期的完全信息要求即使是可能的，也是一种成本高昂的活动。交易成本的节约是"企业在一个专业化交换经济中出现的根本原因"。③科斯认为，交易费用应包括度量、界定和保障产权的费用，发现交易对象和交易价格的费用，讨价还价、订立合同的费用，督促契约条款严格履行的费用等。作为交易费

---

① 卢现祥：《论制度变迁中的四大问题》，《湖北经济学院学报》2003年第4期，第10～16页。
② [美]康芒斯：《制度经济学（上册）》，北京：商务印书馆1983年版，第92页。
③ 王磊、刘刚：《现代企业理论的再认识》，《山西财经大学学报》2004年第4期，第13页。

用理论的构建人,威廉姆森认为交易是指"某种产品或服务从一种技术边界向另一种技术边界的转移,由此宣告一个行为阶段结束,另一个行为阶段开始。"①在他看来,交易费用主要取决于三个因素:有限理性、机会主义和资产专用性。

交易费用的提出,对于新制度经济学具有重要意义。科斯指出,他对经济学的最重要贡献就在于明确地把交易费用概念引入经济分析中。他说,"在《企业的性质》(《the nature of the firm》)一文中,我引入交易费用来解释企业的出现,仅此而已,别无他图。与此相类似,在《社会成本问题》中,除此之外,别无他图。"②但是,至今新制度经济学家们仍然没有给交易费用一个很好的定义。按照现有的界定,交易费用既包括事前的各种费用,也包括事后的各种费用,还包括市场组织方式和行政组织方式中的各种费用。张五常还将交易费用的概念扩展为"制度费用"。他指出,交易费用"是一系列制度费用,其中包括信息费用、谈判费用、起草和实施合约的费用、界定和实施产权的费用、监督管理的费用和改变制度安排的费用"。也就是说,"交易费用包括一切不直接发生在物质生产过程中的费用",或"一切不存在于鲁宾逊一人世界中的费用"。③新制度经济学家对交易费用的界定是非常混乱的。科斯说:"奥立弗·威廉姆森认为我在《企业的性质》中的论点之所以没有被使用或被有限地使用要归咎于它没有变成'可操作'的事实,他的意思是交易费用的概念没有纳入一般理论之中。我想这是对的。"④可见,新制度经济学从不同侧面对核心概念进行的阐述,是混乱的和模糊的。如果我们明晰了新制度经济学的意识形态目的,这一点也可以理解。因为新制度经济学引入交易费用最终的目的是阐释最能降低交易费用的制度安排,即私有产权。至于交易费用本身是什么,已然成为一种手段。

---

① [美]奥利弗·E·威廉姆森:《资本主义经济制度》,北京:商务印书馆2004年版,第8页。
② [美]科斯:《论生产的制度结构》,上海:上海三联书店1994年版,第285页。
③ [美]科斯、哈特、斯蒂格利茨等:《契约经济学》,北京:经济科学出版社1999年版,第77页。
④ 王宏昌:《诺贝尔经济学奖金获得者讲演集(1987—1992)》,北京:中国社会科学出版社1994年版,第157~158页。

三、产权理论

"外部性问题的内部化"需要借助于排他性产权制度。排他性产权，也就是私有产权是新制度经济学产权理论最终的指向。在新制度经济学看来，只要产权明晰看，外部性的问题就可以解决。他们不明白，扩展"明确界定的产权"并不提供一个减少国家作用的手段，而是相反，通过扩展明晰的产权关系，国家会愈来愈深地陷入社会生活的日常往来，如增加和扩展诉讼活动。因此，扩展正式的产权关系必然包含着国家退出社会生活，只是一个神话。[①]同时，新制度经济学运用产权理论（确切地说是私有产权理论）解释了人类社会历史上各种组织形式的替换。产权理论认为，假如国家是中立的[②]，在充满稀缺和竞争的世界里，在既定技术、信息成本与未来不确定性因素的情况下，人类不断地努力降低交易费用。因此，必须要对产权明确地界定，只有这样才能有助于减少不确定因素，降低机会主义行为产生的几率。

新制度经济学家普遍认为，产权是一种社会关系，是规定人们相互行为关系的一种规则，是社会的基础性规则。鲁宾逊的世界中，产权是不起作用的。著名的产权经济学家阿尔钦将产权定义为："是一种通过社会强制而实现的对某种经济物品的多种用途进行选择的权利。"[③]产权的本质是社会关系。只有在具有交往关系的人类社会中，产权才成为一种必要。产权是一个权利束，包括所有权、使用权、收益权、处置权等。从本质上看，产权是一套激励与约束机制。新制度经济学认为，产权可以通过激励与约束功能的发挥影响到个人行为，直接影响资源配置效率。产权可以分为私有产权、共有产权、集体产权、政府产权和公有产权。作为一种新自由主义，新制度经济学偏好私有产权。科斯认为，私有制能够实现最优效

---

① 程恩富、胡乐明主编：《新制度经济学》，北京：经济日报出版社2005年版，第25页。
② 这是新制度经济学缺乏说服力的重要表现，在资本主义及以前的历史上，国家又怎么是中立的呢？所谓中立的国家是西方资本主义民主国家，是新制度经济学理论、特别是制度变迁理论极力颂扬的国家形态。这进一步说明了其理论适用性的危机。本书认为，马克思主义理论对国家的解释是最为科学的。国家是经济上占统治地位的阶级对被统治阶级进行统治的工具。对资本主义国家的认识和理解如果没有立足这一基点，则是不科学的。
③ [英]约翰·伊特韦尔等编：《新帕尔格雷夫经济学大辞典（第3卷）》，北京：经济科学出版社1992年版，第1101页。

率。德姆塞茨认为，只有私有产权才能完成推进市场、提高经济效率的任务。张五常说，私有产权是独步单方。诺斯则从历史的角度强调私有产权可以激励技术创新与扩散。他认为，狩猎者的公有产权与农业的排他性公有产权的差异是解释第一次经济革命的关键，正是农业共同体中排他性公有产权构成社会经济制度的一次重大变迁。而第二次经济革命，即产业革命，史学家的基本看法是，推动了经济增长，进而根本改变了西方人的生活方式和生活水平，是人类历史的分水岭。诺斯却指出，经济增长的根源不是产业革命，产业革命仅是新技术的开发及其在生产过程中应用使私人收益率提高的结果，也就是说，产业革命仅是经济增长的表现形式而已。产权结构的确立才是经济增长的真正起源。产权结构可以刺激社会财富更好地分配。在诺斯看来，制度变迁的根本表现形式是私有产权的缓慢确立过程。而产权安排是国家活动的主题内容，不可避免地，国家将在制度变迁中发挥重要作用。

四、国家理论

新制度经济学的理论基石之一是国家理论，尤其是基于新政治经济学和新自由主义双重视域对新制度经济学的考察更需要关注国家理论。"在任何关于长期变迁的分析中，国家模型都将占据显要的一席。"[①] 诺斯等新制度经济学家运用经济学的方法探讨了国家的起源、特征与目的，阐释了国家在产权制度形成中的作用、国家在制度变迁中的作用等问题。虽然对于国家起源众说纷纭，但归纳起来主要有两种理论，即契约理论和掠夺理论。契约理论视域下，公民达成契约促生国家，反过来，国家要为公民服务。斯宾诺莎、霍布斯等人是契约理论的先驱。他们认同，国家产生前是一切人反对一切人的"霍布斯丛林"，国家是人们为了摆脱这种状态下的产物。人们订立契约，交出部分权利，组成国家。但是，这种国家起源理论，在诺斯看来，只能解释契约订立的原因以及契约所具有的基本功能，却忽视了集体利益实现时个人利益的状况。掠夺理论或者说剥削理论认为，国家是掠夺或者剥削的产物，是统治者用来掠夺或者剥削被统治者的工具。国家是某一利益集团或阶级的

---

① [美]诺思：《经济史中的结构与变迁》，上海：上海人民出版社1994年版，第20页。

代理者。诺斯认为，这种国家理论忽视了被统治者，忽视了统治者与被统治者之间的互动关系。新制度经济学提出了关于国家的"暴力潜能"理论。诺斯认为，国家带有契约和掠夺的双重性质。若暴力潜能在公民之间平等分配，便会产生契约性质的国家，否则，会产生掠夺性质的国家。基于成本—收益，诺斯认为，国家为了获取收入，以保护与公正作为交换。除了这一根本性特征之外，诺斯认为，国家为使收入最大化，会为每个不同的集团设定不同的产权。同时，国家面临着其他国家或潜在统治者的竞争。①

新制度经济学认为，国家最根本的目的有两个：一是界定形成产权结构的竞争与合作的基本规则，使统治者的租金最大化；二是降低交易费用以使社会产出最大化，从而使国家税收最大化。这种紧张关系称为诺斯悖论。②这一悖论在新制度经济学的理论中是无解的。马克思主义国家理论则认为，国家不可能是完全中立的，它是经济上占统治地位的阶级的国家。国家具有二重性，既是统治阶级的国家，又承担了广泛的社会职能，二者之间也会存在冲突，也是一种悖论。但是，这一悖论是有解的，生产力的发展是解决这一悖论的最终手段。当统治经济的利益与生产力的发展要求相一致时，国家所确定的规则和产权结构就是合理的，统治阶级的特殊利益就代表社会的普遍利益。否则，统治阶级的特殊利益与社会的普遍利益就是对立的，社会革命的时代就到来了。③可见，新制度经济学的国家理论与马克思主义国家理论是有根本区别的，前者缺乏对国家的科学认识和理解，在表现出对西方历史一定解释能力的同时，也极大地限制了其适用性。后者才是科学的。

五、新制度经济学引入意识形态理论的理论预设、方法论④与目的

新制度经济学在新古典经济学的理论预设上做文章，将新古典经济学拓展到政治等其他领域，展开了对意识形态的研究。新制度经济学认为，

---

① [美]诺思：《经济史中的结构与变迁》，上海：上海人民出版社1994年版。
② 这种紧张关系称为诺斯悖论。
③ 张宇：《过渡之路——中国渐进式改革的政治经济学分析》，北京：中国社会科学出版社1997年版，第45页。
④ 这同为整个新制度经济学理论体系的理论预设与方法论。

意识形态是一种重要的非正式制度。意识形态生存世界的构建①是新制度经济学建构其自身理论框架的重要组成部分。对此的梳理，是我们对全面认识新制度经济学意识形态理论的过程。

新制度经济学有作为其组成的意识形态理论。对新制度经济学意识形态理论批判自然包含这一内容。而要做到这一点，必须形成对其内容的全面认识。与传统政治学研究分析意识形态的理论预设（政治人）不同，新制度经济学的理论预设是有限理性经济人。作为有限理性经济人理论预设的自然延伸，新制度经济学延用方法论的个人主义。而这是资本主义意识形态在西方经济学研究中的必然体现，是其硬核之一。立足马克思主义意识形态理论，下文将批判指出这种剖析意识形态的模式是资本主义意识形态的展示。

（一）理论预设：有限理性经济人

"经济人"是西方经济学赖以建立和发展的核心预设，是自亚当·斯密以来西方经济学家阐述经济思想的一般性前提。"经济人"是西方经济学的"硬核"之一。②围绕着对"经济人"的阐释，西方经济学建立起较为严谨的学科体系。"经济人"主要包含有三个基本的命题：自利、理性行为以及私欲有助于公共利益，只要有良好的法律和制度做保证。③有些新古典经济学家曾经将经济人假定为"完全理性的"。新政治经济学则认

---

① 一般而言，现代经济学是在界定一定的经济环境、沿用一定的假设条件、给出一定的制度安排、求出均衡结果、再对之进行评价的这样一个分析路线下进行的。新制度经济学界定的经济环境是资本主义的，沿用的假设条件是修正的经济人假设（有限理性经济人假设），运用制度概念进一步研究了市场均衡的形成，最终服务于市场化、私有化、自由化的目的。参见杨德才：《新制度经济学》，南京：南京大学出版社2007年版，第22页。本书立足主旨，从新制度经济学修正的理论预设、方法论个人主义出发，剖析其引入意识形态的原因，基于政治交易范式分析了作为新制度经济学组成部分的意识形态理论。

② 经济学理性主义的"硬核"主要有确定性的、轨道世界的经济社会观、理性经济人（"经济人"假设）以及方法论个人主义。参见程恩富、胡乐明主编：《经济学方法论——马克思、西方主流与多学科视角》，上海：上海财经大学出版社2002年版，第179～209页；魏崇辉：《新制度经济学视角的意识形态研究》，南京：东南大学硕士论文2004年；魏崇辉：《作为一种制度的意识形态：基于新制度经济学的解说》，《生产力研究》2007年第11期，第8～10页。

③ "自利"，即追求自身利益是驱策人经济行为的根本动机；"理性行为"，指经济人是理性的，他可以根据市场情况、自身处境和自身利益之所在作出判断，并使自己的经济行为适应于从经验中学到的东西，从而使所追求的利益尽可能最大化。杨春学：《经济人与社会秩序分析》，上海：上海三联书店、上海人民出版社1998年版，第11～12页。

为，传统的经济人假设特别关注人对行为的权衡利弊，但是，当其遵循惯例（意识形态即为其中一种形态）时，不会对行为每个细节都做思考，此时，依然是理性的，因为惯例、意识形态本身就是不同行为过程中权衡利弊的经验结果。①总体来看，经济人假设经历了从古典模式，到新古典模式，再到广义模式的演进。新制度经济学的模式即为最后一种，其将成本——收益运用到非经济行为的分析之中。②

新制度经济学在分析人的经济行为时，继承了有关"经济人"③的说法，同时对它作出了一些修正，使其更接近于人类行为的真实情况。其一，新制度经济学认为，人固然有经济人的本性，但是人在经济活动中所追求的不仅限于物质财富，也追求非物质的（精神的）满足。人既有利己主义的一面（这是主要的），也有利他主义的一面（诸如帮助弱者、扶贫济困、献身公益等等）。但新制度经济学仍然认为，人的利他主义行为，也是源于其"利己"的动机，譬如帮助弱者是为自己良心会得到安慰、追求道德完善和自己的成就感等等。"每个人都在力图应用他的资源，来使其产品能得到最大的价值。一般地说，他并不企图增进公共之福利，也不知道他们所增进的公共福利为多少。他所追求的仅仅是个人的安乐：仅仅是他个人的利益。在这样做时，有一只看不见的手引导他去促进一种目标，而这种目标决不是他所追求的东西。由于追逐自己的利益，他经常促进了社会利益，其效果要比他真正想促进社会利益时所得到的效果为大。"④其二，不可否认非理性因素在经济生活中的重要作用。传统经济学的"经济人"假定是有充分理性的，即每一个都准备知道他要做什么，他应该怎样做，如何能够实现个人效用的最大化。但是，它没有认识到

---

① 魏崇辉：《新制度经济学意识形态生存世界的建构》，《贵州社会科学》2009年第2期，第96~101页；魏崇辉：《新制度经济学视角的意识形态研究》，南京：东南大学硕士论文2004年；魏崇辉：《作为一种制度的意识形态：基于新制度经济学的解说》，《生产力研究》2007年第11期，第8~10页。

② 杨春学：《经济人与社会秩序分析》，上海：上海三联书店、上海人民出版社1998年版，第19页。

③ 西蒙指出，"古典经济理论对人的智力做了极其苛刻的假设，为的是产生那些非劳动人的数学模型，用来表示简化的世界。在这方面，近年来，人们已经提出了疑问，怀疑那些假说是否与人类行为的事实相距过远，以至根据那些所得出的理论同我们所处的现实状况已经不再有什么关系了。"[美]西蒙：《现代决策理论的基石》，北京：北京经济学院出版社1989年版，前言。

④ 高鸿业：《西方经济学》，北京：中国经济出版社1996年版，第439页。

"经济人"在现实生活中的认知能力必然受到主观和客观条件的限制，不可能是完全理性的。人的情感、意志、欲望、动机、信念、直觉、潜意识、需要等非理性因素对认识主体认知能力能否发挥、发挥的效果如何都有重要的调控作用。这些都需要发挥非理性因素的积极作用。必须认识到"经济人"决策中的非理性因素。其三，新制度经济学认为，现实生活中的人一方面不可能完全获取市场信息，存在着信息不对称和信息不完全等客观情况，比如一些作为商业秘密的信息，而且另一方面对所获取的市场信息需要进行去伪存真、去粗取精的认识。同时，制度经济学还提出了人类行为的"机会主义倾向"假定，这是正统经济学所没有的。所谓人的行为的机会主义倾向，是指人在经济活动中都有一种投机取巧的倾向，为了自己的利益，一旦有可能就会试图破坏规则、钻空子、投机取巧。因此，制度的设立和实施必须考虑到人会破坏规则、会钻空子。钻空子的出现本身说明制度是不完备的，钻空子可以促使有关组织完善制度，从这个意义上说，钻空子也具有积极意义。人本身的智力是有限的、掌握的知识是有限的、决策所依据的信息是有限的和不对称的，因此，人的行为虽然是理性的，但理性是有限的。有时候人并不知道自己要做什么，怎样才能实现效用最大。至此，新制度经济学的理论预设从正统经济学的"经济人"过渡到更接近现实人的"经济人"。[①]

新制度经济学的理论预设暗含强调制度框架作用之义。"他们更强调利他的动机和获得社会赞许的动机在推动人们行为上的重要性。"[②]"在他们看来，个人首先是一种'社会人'和'组织人'。作为'社会人'的个人要使自己的行为合乎社会规范，否则就难以为社会所容；作为'组织人'的个人要履行与自己所扮演角色相适应的责任和义务。因此，人们的行为乃是由规则驱使的行为而非由自利的偏好推动的行为，这样要理解个人行为就必须去研究制度结构、组织模式、文化和

[①] 魏崇辉：《新制度经济学意识形态生存世界的建构》，《贵州社会科学》2009年第2期，第96～101页；魏崇辉：《新制度经济学视角的意识形态研究》，南京：东南大学硕士论文2004年；魏崇辉：《作为一种制度的意识形态：基于新制度经济学的解说》，《生产力研究》2007年第11期，第8～10页。

[②] 何增科：《新制度主义：从经济学到政治学》，刘军宁主编：《公共论丛（第2卷）》，北京：三联书店1996年版，第356页。

社会规范。……人类行为的理性是有限的而非充分的，在某一个特定时间内，他们只能获得和处理有限的信息，只能考虑少量选择方案及其后果，并尽快作出决定，由此作出的决策只能是次优的而非最优的。此外人类的许多行为还具有非理性的一面……。"①他们的思想较正统西方经济学而言更加接近现实的人。在制度的框架里，个人追求自身利益的动机可能推进整个社会众人的福利。旧制度经济学的代表人物凡勃伦是第一个从非理性的方法论角度建构经济理论体系。②新制度经济学家发展了这一理论预设。科斯"声称假定'人是理性的效用最大化者'既'不必要也不正确'。"诺斯认为，"个人效用函数远比新古典理论迄今为止体现的简单假定复杂。"③诺斯的理论"通过将制度纳入新古典模型的约束框架，将制度约束与个人选择联系起来，从而实现了制度方法与新古典经济理论的整合。"④新制度经济学的这种理论预设使"制度"出现在"经济人"的假设无法到达的地方。由于个人理性的有限，也不总是按照成本—收益来行事，但人们有时会自觉地遵守社会规则。这些都是制度因素的作用，将有限理性与演进观结合起来。"诺斯（1990）一贯倡导使用新古典理论，但他同样承认其局限。他指出，意识形态及意识形态的变化在长期变迁中起着极为重要的作用，大多数长期变迁不能简单地根据'个人主义的、理性的有目的的活动这种严格属于新古典的约束'来解释（1981：58）。"⑤意识形态的引入成为一种必需。⑥但是，新制度经济学作为一种西方经济学思想并不否认追求自身利益最大

---

① 何增科：《新制度主义：从经济学到政治学》，刘军宁主编：《公共论丛（第2卷）》，北京：三联书店1996年版，第357页。
② 唐贤兴：《产权、国家与民主》，上海：复旦大学出版社2002年版，第60页。
③ [美]诺思：《经济史中的结构与变迁》，上海：上海三联书店、上海人民出版社1994年版，第50页。
④ 张宇：《过渡之路——中国渐进式改革的政治经济分析》，北京：中国社会科学出版社1997年版，第23页。
⑤ [英]卢瑟福：《经济学中的制度：老制度主义和新制度主义》，北京：中国社会科学出版社1999年版，第26页。
⑥ 魏崇辉：《新制度经济学意识形态生存世界的建构》，《贵州社会科学》2009年第2期，第96～101页；魏崇辉：《新制度经济学视角的意识形态研究》，南京：东南大学硕士论文2004年；魏崇辉：《作为一种制度的意识形态：基于新制度经济学的解说》，《生产力研究》2007年第11期，第8～10页。

化是人们从事政治行动的一个根本动机。这造成在意识形态分析时的混乱。①

（二）方法论的个人主义②

方法论个人主义（Methodological individualism）作为西方经济学研究的基本的、主导性的方法被应用于政治学研究，开拓了政治学的新范式，促进了政治与经济的进一步融合。"经济行为者具有完全的充分有序的偏好（在其可行的行为结构的范围内）、完备的信息和无懈可击的计算能力。在经过深思熟虑之后，他会选择那些能够比其他行为能更好地满足自己的偏好（或至少不会比现在更坏）的行为。"③古典经济学通过对"经济人"的阐述，奠定了方法论上个人主义的基础。亚当·斯密认为从社会劳动分工，到货币发明，再到经济体制都是在个人追求自身利益的过程中自发地形成和发展起来的。社会就是在这一过程中形成的。古典经济学采用隔离法，通过一系列的假定，排除了所有的干扰因至少，把个人从纷繁复杂的社会中抽象出来，得出了一个"理想类型"（ideal type），也就是"经济人"。在这一假设基础上，方法论上才有个人主义。方法论个人主义的基本出发点就是"经济人"的假设。④

所谓方法论上的个人主义，可以细分为以下三点：其一，具有目标和利益的只有个人，而不是社会。其二，社会及其变迁产生于个人的行为。一切行为都是个人的行为。社会存在依赖于个人行为。其三，所有

---

① 诺斯也不得不承认，在分析意识形态时所遇到的困难："每个人的意识形态的一个固有部分乃是关于制度的公平或公正的评判。""我深知将公平观点引进对产权的论述的困难。人们是怎样得到公平交换率的概念的呢？又是在哪一点上，公平的交换率变得不公平呢？如果，这个概念对于作出选择的途径不是至关重要的话，那么，我们将留下这样的疑问：如何说明在历史过程中为使人们确信其地位的公平与不公平所花费大量的资源的用途。"诺斯的意识形态理论分析逐渐偏离了正统的经济学方法。但这并不影响新制度经济学者对资本主义这一他们眼中"公平或公正"制度的嘉许。作为新制度经济学组成部分的意识形态理论是服务于作为一种新自由主义的新制度经济学意识形态的。参见[美]诺思：《经济史中的结构与变迁》，上海：上海三联书店、上海人民出版社1994年版，第55～56页。

② 魏崇辉、王岩：《公共选择学派的个人主义：一个多重视角的考量》，《贵州社会科学》2010年第3期，第52～55页。

③ [英]约翰·伊特韦尔等：《新帕尔格雷夫经济学大词典（第2卷）》，北京：经济科学出版社1992年版，第57页。

④ 魏崇辉、王岩：《公共选择学派的个人主义：一个多重视角的考量》，《贵州社会科学》2010年第3期，第52～55页。

大规模的社会学现象最终都应该根据只考虑个人，考虑他们的气质、信念、资源以及相互关系的理论加以解释。"根据一些大规模的社会现象（比如充分就业）来解释另一些大规模的社会现象（比如通货膨胀），可以是不成功的或是肤浅的；我们只有以个人的意向、信念、才智和人际关系为依据进行解释，否则，就不可能对这种大规模现象作出最低限度的解释（可以认为个人没有个性特征而只具有典型意向，等等）。"① 古典政治经济学和新古典经济学等经济学派都以"经济人"为基本的理论预设，从而使得个人主义一直以来都是西方主流经济学的一个基本的方法论。即认为个人是构成集体的基本单位，个人行为的累积构成集体的行为。在这种方法论理论思想的指导下，作为政治学和经济学交叉学科的新政治经济学从个人的经济行为出发来解释政治市场中的行为。"方法论的个人主义是一种解释性的学说，它与方法论的集体主义的本质区别在于，后者强调个体的前提心须是对集全性质的理解，方法论的个人主义则强调理解集体的前提与基础是理解个体。"② 20世纪30年代后，虽然随着宏观经济学的诞生，方法论的集体主义受到一定的重视，方法论的个人主义又应对结构主义、后弗洛伊德心理学等哲学流派、自然科学中的系统论以及经济学中的历史学派、制度主义和新制度经济学等作出了适应性调整，丰富了"经济人"的假设，但是它的基本观点、原则及在经济学研究中的地位仍然没有变化。③

方法论个人主义一直未被新政治经济学之前传统的政治学家和经济学家运用于分析国家、政府、政治行为、政治决策等等问题。资产阶级进行政治革命的目的是建立起一整套适应市场经济和民主政治发展的政治制度，当时的政治学关注的是政体。从洛克到孟德斯鸠，再到托克维尔，都是把国家的政治制度作为研究的主题。随着资产阶级革命的完

---

① 陈振明：《政治与经济的整合研究——公共选择理论的方法论及其启示》，《厦门大学学报（哲学社会科学版）》2003年第2期，第30~39页；王志强：《政府自利性假说与现实研究：从"经济人"假设出发》，《云南行政学院学报》2010年第2期，第59~61页。
② 李强：《自由主义》，北京：中国社会科学出版社1998年版，第165页。
③ 魏崇辉、王岩：《公共选择学派的个人主义：一个多重视角的考量》，《贵州社会科学》2010年第3期，第52~55页。

成，资本主义国家相继构建起基本的政治结构框架。政治学家关注的重心放在公共政策上。他们研究国家、政党、利益集团等政治团体或组织时，仍然往往将它们看作是整体，认为它们是不可分割的。经济学家在分析集体行为时也大都没有运用个人主义的方法论。而新政治经济学则认为，市场经济下私人选择中适用的理性原则同样适用于政治领域的公共选择活动。也就是说，政府以及政府官员在社会活动中也同样反映出"经济人"的特征。政府以及政府官员也具有自身的利益目标。政府自身利益本身也是一个复杂的目标函数，其中不但包括政府本身应当追求的公共利益，也包括政府内部工作人员的个人利益，此外，还有以部门利益、地方利益为代表的小集团利益等。可见，政府及其公务人员并不一定代表公共利益。同时，由于公共利益本身有不同的范围和层次，所以，政府又可以细分为中央政府、地方政府等等不同的利益主体，也存在着不同的利益需求。新政治经济学将方法论上的个人主义运用到公共选择当中，是经济学家把政治学研究向前推进的重要表现。①布坎南指出：人是自利的、效用的最大化，在市场中如此，在公共领域中也是如此。公共选择学派把个人的目的性放在首位，用个人的行为目的来解释政治过程，它展现的是政治过程的个人主义理论。②新制度经济学则试图以经济学的方法来分析政治决策行为，在修正和继承"经济人"假设和方法论个人主义的基础之上，引入了意识形态。新制度经济学家认为，在政治市场中，人们建立起广泛的契约交换关系，一切活动都是以个人的成本——收益计算为基础，即使是被新制度经济学引入分析的"意识形态"及其变迁也要用成本——收益③来分析。

（三）引入意识形态理论：一种自洽性需要

新制度经济学引入意识形态是出于一种自洽性的需要。诺斯认为，

---

① 魏崇辉、王岩：《公共选择学派的个人主义：一个多重视角的考量》，《贵州社会科学》2010年第3期，第52～55页。

② 李强：《自由主义》，北京：中国社会科学出版社1998年版，第165页；魏崇辉、王岩：《公共选择学派的个人主义：一个多重视角的考量》，《贵州社会科学》2010年第3期，第52～55页。

③ 从上文的界定可知，意识形态是一个阶级向度的概念，从修正的"经济人"假设出发，运用方法论个人主义分析意识形态，注定了新制度经济学的分析是"从未改变的意识形态"，是不科学的。

运用新古典经济理论来无法解释制度的长期演变。"在新古典框架中,要想说明长期不良经济绩效是不可能的。这样我就开始探究错误究竟出在哪里。人们做出选择时个人信仰显而易见十分重要。"①对大量低效率制度安排长期存在的解释需要引入意识形态。②

　　这一点可以从诺斯引入意识形态的过程可以看得更清晰。20世纪60年代诺斯专注于美国经济史的研究,并未引起广泛的重视。1973年他与托马斯合著的《西方世界的兴起》③使他成名。这本书将欧洲兴起的起点由当时公认的工业革命向前推进了两个世纪,指出16—18世纪初欧洲所建立的有效的经济制度才是导致欧洲兴起的真正原因,而工业革命不过是欧洲经济增长的过程而已。他们指出,经济增长的关键在于有效率的经济组织。西方世界兴起的原因在于有效率的经济组织的发展。有效率的经济组织需要在制度上作出安排和确立所有权以便造成一种刺激,将个人的经济努力变成私人收益率接近社会收益率的活动。私有权的建立被他们看成是导致经济增长的充分条件。英国之所以能够领先世界一个半世纪,原因就在于它较早地确立起有效的私有产权。虽然该书引来了批评,但他们的贡献却是无法忽视的:以一种宏观分析的框架考察和解释西方世界的兴起。他们的主要成功在于,运用经济学的理论预设和方法论要件来分析西方世界兴起的过程。在1981年出版的《经济史中的结构与变迁》④中,诺斯从第一次经济革命开始阐述,指出定居农业是受私有产权促进而与之同时产生的。只有排他性的私有产权的确立,人民才能有积极性地从事作物的驯化,进而促进生产力水平的提高。随后他继续运用统治者的成本——收益分析⑤解释了古埃及、波斯帝国、希腊城邦、古罗马帝国的兴衰历史,指

---

① [美]诺思:《绪论》,[美]约翰·N.德勒巴克、约翰·V.C.奈编:《新制度经济学前沿》,北京:经济科学出版社2003年版,第15页。

② 诺斯认为,"在一个机械理性主义的世界中,制度没有必要存在;思想和意识形态也没有用;(经济的和政治的)有效市场成为经济体系的特征。然而,我们实际上只能拥有不完全信息,而且处理信息的能力有限,……在这样一个世界中,思想和意识形态对选择以及不完全市场所形成的交易成本具有重要作用。"[美]诺斯:《新制度经济学及其发展》,《经济社会体制比较》2002年第5期,第5页。

③ [美]诺斯、罗伯特·托马斯:《西方世界的兴起》,北京:华夏出版社1989年版。

④ [美]诺斯:《经济史中的结构与变迁》,上海:上海人民出版社1994年版。

⑤ 这是一种典型的经济学分析方法。

出，影响统治者决策的除了人地比例①之外，还有地理环境因素、意识形态因素以及交易成本因素等。对中世纪到工业革命这一时期的分析，诺斯基本上延续了《西方世界的兴起》的内容。他在解释历史的过程中，遇到一些问题无法使用纯粹经济学的框架来解释，比如，虽然人们对投票和匿名献血并没有什么好感，但事实上，人们也确实去投票，确实去匿名献血。诸如此类的现象在新古典的行为假定中是难以得到有效地说明的。但是这样的现象又确实普遍存在着。于是，诺斯引入意识形态理论来解释如何克服搭便车问题。意识形态理论是他在解释历史陷入困境时引入的，由于这一理论的引入，使得制度变迁的理论框架也更加接近"真实"，他"成功地"说明了历史上的搭便车行为，与此同时也论证了意识形态是寻求社会稳定性的灵丹妙药。诺斯基于西方经济学的理论预设、方法论个人主义，从政治交易范式出发，认为，假如每个人都私人家庭"神圣不可侵犯"，那么，我们就可以在家中无人而门不闭户的情况下不用担心房屋会被毁或者被盗。同样，如果人们都相信政治民主的价值，他们就会把投票当作一项公民的义务来履行。②同时，虽然诺斯认为马克思主义比自由市场意识形态更具有灵活性，但二者在根本上是对立的。

20世纪80年代以后，诺斯逐步修正了新古典经济理论的理论预设，以有限理性经济人为预设，强调非正式制度，特别是意识形态对经济制度的影响。③诺斯指出，他早期的研究忽视了非正式制度对正式制度的约束力。诚然，私有产权可以导致经济增长，但是非正式制度却可能妨碍私有产权发挥作用。私有产权的建立只是法律文本的转换，虽然苏东经历了几十年的社会主义的文化积累，却仍然与私有产权不相容，进而导致私有产权的

---

① 人口增长是诺思制度变迁理论关注的重点之一。这是与马克思主义不同的地方。这也是新制度经济学给予我们的启示之一。要在社会（制度）变迁中实现意识形态的安全，还应该研究人口规律，特别是应该注意人口在社会权力体系中的分布状况。有些人可能在心智模型上相对守旧，如果这些人在社会权力体系中仍然占据相当优势的位置，那么，某些制度变动的出台，就会有操之过急之嫌，意识形态的调整可能就会出现反复。此外，只要人们在实际的社会行为和做法上发生了改变，一个社会人口的更新，能够相对自然地导致社会成员中心智模型的更新。参见王水雄：《论制度变迁中的意识形态安全》，《江海学刊》2007年第1期，第125~128页。

② [美]诺思：《经济史中的结构与变迁》，上海：上海人民出版社1994年版，第59页。

③ [美]诺思：《制度、制度变迁与经济绩效》，上海：格致出版社2008年版。

效率难以得到有效的发挥。①自从20世纪90年代以来，诺斯的学术重心已经逐步从经济学转向了文化学、社会学等更宽广的领域。这在他的近作《理解经济变迁的过程》②中有体现。借助于认知科学发展，诺斯强调运用"每个人都用自己的心智模式（mental model）去阐释周围的世界。这些心智模式一部分源于文化，也就是说它由知识、价值观以及行为准则在代际间传递而产生，而这些知识、价值观和行为准则在不同民族和社会中又根本不同。另一部分则是通过经验获得的，这种经验对特殊环境而言具有'本地性（local）'，因而不同环境下获得的经验也存在着相当大的差别，由此而导致人们心智模式的巨大差异，形成对世界的不同理解以及处理'问题'的方式。""……正是基于与预期不一致的结果，人们进行着不断的学习，并改变自己的心智模式。"③诺斯进一步地将制度分析框架拓展为制度——认知分析框架："现实"→意识形态（信仰）→行为→制度（正式制度）→特定政策→结果（即改变后的现实）。④自此，新制度经济学进入到认知领域去考察意识、意识形态，距离马克思主义意义的意识形态越来越远，虽然其可以促进对意识深入认识，但这种认识更多是基于个人层面的。诚然，诺斯也在努力制造其研究具有群体性的"幻象"。

六、作为新制度经济学组成部分的意识形态理论——基于政治交易范式

作为一种新政治经济学的新制度经济学运用经济学的分析框架来研究政治现象，研究意识形态，是为一个进步和创新。同时，他们又犯了泛化（反映在意识形态研究上为"泛"意识形态化）的错误，将政治关系与市场交易直接类比，用"政治市场"的概念分析政治现象的"交易政治学"。⑤这已经预示着作为新制度经济学组成部分的意识形态理论是不科

---

① Douglass.C.North.*Economic Performance Through Time*,The American Economic Review,Vol.84,No.3.(Jun.,1994),pp.359-368.

② [美]诺思：《理解经济变迁过程》，北京：中国人民大学出版社2008年版。

③ [美]诺斯：《新制度经济学及其发展》，《经济社会体制比较》2002年第5期，第5～6页。对这一问题的分析，参见魏崇辉、王岩：《制度变迁理论的比较与启示：基于理论预设视角》，《经济问题》2009年第6期，第16～19页。

④ 至此，诺斯对意识形态的分析也距离经济学越来越远，陷于为经济学界所排斥，而又不为其他学界所认可的境地。由于全文主旨需要，本书的研究着眼于其对意识形态的经济学分析。

⑤ 杨龙：《西方新政治经济学的政治观》，天津：天津人民出版社2004年版，第59～67页。

学的。

(一) 意识形态及其变迁①

新制度经济学看来，交易无处不在，有交易就有必要探讨其成本与收益。一般来说，交易成本取决于交易因素和人的因素。制度的基本功能是降低交易成本。在成本大于收益的情况下，一个社会就更加需要通过意识形态的力量来克服"搭便车"问题以使社会得到稳定。②诺斯说："在意识形态上，我是指所有人在解释他们周围世界时所拥有的主观观念（即模型和理论）。无论是在个人相互关系的微观层次上，还是在有组织的意识形态的宏观层次上，它都提供了对过去和现在的整体性解释，诸如共产主义信仰，宗教信仰，个人所建立的理论都具有根据世界应该是怎样组织的规范看法色彩。"③在诺斯看来，意识形态基本实现了真理与价值的统一，是降低交易成本、避免"搭便车"的灵丹妙药。"任何一个成功的意识形态必须克服搭便车问题，其基本目的在于促进一些群体不再按有关成本与收益的简单的、享乐主义的和个人的计算来行事。这是各种主要意识形态的一个中心问题。"④意识形态是一种行为方式，这种方式通过提供给人们一种"世界观"而使行为决策更为经济，同时它不可避免地与人们有关世界是否公平的道德和伦理方面的评判交织在一起，一旦人们发现其经验与它不符，人们就会试图改变其意识形态。是否具有节约功能，是否能够在克服"搭便车"中起到一定作用也就成为判断意识形态成功与否的重要标准。意识形态理论是新制度经济学，尤其是诺斯制度变迁理论的重要组成部分。同时，诺斯认为，意识形态作为一种制度成分，应该是全面的。一种意识形态既能说明现有的产权结构和交换条件如何成为更大的体制的组成部分，又能说明其与过去情况的吻合。意识形态还与道德融合，

---

① 魏崇辉：《作为一种制度的意识形态：基于新制度经济学的解说》，《生产力研究》2007年第11期，第8～10页；魏崇辉：《新制度经济学意识形态生存世界的建构》，《贵州社会科学》2009年第2期，第96～101页。

② 魏崇辉：《新制度经济学意识形态生存世界的建构》，《贵州社会科学》2009年第2期，第96～101页；魏崇辉：《新制度经济学视角的意识形态研究》，南京：东南大学硕士论文2004年；魏崇辉：《作为一种制度的意识形态：基于新制度经济学的解说》，《生产力研究》2007年第11期，第8～10页。

③ [美]诺斯：《制度、制度变迁与经济绩效》，上海：上海三联书店1994年版，第36页。

④ [美]诺思：《经济史中的结构与变迁》，上海：上海三联书店、上海人民出版社1994年版，第59页。

对公正性和合理性作出判断。"作为解决日常生活中一个人面对的许多问题的一种机制,思维形态节约了人们必须拥有的信息数量。但事情不止于此—它也涉及对人们生活和行动于其中的合同安排或制度安排的公正性或合理性的判断。"① 成功的意识形态还要具有灵活性。应该能够根据实际情况调整自己,以争取新的社会团体的支持。意识形态应该具有全面性、灵活性和适应性。新制度经济学从动态的角度着眼指出,制度变迁是经济社会生活发展的必然形态。意识形态的变迁同样不可避免。在此过程中,国家作为主要的制度供给者起到重要作用。意识形态是维护政权合法性的重要因素,具有刚性。② 诺斯同时提出几种能够促成意识形态变动的因素③:(1)产权的改变,即否定个人对其过去一直拥有的资源的权利,而这些权利已经被人们作为习惯或公正予以承认;(2)在要素市场或产品市场,交换的条件背离了已为人们认为是公平交换的比率;(3)在劳动力中,一个特殊的集团的相对收入状况发生了偏离;(4)信息成本降低的结果是,人们相信不同的或更优惠的交换条件可能在别处占优势。新制度经济学意识形态理论启示我们,变迁是一种必需,需要根据对产权制度等作出调整,明晰产权是必然趋势④。

诺斯认为,制度变迁中的"路径依赖(path dependence)"是指制度演进中存在一种自我强化的机制。这种机制使制度演进一旦走上某一路径,它的既定方向会在往后的发展中得到自我强化。也就是说,一种制度一旦形成,不管其是否有效,都会在一定时期内持续存在。制度变迁理论中的路径依赖性决定了历史上不同国家的社会、政治或经济演进的不同模式。正是过去作出的选择决定了现在可能的选择。沿着既定的路径,经济、政治制度的变迁可能进入良性循环,此时,某种初始制度确定以后,其收益递增促进经济的发展,其他相关制度也向同一方向发展,从而

---

① [美]A. 菲吕博顿等:《新制度经济学》,上海:上海财经大学出版社1998年版,第248页。
② 魏崇辉:《新制度经济学意识形态生存世界的建构》,《贵州社会科学》2009年第2期,第96~101页;魏崇辉:《新制度经济学视角的意识形态研究》,南京:东南大学硕士论文2004年;魏崇辉:《作为一种制度的意识形态:基于新制度经济学的解说》,《生产力研究》2007年第11期,第8~10页。
③ [美]诺思:《经济史中的结构与变迁》,上海:上海人民出版社2003年版,第55页。
④ 明晰产权并非产权私有化,这是需要特别指出的。

进一步导致了有利于经济增长的制度变迁。"起初,人们在某种获利的驱使下,或者是为了解决某一个问题而发明一项制度安排,它最初可以给人们带来利益,并在以后的一段时间里将会继续给人们带来利益,也就是说这项制度是报酬递增的。人们由于从这个制度安排中得益,便积极地学习它,主动地适应它,结果又创造了一些与这一制度安排相配套的制度安排及其他制度成分。"①另一种情况是出现恶性循环,也就是在某种制度演进的轨迹初步形成以后,初始制度的收益递减,进而那些从这种制度中获益的组织或个人为了维护自身的既得利益而极力维护它。由于意识形态具有刚性的特点,它的恶性路径依赖体现的较为突出。作为一种非正式的制度安排,意识形态变迁的过程会体现出这两种变迁形式。例如,制度变迁者(一个人或一群人)发现意识形态需要变更,而且有几种可供选择的方案。此时制度变迁者选择哪种意识形态的主要依据是实施、推进这种意识形态的成本和收益。自然,能够提供更多预期收益的意识形态被采纳的机会高于预期收益低的意识形态。反过来,假若两种意识形态安排提供的预期收益相等,那么成本低的意识形态就极有可能被采纳。意识形态的变迁是由国家(自上而下)或公众(自下而上)来推进的。而后一种方式往往所需时间很长,因为国家在这方面又有其独特的优势。所以,要充分关注国家在意识形态变迁中发挥的重要作用。②

(二)国家、合法性与意识形态

新制度经济学以片面的国家为承载意识形态的基本主体论述了国家、合法性与意识形态之间的关联。新制度经济学的"国家"以西方资本主义国家为模本,努力凸显其普世性。这注定了新制度经济学意识形态理论的适用性是有限的。诚然,作为新制度经济学组成部分的意识形态理论可以在一定层面解释诸如合法性与意识形态的关系、意识形态刚性存在的原因等之类的问题,可以启发我们对如下内容作出思考:

---

① 徐大同主编:《现代西方政治思潮(20世纪70年代以来)》,天津:天津人民出版社2001年版,第439页。
② 魏崇辉:《新制度经济学意识形态生存世界的建构》,《贵州社会科学》2009年第2期,第96~101页;魏崇辉:《新制度经济学视角的意识形态研究》,南京:东南大学硕士论文2004年;魏崇辉:《作为一种制度的意识形态:基于新制度经济学的解说》,《生产力研究》2007年第11期,第8~10页。

第一，国家作为制度和意识形态提供者的作用。新制度经济学家把国家界定为由统治者及其代理人构成的集合体，追求自身利益（包括权力和财富）的最大化是统治者及其代理人行为的动力之所在。制度变迁主体有三个层次：个人、组织和国家。新制度经济学认为，国家也是诸多制度安排中的一种，与其他制度安排是一样的，具有提供安全、提高社会经济效益、促进合作、增加个人收益等功能。同时，国家又是制度主要的供给者和实施机构。社会的基本规则，即宪法层面的制度，是由国家所提供的，其他制度的实施也主要依靠国家的强制权力。在供给主导型变迁中，国家掌握的暴力潜能使它享有极大的主动性，一旦它发现制度创新方案的净收益大于零，就可以借助行政力量强制性地进行试点，并通过设置人为的改革"进入壁垒"来弱化外部性和不确定性，降低交易成本。[①]可以合法地使用强制性手段，具有垄断权是国家与其他制度安排的一个根本区别。国家是强制性制度变迁的主体。国家的特定优势使得它在推动制度变迁、提供意识形态上是不可或缺的。[②]新制度经济学的意识形态理论提醒我们不能忽视国家在制度变迁、提供意识形态上的作用。同时，其认为，国家进行制度变迁的第一动因是统治者个人的收益——成本分析。在这一点上，国家与个人是一致的。只有统治者的预期收益大于他强制推行强制性制度变迁的预期成本时，他才会采取行动。国家改变现行制度的另一个原因是各种社会力量对社会利益和价值重新分配的要求。国家成为协调各种社会利益集团冲突的工具。当现有的制度安排不能再适应社会中集团力量对比的变化时，国家将不得不作出制度安排上的调整。[③]这启示我们，制度变迁中的国家必须从"最广大人民的根本利益"出发发挥制度和意识形态提供者的作用，而不能仅仅充当某些利益团体的代言人，仅仅维护某一部分

---

① 杨瑞龙：《渐进改革与供给主导型制度变迁方式》，吴敬琏等：《渐进与激进：中国改革道路的选择》，北京：经济科学出版社1996年版，第88页。

② 魏崇辉：《新制度经济学意识形态生存世界的建构》，《贵州社会科学》2009年第2期，第96～101页；魏崇辉：《新制度经济学视角的意识形态研究》，南京：东南大学硕士论文2004年；魏崇辉：《作为一种制度的意识形态：基于新制度经济学的解说》，《生产力研究》2007年第11期，第8～10页。

③ 徐大同主编：《现代西方政治思潮（20世纪70年代以来）》，天津：天津人民出版社2001年版，第437～438页；魏崇辉：《新制度经济学视角的意识形态研究》，南京：东南大学硕士论文2004年；魏崇辉：《作为一种制度的意识形态：基于新制度经济学的解说》，《生产力研究》2007年第11期，第8～10页。

人的利益。

　　当然，上文已经指出，新制度经济学中的"国家"与马克思主义中的"国家"是两个不同的概念。新制度经济学看来，国家与法律、规则本质上是等同的。诺斯从"经济人"假设出发，把国家看作是享有行使暴力权力的组织，它的作用是实现效用的最大化。制定法律和行为规则是国家的基本功能。[1]在1960年发表的《社会成本问题》中，科斯明确指出，政府实际上是一家超级企业。这种国家观仅仅以西方式民主为模型，是片面的、狭隘的，注定是无法解释其他语境下的国家、政府的，其适用性受到质疑。马克思主义将国家界定为阶级统治的工具，从根本上揭示了国家的本质，为我们科学认识新制度经济学提供了指导。

　　第二，合法性与意识形态的刚性。意识形态，作为一种"制度"存在的，同时，也是一种世界观，起到支配、解释信念并赋予合法性的作用。"一个政党的合法性危机的起点是意识形态对党员和普通民众影响力在下降，党员对本党的纲领和章程所确立的世界观和价值观发生动摇和转移是执政党合法性提出的最严峻的挑战。"[2]影响执政党执政地位的因素一般有体制内外之分。所谓体制内的因素主要涉及权力腐败和信任危机。体制外的因素是经济发展的绩效。[3]新制度经济学家从意识形态角度给出了解决合法性危机的路径：一种意识形态要能说明现存的产权结构和交换条件如何成为更大的体制的组成部分。[4]

　　意识形态的力量是个人在"搭便车"时必须要承受心理上的负担，这种观念上的压力使得个人不得不参加集体活动，不得不为公共物品的生产做贡献，不得不遵守公共秩序。意识形态的这种特征可能

---

[1] 魏崇辉：《新制度经济学视角的意识形态研究》，南京：东南大学硕士论文2004年；魏崇辉：《作为一种制度的意识形态：基于新制度经济学的解说》，《生产力研究》2007年第11期，第8～10页。
[2] 咸台昃：《中国政党政府与市场》，北京：经济日报出版社2002年版，第190页。
[3] 王邦佐：《中国政党制度的社会生态分析》，上海：上海人民出版社2000年版，第276～277页；魏崇辉：《新制度经济学意识形态生存世界的建构》，《贵州社会科学》2009年第2期，第96～101页；魏崇辉：《新制度经济学视角的意识形态研究》，南京：东南大学硕士论文2004年；魏崇辉：《作为一种制度的意识形态：基于新制度经济学的解说》，《生产力研究》2007年第11期，第8～10页。
[4] 魏崇辉：《新制度经济学意识形态生存世界的建构》，《贵州社会科学》2009年第2期，第96～101页；魏崇辉：《新制度经济学视角的意识形态研究》，南京：东南大学硕士论文2004年；魏崇辉：《作为一种制度的意识形态：基于新制度经济学的解说》，《生产力研究》2007年第11期，第8～10页。

使其成为消极因素,具有刚性。意识形态刚性会阻碍制度创新,维护无效产权。当政者的合法性建立在意识形态的基础上,一旦出现变革制度的需求,制度发生非均衡,意识形态与现实之间的缝隙在增长。为了恢复均衡而强制推行新制度安排,并改变原来的意识形态,很可能会伤害统治者统治的合法性。而强制性制度变迁必须由统治者来实施,统治者有时从自己个人效用最大化出发作出与国家的社会整体收益最大化目标相冲突的制度变迁安排。强制性制度变迁的结果可能是维持了低效率制度。"强势的意识形态一方面拒绝自我革新,另一方面则要求追随者绝对服从,并使追随者觉得绝对服从是具有道德情操的表现。意识形态的形成与传播则要靠'奇理斯玛'(charismatic)型人物的出现与领导。"[①]这使得意识形态的变迁过程中体现出维持低效率特征。"统治者可能不是去创造新的制度安排,而是去维持旧的无效的制度安排并为纯洁意识形态而战,他害怕如果他不这样,他的权威就可能被动摇。因此,新的制度安排往往只有在老的统治者被新的统治者替代以后,才有可能建立。"[②]这可以用来说明现实世界中意识形态存在刚性的原因。[③]理想的选择是,使得统治者、民众与国家三者在利益上保持一致,使得意识形态的变迁符合共同的利益诉求,这在资本主义世界是很难实现。

第三节 新制度经济学意识形态理论本质透析

马克思主义意识形态理论的重要内容之一是强调无产阶级意识形态是社会主义和共产主义的意识形态。"马克思主义已经无条件地战胜了工人

---

① 林毓生:《意识形态的定义》,刘军宁主编:《公共论丛(第2卷)》,北京:三联书店1997年版,第346页。

② [美]科斯等:《财产权利和制度变迁》,上海:上海三联书店、上海人民出版社1994年版,第398页。

③ 魏崇辉:《新制度经济学意识形态生存世界的建构》,《贵州社会科学》2009年第2期,第96~101页;魏崇辉:《新制度经济学视角的意识形态研究》,南京:东南大学硕士论文2004年;魏崇辉:《作为一种制度的意识形态:基于新制度经济学的解说》,《生产力研究》2007年第11期,第8~10页。

运动中的其它一切意识形态。"①马克思主义意识形态理论是意识形态本质理论、意识形态批判理论、意识形态构建理论与意识形态超越理论的统一，包含有对意识形态基本认知的内容，还包含有对意识形态发展必由之路思考的内容。以马克思主义意识形态理论为指导，本书认为，新制度经济学意识形态理论也应该从以下两个层面加以考察。

一、作为新制度经济学组成部分的意识形态理论的本质

新政治经济学以经济学的角度切入政治领域，用经济学的方法来关注政治问题，这与近代最初构建起的政治经济学有很大不同。作为一种新政治经济学，新制度经济学讨论了政治、意识形态的经济影响，试图弥补传统经济理论缺乏独立政治决策分析的缺陷。在其假定的政治市场中，人们建立起广泛的契约交换关系，一切活动都是以个人的成本——收益计算为基础。借助经济学的方法和观点分析政治学的问题，新制度经济学实现了经济学与政治学研究的再融合。一些新制度经济学家运用经济学的分析工具阐述了他们的意识形态理论，其中以诺斯的阐释最具特色。而其对新制度经济学意识形态理论的阐释主要是基于新政治经济学视域作出的。新制度经济学认为，意识形态具有经济功能。但是，到底什么样的意识形态是最符合新制度经济学要求的呢？对此，虽然新政治经济学视域下，新制度经济学对意识形态理论构建中并未明确表示。必须注意到，新制度经济学的意识形态理论的构建是以西方发达资本主义国家为背景的，其所依存的制度环境是资本主义市场经济制度以及与之相对应的西方式民主、价值观念。新政治经济学视域下，新制度经济学对意识形态的理论建构是资本主义意识形态的展示。新制度经济学在建构意识形态理论中，最优产权就是私有产权，最好的国家就是资本主义国家，这些被置放于论证过程之中。而理论预设、方法论个人主义、政治交易范式是西方经济学基本的分析手段，是资本主义意识形态核心理念的体现，虽然在西方国家这不需要时刻标榜。该理论建构最终还是服务于、服从于其鼓吹的意识形态的目的。正如上文指出的，对于西方经济学分析套路上的意识形态性，乔安·罗宾逊指出，"他们的先入之见与其说体现在明显的政治学说上，毋宁说体现在

---

① 刘娟、杨义芹：《马克思主义意识形态理论与我国意识形态建设》，《求索》2008年第9期，第89页。

他们说喜欢研究的问题和他们据以进行研究的假设上。"①

在新政治经济学的视角下,新制度经济学引入意识形态是出于一种自洽性的需要。诺斯认为,运用新古典经济理论无法解释制度的长期演变。上文已经指出,"在一个机械理性主义的世界中,制度没有必要存在;思想和意识形态也没有用;(经济的和政治的)有效市场成为经济体系的特征。然而,我们实际上只能拥有不完全信息,而且处理信息的能力有限,……在这样一个世界中,思想和意识形态对选择以及不完全市场所形成的交易成本具有重要作用。"②新制度经济学认为,产权制度变迁的内在逻辑就在于私有产权结构的不断明晰,而这种产权明晰过程不过是经济个体理性计算与选择活动的结果。当新古典个人主义分析范式的彻底应用无力完整解释现实经济制度变迁过程时,诺斯被迫引入意识形态理论加以修补。但是,诺斯依然将意识形态纳入个人理性选择的最大化框架之中,实质上仅仅是理性选择模式的扩张,自然不能克服西方经济学理性主义存在的弊病,而且还扭曲了意识形态的真正内涵。诺斯的修补最终还是为了说明私有产权的优越性。"……他们所传授给学生的所谓现代经济学,却是一套在严密的意识形态锁链下打造的理论体系,这个理论体系的出发点经济人假设、私有产权制度假设、自由竞争假设、放任自由假设尽管一再的修正,但没有一条是公认的科学原理,都是资本主义制度意识形态的核心理念和原则。"③

综合来看,新制度经济学意识形态理论通过强调是否促进经济发展作为判断意识形态的标准,刻意回避意识形态的阶级标准,本质上推崇的是资本主义意识形态,表面上"泛"意识形态化,实质是非意识形态化。综合新政治经济学与新自由主义双重视域下的新制度经济学意识形态理论彰显了意识形态的经济功能,强调意识形态对制度变迁和有效配置资源的作用,从个体出发诠释意识形态的形成及其功能,刻意回避意识形态背后的不同利益诉求,抹杀了意识形态的阶级性。虽然新制度经济学从工具主义

---

① 张建君:《制度假设、分析工具与政治经济学的创新》,《当代经济研究》2007年第7期,第41~45页。
② [美]诺斯:《新制度经济学及其发展》,《经济社会体制比较》2002年第5期,第5~10页。
③ 张建君:《制度假设、分析工具与政治经济学的创新》,《当代经济研究》2007年第7期,第41~45页。

的角度来阐述意识形态理论，但这并不代表着其忽视价值理性——资本主义性。这透过对新制度经济学意识形态的基本主张、根本立场和目标指向的分析可以看得更加清晰。立足马克思主义意识形态理论，笔者认为，包含意识形态理论的新制度经济学意识形态的基本主张是自由化、私有化、市场化；根本立场是产权私有化和西方式民主，反对公有制与反对社会主义；目标指向是鼓吹新自由主义，维护资本主义利益。

二、新制度经济学意识形态本质——基本主张、根本立场与目标指向

上文指出，意识形态理论是新制度经济学的组成部分。而包含意识形态理论的新制度经济学本质上是一种新自由主义思潮，是一种资本主义意识形态。对新制度经济学意识形态理论的全面认识不仅需要新政治经济学视域，更需要新自由主义视域。新自由主义视域下，包含意识形态理论的新制度经济学是一种资本主义意识形态。①这表现在新制度经济学意识形态的基本主张、根本立场与目标指向上。

其一，基本主张。《新自由主义：批判读本》一书在评价"新自由主义"时指出，"……表现为对自由主义的政治经济学基本信念的再强调，自由主义在19世纪的美国与英国是居支配地位的政治理论。但是该政治经济学的论述以直觉和独断而不是严格的分析为基础，它们的力量依赖于它们的意识形态诉求而不是分析之严密。"②以直觉和独断而不是严格的分析为基础，依赖意识形态诉求获取力量是新制度经济学之类新自由主义的基本套路。新制度经济学的意识形态本质首先表现在其基本主张上。笔者认为，作为一种新自由主义思潮，新制度经济学本身就是一种资本主义意识形态。从上文的分析可以得知，作为一种新自由主义，新制度经济学在基本主张上是新自由主义的具体展示。与其他新自由主义经济学派别一样，新制度经济学是自由化、私有化、市场化的坚定拥护者。虽然新制度经济学对新古典经济学的理论预设作出了修正，但这不影响他们对"经济人"假设和"无形之手"的认同。在他们看来，自由市场可以使得生产所

---

① [英]阿尔弗雷多·萨德—费洛、黛博拉·约翰斯顿等：《新自由主义：批判读本》，南京：江苏人民出版社2006年版，第74页。

② 这是整体大于部分之和的表现。资本主义意识形态性更加集中地体现在包含意识形态理论的新制度经济学身上。

需的资源得到有效的配置,并能满足生产和消费的需要。而这一结果是由私有制的激励机制和价格的协调机制来促成的。在这种基本主张指导下,新制度经济学主张贸易、金融、投资自由化、市场化,主张全面私有化,充分认同以下一些具体观点:(1)市场统治。将"自由"企业或私有企业从政府或国家的任何束缚下解放出来,不论这将造成多少社会损失;对国际贸易和投资更加开放;放弃对物价的控制。(2)削减教育、医疗等社会服务的公共开支,削弱穷人的"安全网",甚至以弱化政府作用为名放弃对于道路、桥梁、供水系统的维护。(3)放松管制。减少任何可能影响利润的政府管理,包括放松对工作环境安全的规定。(4)私有化。将国有企业出售给私人投资者。这包括银行、主要产业、铁路、征税公路、电力、学校、医院、甚至于供水。(5)抛弃"公共物品"或"共同体"的概念,代之以"个人责任"。这意味着向社会中最贫困的人群施加压力,迫使他们自己找到医疗保健、教育机会和社会保障的解决办法。一旦这些人无计可施,他们就将此归咎于懒惰。①

在这一基本主张的指导下,新制度经济学的代表张五常曾经在中国加入WTO前"毫无顾忌地说",面对加入WTO的种种挑战,无论是在国企改革,还是外汇、金融、通信、对外贸易及民主、人权问题,中国都应该孤注一掷,对内对外全面放开以迎接竞争所带来的挑战。②但是,西方发达国家为什么没有"孤注一掷"?西方国家实践中并没有完全否定政府的作用(在经济危机时期,政府的作用恰恰得到凸显),理论上新自由主义经济学也不是完全否定政府的作用,也并非笼统地认为政府越小越好。自亚当·斯密开始的自由主义经济学就对政府的职能有阐释,对此上文已经指出。而新制度经济学更是主张政府要发挥合理规定产权的职能。新自由主义经济学看来,政府应该是有限的、有效的,市场、政府应该各司其职,各自在自己的领地发挥自己应该发挥的作用。那为什么到了我国,有限、有效的政府变成了"孤注一掷"了呢?最合理的解释只能是,西方发达国家有政府补贴,大搞贸易保护

---

① 这是胡代光先生对新自由主义基本结论的归纳,这得到了国内学术界的普遍认同。我们知道,当前在我国影响最大的新自由主义流派就是新制度经济学。所以,这些主张也是新制度经济学完全赞同的。胡代光:《评析新自由主义倡导的政策实施问题》,《福建论坛(人文社会科学版)》2004年第3期,第4页。

② 徐明:《张五常放言中国要孤注一掷》,《天涯》2000年第4期,第156~157页。

主义，目的是维护其自身利益，特别是维护国际垄断资本的利益，而置其他发展中国家于不顾。这种意识形态是代表国际垄断资本利益的，目的是攫取处于社会转型期国家民众的利益。更进一步地，在社会主义的中国，这种意识形态还可以起到瓦解社会主义制度的目的。在研究新制度经济学的过程中，基本主张往往被忽略。在没有搞清楚"是什么"（认知——理解）时，"应该是什么"（价值——信仰）的问题是不能得到解决的。隐藏在自由化、私有化和市场化背后的是其根本立场和目标指向。新制度经济学强调自由至上和限制政府权力，强调私有化和完全的市场化，认同市场调节可以自动实现经济良性发展。而限制政府并非彻底否定政府，因为新制度经济学对西方式民主完全认同，它要否定的是社会主义制度！

其二，根本立场。新制度经济学认为，各种类型的产权中最有效率的是私有产权。新制度经济学企图运用契约理论对此作出"公理"般的证明①。新制度经济学对私有产权制度推崇备至。科斯认为，之所以市场在运行中出现各种各样的问题，根源在于私有产权制度没有得到彻底地贯彻。解决问题的基本思路应该是如何完善资本主义的私有产权制度诺斯所认定的制度变迁理论三大基石是产权理论、国家理论和意识形态理论。其中的核心是以国家界定的产权制度。诺斯有让产权制度独领风骚的倾向。②新制度经济学基于科斯定理阐发了科斯定理：假定政治交易费用为零，政治权利的初始配置则将与有效率的产权制度产出无关，但是，当政治交易费用为正时，唯一能导致有效产权制度产出的政治安排是西方式的民主政治。除了理论上做的公理般论证之外，新制度经济学家还努力寻找历史证明。诺斯在《制度、制度变迁与经济绩效》一书中指出，处在北美大陆的美国的经济社会演变历史是以联邦政制、政治制衡以及作为经济运行的一个基础性结构的私有产权制度为其特征的，这些基础性制度结构鼓

---

① 根据契约理论，公有制经济规模增大，初始委托人的监督积极性和最终代理人的激励就会严格递减，所以，剩余索取权和决策权越是向最终代理人转移，获得剩余索取权的集团的人数越少，产权安排就越有效率。在信息不对称的条件下，资本雇佣劳动是一种能够保证只有合格的人才会被当选做企业家的机制，以此来证明资本主义私有制要比社会主义公有制具有更高的效率。参见周小亮：《当代制度经济学发展中的两条主线与其新自由主义本质之剖析》，《学术月刊》2004年第2期，第34页。

② 张宇燕：《经济发展与制度选择——对制度的经济分析》，北京：中国人民大学出版社1992年版，第16页。

励人们建立资本市场,并促进了经济成长所必需的长期契约行为。而拉丁美洲的一些国家却一直保持着从西班牙和葡萄牙那里所继承来的集权与官僚传统。他引入意识形态理论作为分析工具,主要是为了圆满地说明为什么在诸如美国之类的西方国家与拉丁美洲国家之间会有如此大的不同。新制度经济学从历史角度对社会变迁的分析是以西方社会为模本的。新制度经济学建立在对西方社会考量的基础之上。诺斯在分析意识形态时指出,"维持一个现存秩序的成本反而涉及对现存体制合理性的理解。在社会成员相信这个制度是公平的时候,由于个人不违反规则和不侵犯产权——甚至当私人的成本——收益计算会使这样的行为合算时——这一简单的事实,规则和产权的执行费用就会大量减少。""如果人们相信政治民主的价值,他们就会把投票当作一项公民的义务来履行。""引导人们成为搭便车的必要费用是与对现行制度合理性的理解正相关的。"①新制度经济学从根本上是为了宣扬资本主义意识形态的"普世性",为垄断资本利益服务。

作为新制度经济学组成部分的意识形态理论的引入是为了说明制度理论、产权理论、交易费用理论和国家理论的正确性,是为了说明只要产权明晰化,市场机制便可以引导经济获得最优效率。而新制度经济学所谓的产权明晰化就是要把产权落实到私人,也就是必须在各个领域实行私有制。资本主义私有制是优于社会主义公有制的。马克思主义意识形态理论意义上,新制度经济学是一种新自由主义思潮,是资本主义意识形态的载体和表现,代表的是资本主义制度下强势集团的利益诉求。新制度经济学认为,制度,尤其是产权制度是市场效率的关键性决定因素。而这种产权制度只能是私有产权制度。对于人们对私有产权制度的迷信,约瑟夫·斯蒂格利茨在《社会主义向何处去》中写道:"在经济学中,还没有一种迷信像产权迷信那样影响人们的思想和行动。这一迷信认为,人们所要做的一切,就是正确地分配产权,这样经济效率就有了保证。至于产权怎样分配则不重要。这种迷信非常危险,因为它已经误导许多处于过渡中的国家

---

① [美]诺思:《经济史中的结构与变迁》,上海:上海三联书店、上海人民出版社1994年版,第59页。

把注意力集中在产权问题上,即集中在私有化问题上。"①

其三,目标指向。张五常在评价科斯定理时说,"科斯定理的主旨,就是不管权利属于谁,只要清楚地界定是私有,市场的运作能力便会应运而起,权利的买卖者互定合约,使资源的使用达到最高的生产总产值"。②基于产权私有的立论,新制度经济学者在实践中积极推进新自由主义政策主张。他们鼓吹"越私越好",积极推动国有企业私有化进程,他们主张减少教育、医疗、卫生等公共服务的开支,他们主张推行有利于资本的财富分配制度。这种完全的自由化、私有化和市场化在一些社会转型国家受到极力鼓吹。西方国家就是通过全球化,宣称西方的产权私有化和西方式民主是"普世价值",抓住社会转型期国家存在认同危机的机会,通过诸多手段和方式强迫或引诱非西方国家对西方社会的价值认同,从而实现经济一体化、政治民主化和文化同质化,达到西方价值观念普遍化和全球化的目的,带有明显的西方中心主义的倾向。③

自由化、私有化和市场化的旗号下隐含的命题是反对公有制与反对社会主义。这给资本主义制度下强势集团肢解民族国家的机会,为垄断资本的膨胀提供新契机。因为,本质上,这种自由是垄断资本的自由。对此,马克思曾经指出,资本主义的平等和自由纯粹是形式上的。"交换价值,或者更确切地说,货币制度,事实上是平等和自由的制度,而在这个制度更进一步的发展中对平等和自由起干扰作用的,是这个制度所固有的干扰,这正好是平等和自由的实现,这种平等和自由证明本身就是不平等和不自由。"④对我国而言,"如果失去警惕,听任新自由主义泛滥下去,

---

① J.E.Stiglitz,*Whither Socialism*,Cambridge,Massachusetts,The MIT Press,1994,p238.

② 周小亮:《当代制度经济学发展中的两条主线与其新自由主义本质之剖析》,《学术月刊》2004年第2期,第35页。虽然诺斯20世纪90年代以后将灵活地针对变化的环境作出反应并能够有效地解决环境中出现的问题的产权结构作为制度变迁的关键,强调具有适应性效率的制度结构可能有利于交易成本的节约也有可能会导致交易成本的上升,把适应性效率作为产权界定的标准。他也指出,"私有化对解决贫困的经济也并不是灵丹妙药。"但是,这并不影响整个新制度经济学在私有化上的基本主张,而且诺斯本人也仅仅是在私有化上做的微调和弱化。参见[美]诺斯:《新制度经济学及其发展》,《经济社会体制比较》2002年第5期,第5~10页。

③ 王岩、茅晓嵩:《"意识形态终结论"批判与我国意识形态安全》,《政治学研究》2009年第5期,第78页。

④ 马克思、恩格斯:《马克思恩格斯全集(第30卷)》,北京:人民出版社1995年版,第199页。

误导我国的改革开放,公有制在国民经济中的主体地位就会丧失,社会主义市场经济就会蜕变为资本主义市场经济。"①作为新制度经济学组成部分的意识形态理论看来,意识形态可以实现真理与价值的统一,可以发挥经济功能与作用。而其鼓吹的意识形态是资本主义的意识形态,是服务于西方国家垄断资本利益的意识形态。这种意识形态理论通过向其他国家布道所谓的"普世价值",使得他国的经济基础、政治基础和文化基础都受到损伤,甚至消弭,达到国将不国的局面,从而服从于西方大国的摆布。作为其鼓吹的意识形态,新制度经济学在我国影响巨大更加值得关注,因为这一理论形态在我国已经逐渐与一些利益群体结合,找到了自身利益的代言人。在我国,新制度经济学通过鼓吹完全的自由化、完全私有化和完全市场化,努力促使改革以激进的方式进行,在没有其他相应改革配合的情况下,全面推进产权私有化进程,积极推介西方式民主。在不细致考察适用语境的前提下,新制度经济学采取生搬硬套等方式抢夺话语霸权,在寻求国内资本充当谋求国际垄断资本利益的代言人,企图以此来重构甚至改变当代中国的经济制度与政治制度。这就是新制度经济学作为一种全球性的统治意识形态在当代中国语境下的具体表现。

从马克思主义意识形态理论出发,笔者认为,虽然在新政治经济学视域下,新制度经济学并未说明其鼓吹的意识形态是什么,但是,其对意识形态的理论构建是资本主义意识形态的展示。这集中体现在新自由主义视域。新自由主义视域下,包含意识形态理论的新制度经济学本身就是一种资本主义意识形态。新制度经济学意识形态的基本主张是自由化、私有化、市场化;根本立场是产权私有化和西方式民主,反对公有制与反对社会主义;目标指向是鼓吹新自由主义,维护资本主义利益。新制度经济学构造了一个新的资本主义运作规则,这种资本主义运作规则有利于资本统治劳动。作为一种资本主义意识形态,新制度经济学通过辩护功能和约束功能、规引功能和团结功能、动员功能和激励功能、评价功能和践行功能的发挥,借助全球化、网络化所带来的便利条件,对处于转型期的国家施

---

① 吴易风:《略论新自由主义及其影响》,何秉孟主编:《新自由主义评析》,北京:社会科学文献出版社2004年版,第318页。

加影响，进而危及到这些国家基本社会制度的维系，使得执政党的合法性受到极大的挑战。由于新自由主义维护的是少数人的利益，最终必将危及到大多数人的利益，对整个社会整合造成不利影响，社会有陷入混乱的风险。一个国家如果基本社会制度无法得以维系，执政合法性受到挫伤，社会分崩离析，那么其国家利益就无法得到有效维护。总之，新制度经济学意识形态理论对转型国家的意识形态安全构成了威胁，对此，我们需有清醒认识。

第四章　新制度经济学意识形态理论对我国意识形态安全的威胁

新制度经济学凸显了判断意识形态的经济功能标准,刻意回避了阶级标准,但其本质上推崇的是资本主义意识形态。这是基于新政治经济学与新自由主义双重视域对新制度经济学意识形态理论的全面认识。随着改革开放进入我国的新制度经济学,充分利用全球化、网络化,对处于社会转型这一社会急剧变迁时期的当代中国产生了正面影响的同时,在指导思想、经济制度、政治制度、思想文化和外部环境等层面对我国意识形态安全形成了威胁。

第一节　意识形态安全:内涵与判断标准

意识形态安全是占据一国主导地位政治意识形态的安全状态。国家的存在使得意识形态安全的存在成为必然。意识形态安全是国家安全的重要组成部分。这里同时从内外部两方面、多个层次展开对判断意识形态安全标准的认识和考察。

一、国家安全与意识形态安全

对于什么是国家安全,什么是意识形态安全,学界一直存有争议。但是对于意识形态安全在现代国家中的重要性上还是得到学界普遍认同的。有西方学者指出,所谓国家安全就是一种能力,这种能力可以"保持国家的统一和领土完整,基于合理的条件维持它与世界其他部分的经济联系,防止外来力量打垮它的特质、制度和统治,并且控制它的边界。"①这里的国家安全包含了维护既定社会制度、统治阶级维护统治地位、维护国家利益的内容。统合来看,国家安全应该包含有国家内部和外部双重层面的因素。只有在国内外都安全的状态下,才能说整个国家处于安全状态。而"意识形态安全是指国家占主导地位的思想、政治意识形态不受侵害,使其稳定存在和健康发展。"②显然,这里"意识形态安全"中的"意识形态"应该是在国家占主导地位的思想、政治意识形态。这种占主导地位的思想、政治意识形态对一个社会制度维系、执政党执政合法性增强、社会整合以及国家利益维护起到重要作用。国家安全与意识形态安全是相互契合的。有学者则从国家安全的构成要件角度出发,明确指出,"国家的安全,就是构成国家的三个组成部分的安全。这种安全可以从三个方面考察:国家肌体的安全、环境安全和意识形态安全。作为这三个方面的综合,就是发展的安全。"③

马克思主义意识形态理论认为,意识形态的终结将在未来共产主义社会实现,那时马克思主义意义上的阶级、政党、国家将会消亡,附着在它们身上的意识形态也会随之消失。但是,当前,远未到这一时期。意识形态是国家的有机构成要件。只要存在国家,存在不同的国家制度形式,意识形态就不会消失,意识形态之间的冲突就不会消失,更谈不上意识形态终结。意识形态产生于、生长于、存在于现代国家的状态下,统治阶级在建立自己的国家的同时,也建立起自己的意识形态。例如,自从国家建立的奴隶社会开始,国家安全就已经出现了,虽然人们不一定使用这个词。保障国家安全的机构和机制也已经建立起来。但此时的意识形态还处于萌生状态,多以神话、宗教等原始形态出现,缺乏理论化、系统化。相应的,意识形态安全维护工作也是比较粗糙的。在封建社会中,统治阶级大力宣扬"君权神授"、"三纲五常"的思想,通过维护这种意识形态的地位,统治阶级得以维护封建制度的稳固。上文已经指出,资产阶级社会中,在政治学领域,最早阐述意识形态理论也许是马基雅维利。曼海姆曾

---

① 田改伟:《试论我国意识形态安全》,《政治学研究》2005年第1期,第30~41页。
② 解松:《社会思潮与我国意识形态安全》,《江南社会学院学报》2008年第12期,第5页。
③ 田改伟:《试论我国意识形态安全》,《政治学研究》2005年第1期,第30~41页。

经指出,"马基雅维利以其无情的理性把如下工作当作自己的特殊任务,即把人们的各种观点与他们相应的各种利益联系起来。"①资产阶级为了反对封建贵族的等级制度和特权,高举"自由"、"平等"的旗帜,为资本主义的发展开辟了道路。而到了资本主义统治秩序确立以后,资产阶级为了进一步巩固统治地位,进一步推动资本主义的发展,大力宣传民主与自由的思想,当然,这种民主与自由不是所有人的,而是资产阶级的,是服务于资本的。自19世纪末20世纪初开始,资本主义发展到垄断时期,其思想家开始极力宣扬霸权主义和强权政治,为在其他国家谋求本国资产阶级利益摇旗呐喊。而无产阶级的意识形态随着无产阶级自身的不断壮大不断得以发展。维护马克思主义在意识形态领域的指导地位,就是维护无产阶级的根本利益,在社会主义国家,这就是维护社会主义制度的关键,是共产党执政的基础,危害了这一点,也就损害了国家的利益。

当前,以美国为首的西方资本主义国家利用全球化、网络化之机,将资本主义意识形态向全球扩张。一些理论家高扬"非意识形态化"与"意识形态终结"。而"对意识形态的任何考察都难以避免一个令人沮丧的结论,即所有关于意识形态的观点自身就是意识形态。"②非意识形态化思潮和意识形态终结论并不是真正的不要意识形态,而是妄图让资本主义的意识形态垄断全球,用非马克思主义意识形态代替马克思主义意识形态。"意识形态理论的本质是揭示人的观念的政治性来源和价值立场,实质上是理性的自我检审。"③意识形态理论是一个阶级利益的思想外显。上文研究指出,综合视域的新制度经济学意识形态理论对我国意识形态安全形成了威胁。对此,我们应该有清醒的认识。对它的批判关系到我国占据主流地位的意识形态——马克思主义的安全。当前,意识形态是执政党维系其所宣扬的制度,进行社会整合,维护国家利益的重要工具和手段。意识形态安全的维护与执政党的执政合法性密切相关。政党要成功执政,需要成功做到社会整合,需要一种主流意识形态作用的发挥,而这些都是国家

---

① [德]卡尔·曼海姆:《意识形态与乌托邦》,北京:商务印书馆2006年版,第4页。
② [英]大卫·麦克里兰:《意识形态》,长春:吉林人民出版社2005年版,第2页。
③ 金林南、谈育明:《政治理性的自觉与悖反——意识形态理论的生成背景与历史分析》,《宁夏大学学报(人文社会科学版)》2009年第5期,第64页。

利益得以维护的基石。

二、判断意识形态安全的标准探析

通过上文的分析,可以认识到,意识形态安全是国家安全的基本组成部分,与之密切勾连。全球化的形势下,对国家安全的全面把握需要立足内外两个方面、多个层次。对意识形态安全的科学理解自然也应该如此。而且,一直以来的研究过多关注了意识形态概念的涵义,而对于意识形态安全的细致、深入的研究[①]则远远不够。笔者认为,单纯以"意识形态安全"与"意识形态不安全"还不足以描述意识形态领域的境况。还需要对判断意识形态安全与否的具体标准做细致研究。本书认为,可以通过对意识形态与其他相关参照物之间关系的判断,初步判定意识形态领域的情况。这里给出判断一国意识形态安全与否的以下一些标准:

其一,意识形态是否科学:判断意识形态安全与否的内部标准。从马克思主义出发,笔者认为,一种意识形态是否科学,关键是看它是否与人类社会发展的总趋势相吻合。这是着眼于意识形态内部判断其是否具有安全性的。从我国的实际来看,马克思主义是我国主流意识形态,是一种科学的意识形态,与人类社会发展的规律总体上是相契合。但规律本身也有层次性,如何能使意识形态与具体而分的规律相吻合成为我们维护意识形态安全需要关注的内部问题,这一问题的解决更多需要从占主导地位的意识形态本身出发,使之能否与客观现实的演变与发展相吻合,能否跟上时代变化的脚步。这一点从建国以后我国意识形态发展的历程可以看出。比如,邓小平敏锐地把握到时代的主题是"和平与发展",积极地将"对外开放"作为"一个中心,两个基本点"的重要组成部分引入到我国当代马克思主义意识形态理论中,就是科学意识形态紧跟客观规律、反映客观规律的真实写照。这里也告诫我们,维护意识形态安全,必须始终立足于国内,立足于意识形态内部。因此,应对新制度经济学意识形态理论的威胁,维护我国意识形态安全,必须坚持和发展马克思主义意识形态理论,

---

① 有学者指出,所谓"安全的意识形态",从理想的角度来看,指的是一个群体或集团所接受的思想体系,在特定的时空条件下能够给行为者带来稳妥的物质生活水平,稳定的人身安全以及个体与个体、个体与群体及群体与群体之间的和睦相处及互通有无;所谓不安全的意识形态(意识形态危机),则反之。该文同时对"意识形态安全"做出层次上的界分。王水雄:《论制度变迁中的意识形态安全》,《江海学刊》2007年第1期。

使其能够跟得上时代发展，能够对新问题作出系统的解释，对新情况、新现象作出有说服力的回应，并且可以转化为现实行动的准则，可以为尽可能多的社会成员所接受。

其二，是否具有稳固的经济基础、政治基础与民众基石：判断意识形态安全与否的现实标准。历史唯物主义认为，作为一种上层建筑，意识形态是由经济基础决定，而又服务于经济基础。安全的意识形态必须有稳固的经济基础。同时，意识形态又称为观念上层建筑，必须借助于政治上层建筑（政治法律制度及设施和政治组织等）展示自身。因此，意识形态安全需要政治基础。而民众从经济基础、政治基础中获益是经济基础、政治基础地位凸显的基本表现。只有真正让民众从经济基础、政治基础中获利，才能增强意识形态的说服力，才能从根本上维系意识形态安全。维护意识形态安全，就是意识形态能够通过推动经济社会发展使民众真正获益。要做好意识形态安全工作，必须构建意识形态的经济基础、政治基础，必须培植意识形态的民众基石。比如，"三个代表"重要思想作为我国主流意识形态理论，强调我们党要始终代表先进生产力的发展要求，始终代表最广大人民的根本利益，推崇的基本理念是经济建设为中心、以人为本，要求党的各项工作必须符合生产力发展的规律，体现不断推动生产力解放和发展的要求，尤其要体现推动先进生产力发展的要求，通过发展生产力不断提高人民群众的生活水平。"三个代表"重要思想集中体现了意识形态服务于经济基础和民众利益的要求，对维护意识形态安全具有重要作用。再比如，作为秉持马克思主义意识形态的政党，中国共产党坚持"立党为公，执政为民"的执政理念，不断推进社会主义民主政治制度化、规范化、程序化，推进社会主义政治制度自我完善和发展，充分保障公民的民主权利，使人民群众不断获得切实的经济、政治、文化利益，为维护意识形态安全提供了政治基础和民众基石。

其三，另一个判断意识形态安全与否的标准是，主流意识形态与其他制度安排或理论思潮的契合程度。假如意识形态与一正式制度格格不入，就可能导致意识形态安全的问题，此时需要其中一方修正以化解意识形态安全的危机。比如，苏联解体和东欧巨变就是其意识形态（主流意识形态)与宪法体系发生了原则性冲突的体现。由于与社会主义宪法制度相契合,所以,当代中国意识形态才能够保持总体相对安全的局面。再比如,主流意识形态与非主流意识形态之间的关系。假如二者无法并存,而非主流意识形态,或由于符合人类社会发展的客观规律,或借助于多种策略、手段和方法,吸引力逐渐增强,那么,主流意识形态的地位就受到威胁,进而引发意识形态安全问题。此时,主流意识形态需要增加包容性,更多地包容非主导地位的意识形态。而如果主流意识形态具有更强的吸引力,则应该推动意识形态的宣传工作,让更多的个体、人群和集团接触和接纳这种意识形态。因此,在应对新制度经济学意识形态理论威胁,维护我国意识形态安全过程中,必须处理好马克思主义意识形态理论与新制度经济学意识形态理论之间的关系。既要认识到新制度经济学的宏观制度分析与马克思主义根本对立,其得出的相关结论,尤其是有关我国基本经济制度走向的结论,往往脱离国情,存在严重错误。在大是大非问题上,在意识形态理论问题上,必须回应其挑衅。但同时,不能将新制度经济学在微观制度领域的全部成果,包括张五常的微观制度分析成果全部抛弃。[①]

其四,意识形态能否以及在多大程度上成为信仰,是判断一国意识形态安全与否的重要标准。上文的分析已经指出,意识形态可以从结构上分为认知——解释层面、价值——信仰层面和目标——策略层面。其中,核心和本质的是价值——信仰层面。民众对意识形态"应该是什么"的认同、信仰与意识形态安全直接相关。一般来看,信仰对于当代世界国家建设进程具有重要作用,国家建设的核心正是确立和维持一套共同信仰。[②]但这仅仅是应然层面的界定。这在韦伯所说的"祛魅的时代"显得更为困难,也更为重要。虽然韦伯也承认,"任何一种真正的统治关系都包含着一种特定的最低限度的服从愿望,即从服从中获取(外在的和内在的)利益"[③],也就是说包含有对政治统治的信仰,但是要看信仰到底占据多少

---

① 荣兆梓:《新制度经济学的理论范式为什么是适用的?》,史正富、张军主编:《走向新的政治经济学》,上海:上海人民出版社2005年版,第378页。
② [美]安东尼·奥罗姆:《政治社会学》,上海:上海人民出版社1989年版,第343页。
③ [德]马克斯·韦伯:《经济与社会(上卷)》,北京:商务印书馆1997年版,第238页。

比重。如果一国民众缺乏对主流意识形态的认同与信仰，那就说明维系该国意识形态安全任务的艰巨。2010年，在纪念中国共产党成立89周年之际，《中国青年报》发表了题为《今天谈信仰为何变得沉甸甸》①的文章。文章指出，当前，市场经济的大潮下，信仰变得多元，甚至更趋功利化。此时再谈论理想信仰，似乎变得"沉甸甸"，"不合时宜"。但信仰对于一个国家和民族又是至关重要的，是不可或缺的。金钱对人的生活是重要的，但仅有金钱是不行的。值得注意的现实问题是，蔑视理想的拜金主义已经开始并且正在损害着我们社会的健康肌体。新制度经济学鼓吹工具理性，强调效率就是一切，主张"腐败有理论"，这对我国共产主义信仰，对我国意识形态安全构成极大威胁。因此，在全社会中张扬理想，重塑信仰，是摆在我们面前的任务。理想信念的教育对于维护意识形态安全显得非常重要。

其五，一国能否有效地抵御国际环境给意识形态安全带来的威胁，有效地利用国际环境给意识形态安全带来的机遇，是判断该国意识形态是否安全的国际标准。一国意识形态安全与国际环境有重要关联。当今世界，全球化已经成为一种基本态势，虽然人们对其认识存在诸多分歧，尤其是互联网技术的迅猛发展，在使得人们足不出户知晓天下的同时，也对维护意识形态安全提出了新挑战。西方发达国家在占有充分先机的网络平台上经常兴风作浪，通过论坛、BBS、电子邮件等散布对垄断资本有利的意识形态。同时，西方强势文化的渗透与入侵也对意识形态安全提出了挑战。中国社会科学院2010年7月7日在北京发布的《中国新媒体发展报告（2010）》指出，海外社交网站如Facebook等可能成为外国情报机构"颠覆政权"的渠道。在2009年新疆"7·5"事件中Facebook被疆独分子利用，有群组呼吁全球支持"疆独"的人一起行动，"其特殊的政治功能让人心生恐惧"。②因此，如何处理好充分利用全球化、网络化给我们带来的便利，规避不利因素对意识形态安全造成的风险成为一个重要的课题。新

---

① 贺捷生：《今天谈信仰为何变得沉甸甸》，《中国青年报》，2010年7月5日。
② 中国社科院：《Facebook可能成为颠覆工具》，https://realtime.zaobao.com/2010/07/100708_06.shtml，2010年7月8日。

制度经济学是伴随着改革开放来到我国的,借助全球化、网络化对处于社会转型期的我国产生了重大影响。如何有效地抵御新制度经济学意识形态理论给我国意识形态安全带来的威胁,是维护我国意识形态安全的重要工作。

第二节 意识形态安全的重要意义

马克思主义意识形态理论指导下,笔者认为,意识形态安全可以通过辩护功能和约束功能、规引功能和团结功能、动员功能和激励功能、评价功能和践行功能的发挥,对一个社会制度维系、执政党执政合法性增强、社会整合以及国家利益维护起到重要作用。意识形态安全与社会制度维系、执政合法性增强、社会整合、国家利益维护之间相互交融,相互制约。

一、意识形态安全是社会制度得以维系的基本体现

一种社会形态下,不可能仅有一种意识形态存在。在多种意识形态中,占主导地位的意识形态与该社会制度直接相关。这里所说的"社会制度"是指当代社会中,从满足人类基本的社会需求出发,具有稳定性的社会规范体系,是阶级社会语境下的总体社会制度,[①]如资本主义制度、社会主义制度。马克思主义认为,人类社会可以划分为原始社会、封建社会、资本主义社会和共产主义社会(其中社会主义社会是共产主义社会的低级阶段)。"意识形态涉及如何改变、革新或维护一种政治制度的实践手段的合理思想的集合体。"[②]所以,现代社会里,所有重要的意识形态将其宗旨确立为巩固或推翻现存制度。所以说,意识形态与相应的社会制度相互依存。一定社会制度必然会维护自己意识形态的统治地位,使其处于安全的境地,这也决定了其必然会排斥各种各样异己的意识形态。[③]标志一个社会性质的就是该社会的主导意识形态。从马克思主义意识形态理

---

① 除此之外,为了一个社会的正常运作,社会学家还界定了其他层面的社会制度,如一个社会中不同领域里的制度,如经济制度、文化制度、教育制度等等以及规范具体行为的制度,如审批制度、日常的考勤制度等等。

② 朱虹:《意识形态与政治息息相关》,《新华文摘》1991年第5期。

③ 宋惠昌:《当代意识形态研究》,北京:中央党校出版社1993年版,第13页。

论出发，我们知道意识形态具有依附性，没有独立的历史。作为一种社会意识，意识形态是对社会现实的反映，是对社会存在的反映，是社会制度的集中体现。阶级社会中，意识形态是普遍存在的。因此，对社会性质的判定关键是看占主导地位的意识形态是什么。占主导地位的意识形态会对整个社会制度的维系产生重要作用。

新制度经济学强调和凸显的是资本主义意识形态，积极鼓吹私有化、自由化和市场化。我们知道，意识形态化的新自由主义在苏东剧变时的政策主张称为休克疗法，在拉丁美洲叫做华盛顿共识，而在亚非等转型国家被称作结构调整。不管它的名称有什么变换，其根本目的从未发生改变，就是维护以美国为首的西方发达资本主义国家利益，特别是其中国际垄断资本的利益。虽然新制度经济学内部的理论主张各异，但基本指向却都是服务于国际垄断资本的利益，服务于维系资本主义制度的目的。"资产者的假仁假义的虚伪的意识形态用歪曲的形式把自己的特殊利益冒充为普遍的利益。"[①]为了国际垄断资本的利益，西方国家形成了虚假的统治阶级的意识形态，并把它们抽象为普世价值，好像只要私有化、自由化和市场化就可以万事大吉了。社会主义制度下，占主导地位的意识形态只能是马克思主义，以最广大人民的根本利益为根本取向。如果这一点发生改变，社会主义制度的维系就会出现问题。为了维系一种制度存在，必须要维护体现该制度的意识形态的安全。维护意识形态安全关系到社会制度维系。

二、意识形态安全是增强执政合法性的基本要件

马克思主义意识形态理论认为，在阶级社会中，意识形态具有阶级性，体现一定阶级的利益诉求。统治阶级和被统治阶级都会利用意识形态的引导和团结功能来赢取民众的支持。而其中，统治阶级执政合法性的强弱与其意识形态是否安全直接相关。政党政治成为现代政治常态的当下，意识形态与政党就有密切联系。"意识形态好比政党的灵魂……政党存在的理由，首先在于它的意识形态的代表性。"[②]现代政治是政党政治。逻辑上，意识形态及其认同是先于政党而出现的。所有政党都依托一定意识

---

① 马克思、恩格斯：《马克思恩格斯全集（第3卷）》，北京：人民出版社1960年版，第195页。
② 王长江：《政党现代化论》，南京：江苏人民出版社2004年版，第206页。

形态而产生、存在、发展。政党是意识形态的物质武器。①罗伯特·A·达尔认为,"政治体系中的领袖通常维护一套多少持续和统一的信条,这些信条有助于说明和证实他们体系中进行领导的合理性。一套这种类型的信条常常被称作一种意识形态。"②虽然他的说法有些粗糙,但却基本反映出意识形态对于政党的重要性。政党作为一个政治组织,能否获得民众的认同,获得执政地位,很大程度上在于其意识形态是否能否获得民众的赞同与支持。政党的首要目标是取得并且巩固政权。"合法性"对于政党具有极其重要的作用。而"合法性"的获得是以意识形态认同为前提和基础的。当社会大众对某种政治秩序认同时,"合法性"得以确立。政治共同体、政权、掌权者的合法性,在社会政治生活中有极为重要的意义,它是保持社会政治统治稳定发展不可缺少的思想基础,所以,任何一个比较清醒的政治集团,都要在意识形态上论证它的权力结构的合法性,否则,它将很难长期维持下去。虽然强制力量对于维护政权的巩固具有重要意义,但是在现代社会中,这种强制的力量很难获取民众自觉自愿的服从,无法获得一种稳固的合法性。因此,执政党要巩固其执政地位,拥有合法性,取得该社会大多数人的认同,必须有一套完整的意识形态理论体系和实践系统,并且能够使之不受侵害,健康发展。

虽然资产阶级政党在争夺政权面前会有不同的利益诉求,有不同的意识形态理论体系,但他们在一些核心价值理念上还是存有契合之处的,特别是在谋求资本主义国家利益时,他们意识形态理论上的底线标准是一致的。比如,美国资产阶级为了谋求垄断资本的利益,为了资产阶级执政合法性的增强,需要维护资本主义意识形态的主导地位。在全球化背景下,这些资本主义思想家、政治家总是竭力用新制度经济学等意识形态,论证资本主义制度的合法性,把资本主义世界说成是令人神往的"自由世界",鼓动转型国家向着他们期望的社会制度转变,服膺于他们主导的资本主义秩序。这样的话,对他们的国内执政合法性增强是有利的。所以,在有些国家不听从于他们的命令而又威胁到他们的利益时,找个借口军事

---

① 王邦佐:《中国政党制度的社会生态分析》,上海:上海人民出版社2000年版,第235页。
② [美]罗伯特·A·达尔:《现代政治分析》,上海:上海译文出版社1987年版,第78页。

干预成为选择之一。在其国内,"尽管美国历史上存在着某些分歧和冲突,美国存在着一个共同的政治传统,即'虔信财产权、经济个人主义理论、竞争价值'、把资本主义文化的经济特征视为人的必要的素质。"①可见,占据主导地位的仍然是资本主义意识形态,这对资产阶级政党执政合法性的增强是至关重要的。

三、意识形态安全是社会有效整合的基本保障

作为一种理论体系,意识形态是某一阶级、社会集团改造社会或维护某种社会制度的理论根据,其中包括社会理想、社会目的和行动计划。任何意识形态都有自己特定的社会宗旨,有特定的实践目的。这种实践取向直接反映在意识形态的能动性上。意识形态对物质条件,对经济基础具有能动的反作用,推动或阻碍经济基础的巩固。意识形态实践性和能动性的体现需要其动员功能和激励功能的发挥,需要以基本主张、根本立场和目标取向对社会民众动员和激励(这其中不可避免地涉及对异己意识形态的批判),这与社会整合直接相关。所谓整合(integrate)是指"由部分结合而生成具有特定功能的有机整体的过程与状态。"②整合有社会整合和政治整合等形式。社会整合是指执政党为了实施本党的政治纲领或达到一定的政治目标,通过一定的方式将社会分散的、多元的、异质的要素纳入到一定既定的结构性框架之内。在这里,社会是作为执政党的对象而存在。对于现代政党来说,要成为执政党,就不仅要有赢得选举的组织力量,而且要有赢得选举的精神力量。这种精神力量,就是通过党的纲领、政策理念来体现的。③就是要通过意识形态来实现。安东尼奥·葛兰西曾经将意识形态比作"水泥"。他认为,在保持整个社会集团的统一中,"意识形态起了团结统一的水泥作用。"④对一个国家来说,安全的意识形态会起到整合社会的目的。

---

① 常绍民:霍夫施塔特与《美国政治传统》,《美国研究》1994年第3期,第135页。
② 李习彬、李亚:《政府管理创新与系统思维》,北京:北京大学出版社2002年版,第78~79页。
③ 林尚立:《执政的逻辑:政党、国家与社会》,刘建军、陈超群主编:《执政的逻辑:政党、国家与社会(复旦政治学评论)》,上海:上海辞书出版社2003年版,第9页。
④ [希腊]尼科斯·波朗查斯:《政治权力与社会阶级》,北京:中国社会科学出版社1982年版,第213页。

在人类社会的发展历史中,社会的变革往往从意识形态安全出现问题开始,是从社会有效整合的失效开始的。比如,以"自由、平等、博爱"作为反封建的革命旗帜,动员和激励资产阶级起来革命,推翻了封建制度,建立了资本主义社会制度。以马克思主义为指导的社会主义意识形态,紧紧地把广大劳动人民团结凝聚在一起,始终代表最广大人民的根本利益,推动人类的解放事业不断发展。在这一过程中,社会整合对意识形态安全提出了要求。意识形态要维系安全的局面需要对社会的变化作出回应,特别是对不同利益诉求作出包容性解释。只有这样,意识形态才能反映各个社会阶层的利益,才能有效实现社会整合,才能维系安全的局面。如果一国的意识形态固步自封、墨守陈规,对随着社会发展而产生的新阶层的利益要求视而不见,那么,它很难维持安全的局面。

四、意识形态安全是维护国家利益的基本手段

一般而言,国家利益是立足国与国之间而言的。有西方学者指出,所谓"国家利益的概念通常指国家相对其他国家而言的基本的需求(need)和欲求(want)。"[①]有我国学者认为,"一般地讲,国家利益是指民族国家追求的主要好处、权利或受益点,反映这个国家全体国民及各种利益集团的需求与兴趣。"[②]阎学通认为,国家利益就是"一切满足民族国家全体人民物质与精神需要的东西。"而这种需要,他认为就是:"在物质上,国家需要安全与发展;在精神上,国家需要国际社会的尊重与承认。"[③]意识形态伴随国家的产生而产生。从本质上看,意识形就是作为观念上层建筑对一定的社会经济形态及由经济形态所决定的政治制度的自觉反映。出于维护自身利益的需要,统治阶级必然会将阶级意志上升为国家意志,力保现存社会制度所依赖的思想体系依照其意志的改变而发生变化,这是国家利益在意识形态上的体现。意识形态融汇入国家利益,说明无论国家利益的具体内涵发生多大变化,意识形态都无可避免地成为其重要组成部分。与国家利益直接相关的,即是主流意识形态的稳固和安全。

---

① Mark R.Amstutz,*International Conflict and Cooperation*,Boston:Mc—Graw—Hill,1999,p.179.
② 王逸舟:《国家利益再思考》,《中国社会科学》2002年第2期。
③ 阎学通:《中国国家利益分析》,天津:天津人民出版社1997年版,第10~11页。

意识形态带有强烈的价值导向性，它为人们提供价值判断和价值评价的标准，促动人们向着其设定的"认知——理解"、"价值——信仰"、"目标——策略"方向前行，并使人们对与之相背离的异己意识形态展开批判。意识形态的这种评价功能通过反作用，对社会存在产生影响。本书就是在马克思主义意识形态的这种特征与功能的指引下开展的。马克思主义意识形态科学地揭示了人类社会发展的基本规律，告诉我们与之相背离的意识形态即是应该受到批判的。这种对错是非观念指引我们对社会存在（经济制度、政治制度等）进行符合马克思主义的调整，进而达到维护马克思主义意识形态安全的目的。而指导思想、经济制度、政治制度与思想文化等是一个国家之所以能以国家形态存在的基本标志，是国家的核心利益。

五、我国意识形态安全的重要意义

在一球两制的今天，面对着资本主义强劲攻势、社会主义保持守势的大环境，在我国，维系意识形态安全，是维护和巩固社会主义制度的基本步骤。社会主义的意识形态工作，必须服务于共产党的执政，必须对其执政合法性的增强发挥作用，这是理所当然、毋庸置疑的。事实证明，在意识形态安全上出现问题是苏联解体的直接原因。[①] 因此，能够确保这一点对于维护社会主义制度，对于中国共产党长期执政具有十分重要的意义。当前，经过多年的改革开放和经济社会持续稳定的发展，我国发生了翻天覆地的变化，取得了举世公认的巨大成就。这些巨大成就的取得与我们的改革和发展能在一个稳定有序的社会环境中进行密不可分。随着改革开放继续向纵深发展，我国进入了一个新的发展时期。改革逐渐步入，并将长期处于攻坚阶段。社会主义改革与发展进入关键时期，社会生活多样化、多变性的特征日趋明显，人们思想活动的独立性、选择性、差异性日渐增强，社会管理的难度逐步增大，社会稳定面临新的挑战。在此种情况下，多元文化的矛盾和冲突，成为影响社会稳定的一个特殊而关键的因素。在这种形势下，意识形态安全的重要作用日益凸显。此时的主流意识形态需要发挥如下作用：既能够统一思想，又可以尊重差异；既能够满足群众参与政治的热情，又可以使得这种热情与党的思想、理论、路线、方针、政

---

① 仲崇东：《经济全球化与我国的意识形态安全》，北京：中共中央党校博士论文2003年。

策保持一致。通过确保意识形态安全，将党的思想理论转化为群众的创造性实践对于有效实现社会整合，调动社会各种力量，调动广大群众的积极性和创造性，动员人民群众投身于社会主义伟大事业会构成强大推动力。因此，从这角度看，正视我国意识形态安全问题，对我国现阶段的社会稳定和一个相当长阶段的科学发展具有重大的现实意义和深远的历史意义。

同时，冷战以来，我国逐渐改变了以往以意识形态和社会制度为处理国际关系标准的做法。1989年邓小平提出"考虑国与国之间的关系主要应该从国家自身的战略利益出发"，"而不去计较社会制度和意识形态的差别"[1]。这体现了我国在冷战结束后处理国际关系战略的调整。但是，这并不是说意识形态已经不重要了。在一个问题上淡化意识形态，而另一个问题上又重视意识形态，有进有退，有所为有所不为，政治上是如此，国家文化产业发展，也是如此。而转变的标准就是看它是否符合中国的国家利益。[2]而意识形态是国家的基本组成部分，符合中国国家利益的，从根本上来说，与主流意识形态就是不相违背的。只有维护意识形态安全，才是从根本上维护国家利益。

第三节 我国意识形态安全现状：
遭遇新制度经济学意识形态理论的背景

对我国意识形态安全现状的研究需要追溯历史原因，又需要从现实的角度考察。在全球化、网络化成为既定现实的情势下，处于社会转型的我国对新制度经济学威胁的认识需要综合历史与现实的因素，因为新制度经济学威胁作用是在这些大环境影响下发生的。

一、建国以来：我国意识形态安全现状形成的回顾与反思

新中国的成立是社会主义意识形态作为主流意识形态在我国确立地位的开始。而社会主义意识形态主流地位的巩固是在生产资料社会主义改革完

---

[1] 《新中国主流意识形态建设的基本经验（上）——访中国社会科学院马克思主义研究院党委书记侯惠勤教授》，《思想理论教育导刊》2009年第8期，第4~8页。

[2] 胡惠林：《国家文化安全：经济全球化背景下中国文化产业发展策论》，《学术月刊》2000年第2期，第11页。

成以后，随着社会主义制度的建立实现的。建国以来，社会主义意识形态理论先后经历了毛泽东思想时期、邓小平理论时期、"三个代表"重要思想以及科学发展观时期等重要发展阶段。这些思想既是我国意识形态安全现状形成的指导思想，也是我国社会主义意识形态理论发展的基本标志。

（一）意识形态安全视域的毛泽东意识形态理论与实践

新中国成立以后，毛泽东高度重视意识形态工作，是非常必要的。因为，当时的情况下，一定范围内，资本主义意识形态依然存在，官僚主义作风在国家机构中时有体现，与社会主义经济基础相矛盾的某些带有缺陷的环节在国家制度中存在，要求我们党积极开展有针对性的意识形态工作。这是正确的。同时，毛泽东也辩证地看待生产力、实践、经济基础与生产关系、理论、上层建筑之间的关系。他指出，"诚然，生产力、实践、经济基础，一般地表现为主要的决定的作用，谁不承认这一点，谁就不是唯物论者。然而，生产关系、理论、上层建筑这些方面，在一定条件之下，又转来表现其主要的决定作用，这也是必须承认的。"①毛泽东在科学地认识生产力、实践、经济基础决定作用的基础之上，指出上层建筑和意识形态在特定条件下也会起到决定性作用。他强调指出，必须充分发挥意识形态在革命和建设中的作用。总的来看，毛泽东曾经科学地认识了意识形态。但是，八大以后，这些对意识形态的科学认识并未得到坚持。毛泽东意识形态理论发生了转变，经济上，提倡"一大二公"、高度的计划管理。政治上，漠视民主与法制。意识形态领域，搞阶级斗争扩大化。

依照上文给出的判断意识形态安全的标准，笔者认为，一方面，在八大以后，毛泽东的社会主义意识形态理论未能与客观现实的演变与发展相吻合，没有跟上时代变化的脚步。因为，在社会主义和平发展时期，必须始终坚持以经济建设为中心，脱离经济建设孤立地抓意识形态斗争是无法从根本上解决问题的。只有依赖生产力的发展，社会的全面进步，意识形态领域的问题才能得到最终解决。由于还停留在阶级斗争的思维模式中，毛泽东在其晚年片面夸大了阶级斗争，片面夸大了意识形态的作用，将对意识形态工作的重视推到极致，甚至超过了经济建设。社会主义制度在我国基

---

① 毛泽东：《毛泽东选集（第1卷）》，北京：人民出版社1995年版，第325页。

本确立以后,毛泽东虽然已经认识到,我们已经取得了生产资料所有制改造的胜利,但却认为在政治路线、思想路线上,还没有取得完全的胜利。无产阶级和资产阶级两大阶级之间在意识形态方面胜负未分,无产阶级与小资产阶级的思想冲突依旧存在,这些都需要通过斗争的形式来解决。意识形态领域,绝不能放弃斗争。否则,就是错误的。这种思想指导下,经济上实行"一大二公",管理体制坚持高度集中,政治上忽视民主与法制,大搞阶级斗争扩大化,都是可以理解的了。另一方面,毛泽东在对意识形态与经济建设之间关系判断失误导致了意识形态无法服务于经济基础(事实上,是一切工作服务于意识形态),失去现实基础的意识形态建设只能是一种空谈,更谈不上服务于人民群众。不过,毛泽东的社会主义意识形态理论虽然没有跟上时代发展,但在它的指导下,我国成功进行了生产资料的社会主义改造,确保社会主义制度的确立。在坚持社会主义①这一点上,毛泽东的社会主义意识形态理论保证了其坚定性。而且,就当时的情况来看,人民群众将社会主义意识形态当做一种信仰。同时,社会主义中国有效地抵御国际环境给意识形态安全带来的威胁,有效地利用国际环境给意识形态安全带来的机遇,在两大阵营的夹缝中成功得以生存。所以,总体上,那一时期,我国意识形态是基本安全的。诚然,这种总体安全状态是不稳固的,存在着极大的危机。改革俨然已经成为必需。

(二)意识形态安全视域的中国特色社会主义理论体系意识形态理论与实践

邓小平通过对"文化大革命"教训的总结,重新凸显了"实事求是"这一马列主义、毛泽东思想的精髓。他指出,背离、甚至抛弃"实事求是"这一精髓必将"给党的事业带来很大的危害,使国家遭受到很大的灾难,使党和国家的形象受到很大的损害。"②这为正确开展意识形态工作奠定了基本的基调。邓小平扭转了毛泽东时期将意识形态工作重心放在阶级斗争上的错误。十一届三中全会以后,党的工作重心转移到经济建

---

① 虽然毛泽东在八大以后的社会主义意识形态理论出现了偏差,但我们也必须对其始终坚持社会主义保持认同。没有人可以说毛泽东社会主义意识形态理论试图使我国偏离社会主义轨道,虽然其具体实践出现了很大的问题。

② 邓小平:《邓小平文选(第2卷)》,北京:人民出版社1994年版,第278页。

设中来，提出了"一个中心，两个基本点"的基本路线，指出"发展是硬道理"，恢复了意识形态的经济社会功能，促进了经济和社会的持续、健康、快速的发展，人民生活水平不断提高，综合国力明显增强。"一个中心，两个基本点"的提出标志着邓小平的社会主义意识形态理论的形成。针对意识形态领域存在的否定马克思主义、毛泽东思想、否定社会主义制度的资产阶级自由化倾向，邓小平指出："我们要在中国实现四个现代化，必须在思想政治上坚持四项基本原则。"[①]四项基本原则的提出，澄清了意识形态领域的大是大非问题，为新时期意识形态工作指明了方向。同时，邓小平还提出了"三个有利于"标准[②]。"三个有利于"的提出解决了长期困扰人民的评断社会主义意识形态的标准问题，具有重要意义。基于对意识形态及其建设科学认识与实践，邓小平积极探索社会主义本质，"什么是社会主义、怎样建设社会主义"是关涉到社会主义意识形态安全的根本问题。从历史唯物主义出发，邓小平将解放生产力和发展生产力放到了社会主义本质的首要位置。消灭剥削，消除两极分化，最终达到共同富裕是邓小平给予社会主义与资本主义本质区别的基本界定。同时，邓小平在科学分析我国国情的基础之上，指出我国仍处于社会主义初级阶段，为我们科学开展意识形态工作，维护意识形态安全框定了基本语境，要求我们不能过于冒进。社会主义市场经济理论的提出则为意识形态建设添加了市场经济的养料。

十三届四中全会之后，我们党对意识形态理论与建设的认识不断得以深化。以江泽民为核心的中国共产党第三代领导集体，高举马列主义、毛泽东思想、邓小平理论的伟大旗帜，面对国内外经济、政治、文化发展的新态势，站在新的历史高度，提出了我们党要始终代表中国进生产力的发展要求，代表中国先进文化的前方向，代表中国最广大人民的根本利益。

---

① 第一，必须坚持社会主义道路；第二，必须坚持无产阶级专政；第三，必须坚持共产党的领导；第四，必须坚持马列主义、毛泽东思想。参见邓小平：《邓小平文选（第2卷）》，北京：人民出版社1994年版，第164~165页。

② 对于社会主义现代化建设中的各种事务、各种现象"判断的标准，应该主要看是否有利于发展社会主义社会的生产力，是否有利于增强社会主义国家的综合国力，是否有利于提高人民的生活水平。参见邓小平：《邓小平文选（第3卷）》，北京：人民出版社1993年版，第372页。

"三个代表"重要思想坚持理论与实践的统一，成功地推进了马克思主义意识形态理论的中国化。党的十六大以来，以胡锦涛为总书记的党的第四代领导集体发展了社会主义意识形态理论，集中体现在科学发展观的提出与实践上。科学发展观强调"坚持以人为本，树立全面、协调、可持续的发展观，促进经济社会和人的全面发展"，按照"统筹城乡发展、统筹区域发展、统筹经济社会发展、统筹人与自然和谐发展、统筹国内发展和对外开放"的要求推进各项事业的改革和发展，是对马克思主义的发展，是中国特色社会主义理论体系的重要组成部分。在科学发展观指导下，建设社会主义核心价值体系、发展先进文化等一系列社会主义意识形态建设新任务的提出，为新时期马克思主义意识形态理论的发展指明了方向。

笔者认为，一方面，邓小平、"三个代表"重要思想和科学发展观的社会主义意识形态理论立足我国实际，紧跟结合时代发展的新形势、我国广大人民群众的新要求、我国改革开放和社会主义现代化建设的新实践，着重阐述"什么是社会主义、怎样建设社会主义"这个首要的和基本的理论主题，回答了"建设什么样的党、怎样建设党"，回答了"实现什么样的发展、怎样发展"。当前我国社会主义意识形态理论服务于经济建设这一中心，为经济建设和改善民生服务，符合了判断意识形态安全与否的关键标准和现实标准。同时，与主流意识形态不断发展相伴相随的是社会主义市场经济逐步建立与完善，社会主义民主法治逐步建立与健全，它们更加契合。而且，当前我国人民群众的思想政治状况总体上是积极向上的，主流是好的。人民群众对马克思主义的信仰，对社会主义事业充满信心，对党和政府信任。这为维系我国意识形态安全提供了坚固的群众基石。另一方面，我国成功抵御了西方资本主义对我国意识形态安全的攻击。特别是20世纪90年代以来，针对中国的快速发展，西方国家强加给中国以"中国崩溃论"、"中国威胁论"、"中国傲慢论"、"中国独秀论"、"中国责任论"等谬论。我国经济连续多年以8%的速度增长，同时，作为最大的发展中国家，我国积极承担国际责任，这是对"中国崩溃论"、"中国威胁论"、"中国傲慢论"、"中国独秀论"、"中国责任论"等谬论的有力反击。但是，我们同时需要认识到的是，当今世界正在发生着急剧变迁,全球化、网络化是我国意识形态生存的基本环境。社会主义中国不可能成为一块"飞地"。建国以来,我国在维系意识形态安全方面确实取得了一定成绩,在社会主义意识形态建设上也有失误和挫折。我们要维系意识形态安全,在对当前意识形态安全现状形成的回顾与反思之后,更需要对全球化、网络化与社会转型这些当前对我国意识形态安全提出新要求、造成新挑战的因素系统梳理以形成科学认知。

二、全球化背景下的我国意识形态安全

全球化（globalization）是当今世界的基本趋势之一。全球化的集中体现是经济全球化,其既是一种历史必然,同时,当前语境下,实质上又是"资产阶级国内意识形态阶级性的国际化"①,是服务于国际垄断资本利益的。国际垄断资本及其代言人——西方资本主义国家会通过多种方式,如直接的意识形态攻击与威胁、文化渗透与引诱,通过在他国培植急先锋,达到使得资本主义政治全球化、文化全球化、意识形态全球化的目的。

（一）什么是全球化与谁的全球化:全球化的实质

学界对到底什么是"全球化"仍存争议。有的学者（以福山和大前研义等为代表）主张市场作为决定和解决所有问题的惟一力量,他们是极端全球主义者,属于安东尼·吉登斯所说的"超级全球化论者",②也有怀疑论者（以汤普森、赫斯特等为代表）,他们对全球化持低调和怀疑的态度。还有以吉登斯、贝克和罗伯逊等为代表的把全球化看作是一个社会变革过程的变革论者。戴维·赫尔德等学者在《全球大变革—全球化时代的政治、经济与文化》③一书中指出,全球化是一个（或者一组）体现了社会关系和交易的空间组织变革的过程——可以根据它们的广度、强度、速度以及影响来加以衡量——产生了跨大陆或者区域间的流动以及活动、交往和权力实施的网络。这种理论提出,全球化有4种维度:全球网络的广度、全球相互联系的强度、全球流动的速度、全球相互联系的影响;有4种纬度:基础设施、制度化、分层化和交往方式。他们利用这八种向

---

① 仲崇东:《论全球化的意识形态性》,《新视野》2001年第6期,第43~45页。
② [英]安东尼·吉登斯:《社会学》,北京:北京大学出版社2003年版,第73页。
③ [英]戴维·赫尔德等:《全球大变革——全球化时代的政治经济与文化》,北京:社会科学文献出版社2001年版。

度，对全球化进行定性和定量分析，避免了极端主义和怀疑主义的局限。这里是从内涵层面对全球化作出的界定。有学者将全球化分为三个阶段：1450—1815年，是全球化的孕育和形成时期；1815—1917年，是全球化的巩固时期；1917年至今，是加强时期。这是广义的全球化分期。狭义角度的全球化特指20世纪70年代第三次科技产业革命以来，特别是20世纪80年代西方世界普遍奉行新自由主义政策以来，世界政治经济一体化的趋势。而"全球化"一词是20世纪80年代中期才出现的，所以，狭义的界分可能显得更贴切一些。①全球化包括了经济全球化、政治全球化与文化全球化等多个组成部分。以经济全球化为例，可以透析出西方国家对后发国家的影响和掠夺（公开的形式和隐蔽的形式）。经济全球化是世界各国以市场为纽带，在经济上不断相互交织、相互融合的过程。有学者将其分为三次浪潮：②第一次浪潮是在18世纪中期到19世纪前期的英国，这次经济全球化使资本主义按照自己的面貌开辟了一个世界。马克思、恩格斯对当时的资本主义全球化趋势作出评价时，指出当时全球化的实质是"使未开化和半开化的国家从属于文明的国家"、"使农民的民族从属于资产阶级的民族"、"使东方从属于西方"。③第二次浪潮出现在19世纪末和20世纪初的德国和美国，它使世界进入了一个新时代，即帝国主义时代。第三次浪潮是20世纪末期以来为美国为主导的整个世界，这次经济全球化使资本主义把自己推进到它所能容纳的社会化生产力发展的一个新高度。我们也应该看到，全球化为促进了世界范围内各种思想文化交流、交融、交锋日益频繁，有利于后发国家学习借鉴世界有益文明成果。

通过以上的分析，我们应该认识到，全球化本身带有强烈的资本主义性。经济全球化是为西方资本主义国家借由新自由主义掌控的，它们在这一过程中具有绝对的强势地位和优势。当前的经济全球化是以美国为首的西方国家垄断资本谋求利益的重要渠道。克林顿曾经说，"某些人把这种不断增加的国际互相依赖视为对我们国家和我们作为美国人的

---

① 何志鹏：《全球化经济的法律调控》，北京：清华大学出版社2006年版，第6页。
② 王天义：《经济全球化与中国经济学》，王振中主编：《政治经济学研究报告2：经济全球化的政治经济学分析》，北京：社会科学文献出版社2001年版。
③ 马克思、恩格斯：《马克思恩格斯选集（第1卷）》，北京：人民出版社1995年版，第277页。

价值观的威胁。但事实几乎恰恰相反。在世界上影响不断加强的正是美国的价值观——自由、自决和市场经济。从国际贸易的迅速发展中获益最多的正是美国公司。当世界其他国家的生活水平提高之后，需求最多的正是美国工人制造的美国产品。"①对于我国而言，这个问题表现得更为明显，因为我国还必须面对资本主义意识形态与社会主义意识形态斗争的事实。我国必将长期面对西方资本主义国家在经济、科技、文化等等诸多方面占优的局面，必将面对意识形态领域渗透和反渗透尖锐斗争的局面。维护我国的意识形态安全以及文化安全显得非常重要。虽然全球化最直接的效果是全球社会的创制，以及民族国家的形象和民族身份让位给全球社会的相互作用，然而短期之间，它们则会产生对于地方身份（本土特色）和个人身份的强调……②。在西方资本主义国家具有绝对强势（在实力和话语权等方面）的全球化时期，如何处理好全球化与民族国家之间的关系显得非常重要。全球化无法抗拒，我们更需要认清楚其实质，以便作出积极应对。

（二）全球化对我国意识形态安全构成的威胁与压力

与全球化无法回避一样，全球化的资本主义意识形态性也无法回避。社会主义国家以何种态度对待、参与全球化成为一个重要课题。从宏观层面来说，我们必须以积极的姿态参与全球化。全球化确实为后发国家发展提供了借鉴与利用先进国家经验的机会与可能。但同时，我们又必须维护核心利益，维护意识形态安全。当前，西方资本主义国家确实在利用经济全球化积极推进政治全球化、文化全球化与意识形态全球化，对我国意识形安全构成了威胁与压力。主要体现在：

第一，西方资本主义意识形态对我国意识形态安全造成直接威胁。20世纪90年代以来，随着苏联解体、东欧剧变和国际上两极格局的终结，以美国为首的西方资本主义国家把中国视为"主要的新崛起的对手"，将中国视为其称霸世界的最大障碍，以各种方式加大了对社会主

---

① [美]比尔·克林顿：《希望与历史之间：迎接21世纪对美国的挑战》，海口：海南人民出版社1996年版，第117页。

② Anthony Giddens，*T.H.Marshall, the state and democracy*,in M.Bulmer and A.M.Rees(eds.),*Citizenship Today:The Contemporary Relevance of T.H. Marshall*,Univeristy College of London Press,1996,pp.70–73.

>>> 新制度经济学意识形态理论对我国意识形态安全的威胁　第4章

义意识形态的渗透与瓦解，展开了"没有硝烟的意识形态战争"。江泽民曾经指出，西方对我们就是四个字："西化"、"分化"。一方面，西方资本主义国家以民族、宗教、人权为借口，对我国横加指责和干涉，主要目的就是在意识形态上遏制我国，推行资产阶级的经济制度、政治制度，企图摧毁马克思主义和共产主义的道德理想，进而使得共产党丧失对意识形态的领导权。另一方面，中国改革进入攻坚阶段，"改革正在过大关"。这急需理论的支撑与指导。而伴随着经济全球化进程的深入来到中国的西方思潮，如以新制度经济学等为代表的新自由主义一定程度上契合了现实的需求。但是，通过上文的分析我们知道，新制度经济学的目标指向是鼓吹新自由主义，维护资本主义利益。作为新制度经济学组成部分的意识形态理论凸显了事实与价值的统一，强调意识形态的经济功能，这其中有值得我们学习和借鉴的地方，同时也是新制度经济学之所以能够在我国得以大力宣扬的原因之一；但是，我们需要认识到的是，新制度经济学本身是一种资本主义意识形态，它的私有化、自由化和市场化路径只能使中国偏离具有本国特色的发展路径，滑向资本主义。这种淡化意识形态的意识形态理论采取潜移默化的经济学方式比直接军事打击更加危险。因为，这种方式不容易引起人们的警觉，而且在一定程度上还与人们的现实需要相吻合。事实上，他们也取得了很大成功。①西方世界的非意识形态思潮大肆渲染，否定和歪曲马克思主义的言论层出不穷，使得当前马克思主义意识形态在我国的地位受到严峻的挑战，使得党的执政地位受到极大威胁。

第二，西方强势文化渗透对我国意识形态安全的巨大冲击。冷战结束后，特别是经济全球化背景之下，以美国为首的西方发达国家加紧对包括中国在内的社会主义国家实施文化入侵，以实现"和平演变"。西方发达国家通过"文化和意识形态的无形力量"②实施"文化帝国主义"，利用各种工具和手段，大肆宣扬西方资产阶级的世界观、人生观、价值

---

① 张林：《中国的"新制度经济学运动"——新自由主义者与马克思主义者一次触及灵魂的斗争》，柳欣、张宇主编：《政治经济学评论》2006卷第1辑，北京：中国人民大学出版社2006年版，第49页。

② 张骥、张爱丽：《论社会主义核心价值体系与我国意识形态安全》，《社会主义研究》2007年第6期，第53页。

观。在全球化进程中，在经济实力与科技优势的支持下，西方资本主义国家利用卫星电视、广播等传统媒体和互联网等新兴媒体不遗余力地进行文化输出，大肆宣传西方价值观。通过影视作品、电子游戏、卡通漫画等等向他国输出本国文化产品，通过大众传媒向他国民众灌输自己的价值观念和生活方式以及政治主张。比如，中国常常被美国描绘为"未来核战争的狂人"、"威胁美国和邻国"、"民族主义在死灰复燃"、"偷窃知识产权的'海盗'和威胁全球的'奸商'、"践踏人权的'警察国家'"。等等。① 当前，"软实力"成为西方资本主义意识形态渗透的新手段。以美国为首的西方发达国家的软实力渗透对我国主流意识形态的地位形成了极大的威胁。众所周知，我国有强烈的诺贝尔情结②，在经济学界体现得尤为明显。新制度经济学家的屡次获奖更加促进国内相关人员的研究热情，也使得意识形态化的新制度经济学高手得以在国内可以大显身手，使得他们敢于说出"中国已形成人类历史上最好制度"之类的话来。冷战时期，对于西方国家展开的针锋相对的意识形态攻击，社会主义中国进行了有力的回击。人民群众对其中的善恶美丑、是否对错还可以明辨。但是，当前，西方国家对我国意识形态安全的威胁方式发生了"一百八十度的大转变"，从原来的直接攻击转变为大力"颂扬"。这种实质没有发生改变的"大转变"只会混淆视听，诱导普通人民群众判断出现错误。比如，在我国的改革正处于攻坚阶段的当下，新制度经济学家鼓吹"中国已形成人类历史上最好制度"用意无非在于使我们无视当前经济社会领域中存在的问题，特别是贫富差距、地区差距拉大等问题③，使我们不能正视，更加不能去很好地解决此类问题，最终甚至使得我国的建设偏离社会主义轨道。作为西方强势文化的诺奖及其在国内的大肆渲染一定程度上给中国带来的

---

① 李希光：《妖魔化中国的背后》，北京：中国社会科学出版社1996年版。

② 获得诺贝尔奖一定层面可以说明相关研究在世界的领先地位。但这无法掩盖诺奖本身就是西方软实力的一种温和表现形式。比获奖更为重要的应该是立足实际的、脚踏实地的研究。但实际上，这种对诺奖的热情在我国更多已经转化为一种急功近利的心态，在经济学界套用复杂模型说明简单道理以使得"成果"更快发表就是这种心态的表现。这也是西方乐于见到的结果。

③ 号称"我确实曾获诺贝尔奖提名"的某位新制度经济学代表人物曾经指出"中国没有严重贫富差距"，否认"中国存在严重的贫富差距及下岗失业等问题，认为改革进程中出现贪污腐败等问题无可避免"。参见http://news.163.com/07/0209/12/36T1JQTT00011SM9.html，2010年4月10日。

却是这类话语。

三、网络化背景下的我国意识形态安全

20世纪90年代以来,互联网以及相关衍生技术的迅猛发展使人类社会进入网络化时代。网络开启了人类全新的生活空间,将人类带入了另一种生活时代,同时也对意识形态安全提出了新要求。

（一）网络化及其在我国发展现状

统计显示,如今互联网上英文的内容占90%,法文的内容占5%,世界上其他众多的不同语系只占5%。① 英语在国际交流中的主导地位推动着西方文化的传播,这是一种话语的霸权、文化的霸权。互联网"已经形成了一个新的思想文化阵地和思想政治斗争的场所。"② 虽然单就技术层面而言,互联网作为全球性的信息系统,可以对信息进行搜集、交换、存储、传输、提取、加工等,可以为人们提供传播思想、交互信息、宣泄情绪、交流情感的平台,是不具有阶级性的。但是,它确实同时又可以为不同阶级、政党和国家提供宣传自身意识形态提供一个媒介,而且,技术本身也已经成为了一种意识形态③,所以,互联网的意识形态性是无法回避的。当前的网络化是西方资本主义国家占据优势的网络化,是服务于西方资本主义国家利益诉求的。托夫勒在《权力的转移》一书中说:"世界已经离开了暴力和金钱控制的时代,而未来世界的魔方将控制在拥有信息强权人的手里,他们会使用手中掌握的网络控制权、信息发布权,利用英语这种强大的文化语言优势,达到暴力金钱无法征服的目的。"④ 西方资本主义国家在网络化进程中占据绝对的优势,其目的绝不仅仅是谋求科技和经济的发展,其根本目的是通过经济全球化,通过网络化将西方的意识形态传播到全世界,进而实现对他国的支配和控制。美国互联网战略的实质在于利用其在互联网技术、资金、市场等方面的巨大优势,向他国进行政

---

① 曹泽林:《信息时代的党建创新》,北京:中共中央党校出版社2003年版,第356页。
② 江泽民:《论科学技术》,北京:中央文献出版社2001年版,第180页。
③ 马尔库塞指出,"技术理性的概念,也许本身就是意识形态。不仅技术理性的应用,而且技术本身就是对（自然和人）的统治,就是方法的、科学的、筹划好了的和正在筹划着的政治。"[美]马尔库塞:《单向度的人——发达工业社会意识形态研究》,重庆:重庆出版社1988年版,第116页。
④ [美]阿尔温•托夫勒:《权力的转移》,北京:中共中央党校出版社1994年版,第23页。

治兜售、商业兜售、文化兜售，以谋求自身最大政治利益、商业利益、文化利益。2008年美国就曾经利用Youtube视频、Twitter微博造谣、分化、挑拨、离间保守派与改革派支持民众，导致伊朗发生了大规模的流血冲突[①]。

自从1994年接入国际互联网以来，我国互联网发展非常迅速。据中国互联网络信息中心（CNNIC）的统计，1995年，我国有互联网用户仅1.5万。而2010年1月15日中国互联网络信息中心发布的《第25次中国互联网络发展状况统计报告》显示，截至2009年12月30日，我国共完成互联网基础设施建设投资4.3万亿元，建成光缆网络线路总长826.7万公里，我国网民规模已达3.84亿。我国手机网民一年增加1.2亿，已达到7.47亿户，3G网络已基本覆盖全国手机上网已成为我国互联网用户的新增长点。2009年，我国社会的网络化程度迅速提高。网络化程度的提高，一方面可以说明，我们可以更加充分地利用互联网所带来的便利；另一方面更加使我们思考：当前的网络化到底是服务于谁的利益的？更进一步，我们如何占据网络化的先机？如果我们占据网络化的先机尚需时日，那么，至少在当前，我们该如何抵御网络化给意识形态安全带来的挑战？

（二）网络化对我国意识形态安全构成的威胁与压力

互联网通过越来越易于操作的技术贴近人们的生活，更加容易使人就范。在这个平台上，各种意识形态理论展开激烈的交锋、交流和碰撞。由于在宣传和渗透的力度、途经、方法上无法与西方相对抗，使我国主流意识形态在与西方资本主义意识形态的斗争中处于劣势。在这种形势下，考察网络化对我国意识形态安全构成的威胁与压力意义深远。

其一，网络成为国内外敌对势力对我国进行思想渗透的重要工具。互联网兴起之初，国内外敌对势力就把它当作向我国进行意识形态渗透的工具。克林顿任美国总统时就在"国家信息基础结构行动计划"中宣称，"要开辟一个新的战场，其目标就是西方价值观统治世界，实现思想的征服。"时任国务卿的奥尔布赖特说，有了互联网，对付中国就有办法

---

① 姜飞、张丹、冷淞：《谷歌事件：美国"巧实力"外交的一次演练》，《红旗文稿》2010年第7期，第33页。

了。当前，一方面，互联网成为新自由主义大肆宣扬的重要渠道。我们知道，新自由主义是一种学术思潮，更是一种意识形态。作为学术思潮，新自由主义经济学的主要适用语境是西方资本主义国家。而一些新自由主义经济学家打着"普世性"的旗号，将其引入社会转型国家，引入社会主义中国，实质上是一种意识形态性的体现。这种意识形态性在互联网上有体现。以Google中文搜索引擎为例，2010年4月12日搜索"新制度经济学"显示获得约9,280,000条结果；而搜索"马克思主义政治经济学"显示获得约2,100,000条结果，不到前者的1/4！马克思主义政治经济学的空间在逐渐萎缩。由于打着学术思潮的旗号，这种传播西方资本主义意识形态的方式还显得比较隐蔽。另一方面，除了较为隐蔽渗透方式之外，上文已经指出，国内外敌对势力利用互联网展开对我国意识形态安全的直接威胁，公然诋毁我国社会主义制度，企图破坏我国安定团结的局面。

其二，网络舆论开放性与自主性对意识形态安全的压力。网络舆论具有开放性和自主性。相对传统媒体（如报纸、杂志等）而言，网络媒介提供了一个网民自主发表言论，发布信息，选择信息的开放空间。这个空间具有即时性。每时每刻，海量未经处理的信息会在网络上出现，给网民的遴选和甄别造成极大的困难。在这种情况下，如果被别有用心的人利用做意识形态攻击，那么，意识形态安全面临的问题将会更大。同时，当前，网络已经成为社会各种意识表达和情绪宣泄的重要渠道。网络具有隐蔽性、自主性、传播快、范围广、影响大等特点，逐渐成为各种社会力量、利益群体表达思想的重要渠道。网民通过登录BBS、网络论坛等多种方式在网上聚集，发表意见。这在活跃社会思想，丰富人民生活的同时，也容易被一些别有用心的人利用和蛊惑。特别是在我国处于社会转型期的今天，各种社会问题和矛盾逐渐涌现。如果这些问题和矛盾被带到网上，再被一些别有用心的人利用，则有可能会加剧社会矛盾，影响社会稳定。

自从互联网问世以来，各国政府都试图实现对它的监控，以弱化其负面影响，使其有利于人们的生活。比如，1997年8月，德国政府实施的《信息与通讯服务法》明确规定了互联网内容提供方、服务提供方和网络搜索服务提供方的法律责任，着重限制包括猥亵、色情、恶意言论、谣言、种族主义的言论,特别是禁止与纳粹相关的思想言论与图片在互联网上传播。2000年英国的调查权力规范法案明确要求互联网服务商安装相关系统以帮助执法机关追踪电子通讯。随着网络技术的发展,即时通讯工具和衍生工具进一步增加,电话线、无线、电视都可以上网,网上手机、电脑可随时发布各种信息,网络传播渠道将无处不在,人们获取信息、表达意愿会更加便利。而同时,这些现代新兴媒体"……实际上已经成为政党的最大竞争对手,它们和政党争夺受众,争夺对社会主流意见的主宰权。政党的一些传统政治功能,如宣传功能、教育功能等,已在媒体的冲击下丧失殆尽。"①所有这些都将进一步加大互联网监管的难度,也必将对意识形态安全构成极大的威胁。如何积极有效应对网络化对意识形态安全形成的威胁与挑战是维护我国意识形态安全的重要课题。

四、社会转型背景下的我国意识形态安全

我国处在社会转型的关键期。社会转型期,往往是各种意识形态理论斗争与较量的时期。如何对社会转型有正确理解与认识,如何有效应对社会转型给意识形态安全带来的威胁与压力,是维系意识形态安全的重要步骤。

(一) 社会转型:含义与特征

社会转型是指社会从传统型向现代型的转换,或者说由传统性社会向现代性社会转型的过程。②这一界定突出了社会转型的结构性实质。在此基础上,要达到对社会转型的清晰认识,还需要对"传统性社会"向"现代性社会"的转换、转化有进一步了解。有学者曾经将改革开放以来我国的社会转型概括为"六大转化",即从自给半自给的产品经济社会向有计划的商品经济社会转化,从农业社会向工业社会转化,从乡村社会向城镇社会转化,从封闭半封闭社会向开放社会转化,从同质单一性社会向异质多样性社会转化,从伦理社会向法理社会转化。③综合变化特征、水平、持续时间、程度和变迁速度等标准,笔者认为,当代中国正在经历的社会转型具有以下特征:一是全面性。社会转型以经济领域的转型为基础,涉

---

① [德]托马斯·迈尔、郭业洲、陈林:《热话题与冷思考(十六)——关于媒体社会中政党政治的对话》,《当代世界与社会主义》2000年第4期,第11页。
② 郑杭生:《当代中国社会结构和社会关系研究》,北京:首都师范大学出版社1997年版,第19页。
③ 陆学艺、景天魁主编:《转型中的中国社会》,哈尔滨:黑龙江人民出版社1994年版,第32页。

及政治领域、文化领域、意识形态领域等社会生活的方方面面。二是渐进性。一定意义上，相对于传统中国超稳定状态而言，当下正在进行的社会转型在某些领域显示出一些激进的味道和色彩。但是，就整个社会结构转化、社会运行机制调整、社会价值观念转换、社会文化心理调适等等来看，当代中国社会转型是且只能是渐进性的。三是复杂性。当代中国社会转型需要面对历史因素与现实语境、国内小气候与国外大气候、理论指导与实践诉求等诸多变量，社会转型不可能是简单的。同时，由于涉及整个社会政治、经济与文化等全方面的变迁，涉及超大社会的利益结构调整与重组，所以，当代中国社会转型具有高度的复杂性。四是深刻性。当代中国社会转型是对传统社会的颠覆与超越，是对具有悠久历史传统的东方大国的巨大冲击。这一过程将应对诸如专制主义思想之类的根深蒂固的历史遗留问题，将要吸纳对于我们来说全新的市场经济中的精华成分，将要构建社会主义和谐社会形态。这将深刻地影响我们的生产方式、生活方式、价值观念。

总的来说，从1978年的改革开放以来，中国社会进入社会急剧变迁的时期。上文已经指出，社会转型是传统性社会向现代性社会转化的过程，这一过程是各种传统与现代因素交替与博弈的过程。因此，社会转型各种特征的集中体现就是多样化、多元化。经济领域既有经济成分和经济利益、人们的生活方式、社会组织形式、就业岗位和就业形式多样化、多元化，又有计划与市场并存带来的多样化、多元化。政治领域有社会主义民主不断完善，各种民主形式的多样化、多元化，又有专制主义与资本主义因素时并存带来的多样化、多元化。文化领域形式多样的、积极向上的社会主义主流文化丰富着人民群众的生活，但传统文化与西方资本主义文化在社会生活中也会时有体现。这种多样化、多元化在意识形态领域同样存在。一如上文所指出的那样，意识形态是社会变迁的棱镜。社会急剧变迁时期，往往是各种意识形态理论粉墨登场之时，是各种意识形态理论斗争与较量的时期。同时，社会急剧变迁时期，也孕育着意识形态理论发展的重大机遇。意识形态既是社会变迁的原因，也是社会变迁的结果。遭遇的全球化和网络化使我国社会转型的急剧性更加明显。这在使得我国意识形态安全工作面临着严峻的斗争环境的同时,也为马克思主义意识形态理论发展提供了机遇,孕育着马克思主义意识形态理论发展的新契机。

(二)社会转型对我国意识形态安全构成的威胁与压力

当前我国,整个社会发生了深刻变化,传统性社会与现代性社会各种因素的交替出现,使得社会转型以多样化、多元化的姿态展示自身。多样化、多元化促成了社会结构的重塑,使得社会失范成为一种可能。同时,社会转型中,新旧交替问题也会交替出现。这些都对我国意识形态安全构成了威胁与压力。具体表现在:

其一,价值观念多元化对我国意识形态安全提出了要求,为马克思主义意识形态理论发展提供了机会。一方面,从国内来看,随着社会转型步伐的推进,多元化的利益诉求表现为多元化的价值观念,这需要包容性的意识形态来适应。历史唯物主义认为,社会存在决定社会意识。价值观念多元化是经济领域多元化的反映。改革开放以来,我国经济结构方式了巨大转变。以三大产业为例,1978年第一产业、第二产业、第三产业在国内生产总值中所占比重分别为28.1%、48.2%、23.7%。到了2008年,我国三大产业占国内生产总值的比重分别变为11.3%、48.6%、40.1%。三大产业的从业人口在1978年分别为70.5%、17.3%、12.2%。到2008年,三大产业的从业人口比例分别变为39.6%、27.2%、33.2%。只有具有较强解释力的意识形态才能整合这些不同利益取向。另一方面,随着对外开放的深入,全球化和网络化的加剧发展使得原本生活在不同文化圈和文化氛围中的人们要在经历"文明的冲突"的同时生活在一起,如何使这些原本生活在不同文化和意识形态背景下的人们能够在一个包容性的意识形态环境下生存,如何维系这一背景下的我国意识形态安全又不危及多元文化与意识形态的丰富多彩,如何处理普遍主义和相对主义之间的关系,这些都对我国意识形态安全工作提出了要求。需要认识到的是,价值观念是意识形态理论的核心组成部分,价值观念的多元化在对我国意识形态安全提出要求的同时,也为马克思主义意识形态理论的发展提出了契机。计划经济条件下,人们的价值观念是重精神追求轻物质利益的,是重集体利益轻个人利益的。而我国社会转型的过程是社会主义市场经济完善的过程,市场经济重视义利的统一，集体利益与个人利益的统一。这对当代中国马克思主义意识形态理论提出了适应性发展的要求，也提供了新鲜的素材。比如，新制度经济学对意识形态的理论构建同时包含有对意识形态经济功能、承担主体和实现路径阐释的合理内容，这些是与马克思主义意识形态理论契合、互补的部分，对马克思主义意识形态理论的发展具有推动作用。

其二，社会失范对我国意识形态安全提出了挑战。随着社会转型，社会利益结构发生急剧变迁，"各种欲望、情感和意识会不断地膨胀和涌现出来，使日常生活充满着、纠杂着各种新的感受和经验，各种不同的观念、态度和信仰从不同的层面、不同的阶层以不同的方式显现出来"。① 这是社会转型多元化的必然表现，在激发人们对利益正当诉求的同时也会带来一些问题。尤其是社会转型期，旧的社会解体，新的社会秩序有待建立的时期。这会让人感觉无所适从，又可能会使人觉得体制有多漏洞可钻。能够控制人们行为的权威和效力丧失，社会失范出现。法国社会学家涂尔干最早提出"失范"用以指称一种对个人的欲望和行为的调节缺少规范、制度化程度差而丧失整合的混乱无序的社会状态。20世纪30年代美国社会学家默顿进一步发展了失范理论，他把失范看成是"规范的缺席"，即人们对现存的社会规范缺乏广泛的认同，从而使社会规范丧失了控制人们行为的权威和效力。② 有学者将我国的社会失范分为经济失范、政治失范、道德失范、知识失范、秩序性失范、风气性失范等一些类型。③ 这些失范现象都对我国意识形态安全造成了严重威胁。这里集中探讨以下对意识形态安全造成严重威胁的经济失范与政治失范④。一是经济失范。市场经济条件下的经济失范主要表现为不遵守市场经济游戏规则的行为。比如，制造伪劣商品、乱收费、乱罚款乱摊派、合同欺诈、利用税务发票徇私舞弊、虚开增值税发票、高息融资、诋毁竞争对手的商业信誉、非法集

---

① 梁敬东：《缺席与断裂——有关失范的社会学研究》，上海：上海人民出版社1999年版，第115页。
② 陈程：《当前我国社会失范的类型分析》，《社会》2002年第12期，第12页。
③ 陈程：《当前我国社会失范的类型分析》《社会》2002年12月，第12～13页。
④ 经济失范、政治失范与道德失范是紧密联系在一起的。有学者将经济失范与政治失范界定为经济领域的道德失范与政治领域的道德失范。这里以经济失范、政治失范为主要分析对象，借鉴了这一分析理路。同时，也由于新制度经济学意识形态对我国意识形态安全的威胁在这两方面体现明显。参见王永贵等：《经济全球化与社会主义意识形态建设研究》，北京：人民出版社2005年版，第221～225页。

资、非法传销、恶意透支信用卡、非法吸存不还、收受回扣、欺行霸市、强买强卖、出口骗退税、票据诈骗、证券市场黑市交易、偷漏税等等。这些行为违背市场经济公平竞争原则，损害了其他经济主体的合法利益，激起了广大人民群众的不满。引发这种不满情绪的问题如果无法得到很好解决将会转嫁成为对党和政府的不满，对社会的不满，给意识形态安全造成了严重威胁。二是政治失范。对意识形态安全造成直接威胁的是政治失范，政治失范直接危及到执政党的合法性。政治失范首先表现为以权钱交易为主要内容的腐败。政治领域，少数领导干部、党政官员，运用公共权力谋求个人私利，使得权力发生异化，成为一种商品。他们利用权力去换取金钱、美色，运用金钱、美色去换取更大的权力。腐败——这一任何一个试图长期执政的政党都反对的政治失范行为，在一些新制度经济学家看来却具有其"合理性"，他们高谈阔论所谓"腐败有理论"、"腐败润滑剂论"、"腐败有效论"、"腐败不可避免论"等等。我们知道，腐败会严重损害执政党和政府形象，使得民众失去信心，严重危及意识形态安全。在我国，政治失范的另一种表现形式是共产主义理想信念的丧失。具体体现为"左"与右两种。前者主要是指固守传统的僵化社会主义观，抵制改革开放所带来的新鲜事物，进而丧失对共产主义理想信念的坚持；后者主要是由于当前国际共产主义运动处于低潮，社会主义阵营处于西方资本主义国家的意识形态围攻之中，西方国家运用直白或隐蔽的方式对社会主义国家实行"和平演变"，使得一些人对社会主义产生了抵触，抛弃了共产主义理想信念。

其三，市场经济与历史遗留问题：可能危及意识形态安全的重要因素。对于处于转型期的我国来说，社会主义市场经济仍处在完善的阶段，是比较新鲜的事物。同时，我国还需面对历史遗留的一系列问题。这些都可能成为危害意识形态安全的因素。一方面，市场经济所带来的"泛市场化"可能成为危及意识形态安全的因素。我国社会转型的重要表现之一就是实现由计划经济向社会主义市场经济的转变。虽然我国的市场经济是社会主义性质的，但其同时带有市场经济的一般缺陷。这种缺陷可以定义为"泛市场化"，即以市场化作为评价事物的基本标准。比如，对效率的过度主张，对GDP的过度追求。一段时期以来，我国判断一个地区发展的好坏，主要是看该地区的GDP。上至国家，下到各级政府部门，省、市、县、乡镇，衡量其发展快慢、先进落后，统统要看GDP。以能否获取经济利益作为评价一个人是否成功的惟一指标，而不去过问这种经济利益的具体来路。市场经济没有错，但"泛市场化"就很糟糕。当一个国家的一切都以市场化来衡量，整个社会都弥漫着强烈的商品气息，充斥着商品拜物教，该国的意识形态安全就受到了损害。因为"泛市场化"在意识形态领域表现为对物质的崇拜，有导致信仰缺失的危险。"泛市场化"会导致个人主义、拜金主义、享乐主义思想的滋生蔓延，会导致见义忘利、尔虞我诈，会导致社会失范。比如，在我国大肆传播的新制度经济学通过强调和凸显效率而漠视公平，笼络了一部分群体，特别是可以从私有化中获利的群体，使得我国的改革有背离社会主义方向的危险，是对我国马克思主义意识形态安全的直接威胁。另一方面，市场经济本身固有缺陷所引致的问题将与由于历史遗留因素所导致的问题相融合，对意识形态安全形成威胁。比如对经济利益的过度追求导致精神领域的空虚，会使得宗教乘虚而入，导致迷信思想回潮，这会一部分人放弃马克思主义，对我国马克思主义意识形态理论产生威胁。

第四节　新制度经济学意识形态理论对我国意识形态安全威胁的具体表现

当前，在我国，新自由主义在我国渗透流行，自称为"主流经济学"，广泛地影响学界、媒体以及一些官员。从20世纪90年代以来，新自由主义思潮开始逐渐在我国思想文化领域弥漫，并且日益渗透到社会生活的各个领域。作为新自由主义在当代中国最有影响力的重要流派，新制度经济学的风头渐盛。科斯、诺斯、张五常等人的著作流行于整个知识界，他们的话语进入到了大众传媒，甚至成为了"毋庸置疑"的"公理"。一个以马克思主义为指导的社会主义国家出现这种情况的确是需要我们深入思考个中原委的。

作为一种新政治经济学，新制度经济学在研究经济问题时没有把政治、意识形态等排除在外，并且采用经济学的理论预设、方法论、政治交易范式内生分析政治、意识形态等方面，是横跨经济学和政治学的一门交叉学科。意识形态理论是新制度经济学的重要组成部分。但即使仅从新政治经济学的角度看，诺斯自己也认识到自己的意识形态分析模式存在着问题："每个人的意识形态的一个固有部分乃是关于制度的公平或公正的评判。""我深知将公平观点引进对产权的论述的困难。人们是怎样得到公平交换率的概念的呢？又是在哪一点上，公平的交换率变得不公平呢？如果，这个概念对于作出选择的途径不是至关重要的话，那么，我们将留下这样的疑问：如何说明在历史过程中为使人们确信其地位的公平与不公平所花费大量的资源的用途。"[①] "事实上，诺斯把非利益最大化的价值目标引入人们选择矩阵中，在根本上是对经济活动中的非理性因素的'理性化'，其实质是理性选择模式的扩张。"[②] 可见，新制度经济学仅仅是修正了新古典经济学的模式，其主旨从未发生根本改变。

更为关键的是，包含意识形态理论的新制度经济学是一种资本主义意识形态。正如诺斯本人指出的那样，资本主义国家的一个主要作用就是建立各种有利于资本的"游戏规则"，并根据现实条件的变化对这些规则作出有利于资本的变革。因此，借由"泛"意识形态化，实质上非意识形态化，攻击马克思主义；鼓吹科斯定理，促动产权私有化改革；宣扬政治科斯定理，推行西方式民主；通过经济学帝国主义、话语霸权与生搬硬套，大肆传播新自由主义；推崇工具理性，导致信仰缺失；通过对外扩张，推动肢解民族国家成为新制度经济学意识形态理论对我国意识形态安全威胁的具体表现就不足为奇了。

一、借助于"泛"意识形态化攻击马克思主义

一般认为，"泛意识形态化"是指"对于作为社会精神指南或支柱的意识形态所做出的泛化或过度化，亦即致使作为思想制度的意识形态化本

---

① [美]诺斯：《经济史中的结构与变迁》，上海：上海三联书店、上海人民出版社1994年版，第55～56页。

② 陈书静：《诺斯经济哲学思想研究——基于历史唯物主义制度演化理论的视界》，上海：上海人民出版社2008年版，第235页。

>>> 新制度经济学意识形态理论对我国意识形态安全的威胁　第4章

身出现了某种夸大、膨胀和绝对化的特征和倾向,出现了由意识形态过渡到或者混同于非意识形态的现象和事实,甚至出现了由于意识形态的问题而在同一种意识形态内进行的分化、裂解、变型和在同一意识形态下实施的论战、冲突、挞伐等。"①也就是说,运用意识形态的视角去考察非意识形态、乃至任何现象和事实。本书这里的"'泛'意识形态化"是指综合视域的新制度经济学将意识形态概念、意识形态"泛"化。只要一种意识形态能够降低交易成本,那样它就可以实现真理与价值②的统一。而这种意识形态,从表面上,有"泛滥"之嫌。本质上,最符合新制度经济学的意识形态是资本主义意识形态,对此,新制度经济学家们有意无意地地忽视了。但1974年诺贝尔经济学奖获得主缪尔达尔在其《社会研究中的客观性》一书中指出:事实上,没有任何社会科学或社会研究的分支是"道德中性的"(amoral)或"政治中性的"(apoltical)。任何研究永远是并且在逻辑上必然是建立在道德和政治评价的基础之上的,研究者必须明确表明自己的价值观。③西方经济学企图从"纯学术"的角度"摒弃"意识形态的争论,实质上是用其单一的意识形态来终结其他意识形态,再借由经济学帝国主义影响、渗透到其他学科和社会生活的方方面面。这是非意识形态思潮④的表现。作为"意识形态终结论"这种非意识形态思潮的始作俑者,曼海姆曾经提出"政治归结经济论"。"政治逐渐归结为经济,有意识地排斥过去的东西和历史时期的观念,有意识地将每一种'文化理想'置于一旁,这些难道不都是同样可以解释各种乌托邦思想形式全

---

① 唐少杰:《"意识形态化"与"泛意识形态化"——马克思主义哲学发展中的一个问题沉思》,《现代哲学》2003年第3期,第4~9页。

② 历史唯物主义认为,真理与价值的统一是有条件的。只有与历史规律、人民群众利益相一致的价值,才是与真理统一的。而不符合历史规律和人民利益的价值与真理是不统一的,甚至是违背真理的。因此,符合历史规律和人民利益的马克思主义意识形态是与真理相统一的,资本主义意识形态与历史潮流和人民利益相违背,则与真理不统一。毛泽东指出:"共产党人必须随时准备坚持真理,因为任何真理都是符合于人民利益的;共产党人必须随时准备修正错误,因为任何错误都是不符合于人民利益的。"参见毛泽东:《毛泽东选集(第3卷)》,北京:人民出版社1991年版,第1095页。

③ 韦森:《经济学的性质与哲学视角审视下的经济学———一个基于经济思想史的理论回顾与展望》,《经济学季刊》2007年第3期,第955页。

④ 非意识形态化思潮是一种针对意识形态本身的局限性,通过反思社会主义的理论和实践,旨在超越马克思主义和社会主义制度,具有明显的时代性、文化性和阶级性的哲学思潮和政治理念。参见袁铎:《非意识形态化思潮研究》,北京:中国社会科学出版社2008年版。

从政治舞台消失了吗？"①这一点在新制度经济学身上有明显体现。以对马克思主义恶意攻击最甚的张五常为例，他同时也是一个"讨厌政治"的人。②但"事实上，由于张五常所承担的特殊政治及意识形态使命，他极其关注中国的政策设计……张五常被美国人差到香港领受的任务，一是帮助中国政府设计一个产权私有化的经济制度，二是向中国知识分子灌输自由主义和产权明晰论的经济意识形态。③张五常自己也很清楚他所做的是意识形态工作。"在伟大的变革时期，经济学家可以成为意外的英雄。因为在这样一个时期，常常存在意识形态的真空，不论哪一个经济学恰好拥有知识而填补了这种真空，都会造成这样一种错觉：好像是他促成了这种变革。"④美国的统治者认为，只有西方价值观和原则通行全球，才能保障美国的安全和利益。在这一基本理念的指导之下，新制度经济学来到了当代中国。

由于在一定程度上满足了处于转型期当代中国的需要，加上张五常等人的大肆宣扬，以及国内部分媒体的积极配合，新制度经济学在当代中国大有"杀遍四方"的雄心。新制度经济学带有明显"泛"意识形态化、非意识形态化的倾向，欺骗性更加浓厚。诺斯甚至多次表示他对马克思主义作为一种意识形态的赞许，而意识形态的阶级性则受到有意无意掩盖。在这种"泛"意识形态的掩盖下，新制度经济学向其他国家推行的是普世的价值观念，即资本主义价值观，强调产权私有化和西方式民主的普世性，借由非意识形态，最终达到反马克思主义，反社会主义的目的。在这一点上，张五常又充当了排头兵。张五常在2002年4月下旬的北京讲演中说："马克思的基本问题，我看过他的书，我不知道他说的是什么。我与科斯有同样的观点。我们自己在学术上从事了这么多年，经济学上研究了这么多年，假如我们看不懂的，应该是错的。"他所说的马克思的书，是指《资本论》。因为自己没有读懂《资本论》，就断定《资本论》没有水平，实在是太荒谬了。张五常曾这样说："世界上，马克思最蠢。马克思

---

① [德]卡尔·曼海姆：《意识形态与乌托邦》，北京：华夏出版社2001年版，第295页。
② 李炳炎：《"张五常现象"剖析》，《经济经纬》2003年第3期，第16页。
③ 程恩富、黄允成主编：《11位知名教授批评张五常》，北京：中国经济出版社2003年版，第268页。
④ 张五常：《经济解释》，北京：商务印书馆2000年版，第491页。

的理论早已盖棺定论。我张五常不过是在马克思的棺材上再加几个钉子而已。"若要对马克思作"盖棺定论",恐怕不由张五常一人说了算,历史自有公论。马克思是世界公认的"千年伟人"。张五常写过一篇专门诽谤马克思的文章,题目是《最蠢莫过马克思》。在该文中他写道:"困难还是马克思自己。他是个术语的创造者,有理无理总是说不清,是自欺还是欺人,又或是自欺欺人,恐怕他自己也搞不清楚……天下间怎会有那样高深的学问?所以我认为马克思是最蠢的。"①不可否认,在"一球两制"的今天,资本主义相对于社会主义是占优势的。而同样不可否认的是,资本主义能有今天的发展是与马克思对资本主义的批判分不开的。更加具有说服力的是,当代中国改革开放取得的伟大成就,难道不是坚持和发展马克思思想的结果吗?肯定改革开放的成果,却将马克思称为"最蠢"的,实在是可笑的。

二、借助于科斯定理促动产权私有化改革

随着凯恩斯主义在经济实践中遭遇越来越多的问题,特别是20世纪70年代美国出现滞胀之后,凯恩斯主义对此却显得无能为了,使之受到强烈的质疑。此时,以继承古典经济自由主义、反对凯恩斯主义面貌出现的新制度经济学迅速发展起来,成为了新自由主义的重要组成部分之一。而其中的代表理论是科斯定理。科斯②在1959年完成的《联邦通讯委员会》一文中分析了市场交易的前提的权利的初始界定,因为如果没有这种初始界定,就不存在产权的转让和重新组合的市场交易,科斯定理的基本思想初见端倪。不过,"科斯定理"这一术语却是由另一位诺贝尔经济学奖获得者施蒂格勒在1966年出版的《价格理论》一书中首先提出的。他将科斯定理界定为"在完全竞争的条件下,私人成本等于社会成本。"这种表述显得简约却抽象。科斯在诺贝尔经济学奖获奖演说辞《论生产的制度结构》一文中将戏称为"施蒂格勒命名和公式化的'臭名昭著'的"科斯定理作出如下概括,"在

---

① 张五常:《最蠢还是马克思》,http://www.oklink.net/a/0011/1113/zhangwuchang/021.htm,2010年5月9日。
② 科斯本人认为,"在我看来,在这篇论文(指《社会成本问题》)中运用的研究方法最终会改变微观经济学的结构。"参见〔美〕科斯:《论生产的制度结构》,上海:上海三联书店1994年版,第358页。科斯定理的贡献其实在于提供了一种新的视角和方法。

交易费用为零的世界中（标准经济理论的一个假设），当事人各方之间的谈判将会导致带来财富最大化的制度安排，而这状况与权利的初始配置是无关的。"①为了区别科斯定理，科斯第二定理被界定为：在交易成本大于零的世界里，产权制度安排或合法权利的初始界定以及经济组织形式的选择将会对资源配置的效率产生影响。②我们不否认科斯定理对学术研究的推动作用，但是又不能不认识到，其理论预设追求自身利益最大化经济人成为软肋。"当人们在市场交易时，我们假定人们仅仅是或主要是理性的，但当他们在生活的其他活动中，在诸如婚姻、诉讼、犯罪、歧视以及隐藏个人信息这些活动中，我们却假定他们不理性，这是否成立呢？"③建构在这种理论预设之上的理论即使构建的再完美也只能是一种空想。有学者指出，科斯"以一些半生不熟的经济学语言蒙骗了法学家，又以一些半生不熟的法学语言蒙住了经济学家，以'不明确'和病句取得了巨大的成功。"④科斯本人也说（1997）"我认为科斯定理的成功——因为现在到处都在讨论它——恰恰证明了主流经济学多么的荒谬"。⑤

产权版科斯命题是一个实证命题，而张五常想提出的实际上是一个规范命题。权利的界定既不是市场交易的充分条件，也不是市场交易的必要条件。权利界定后，如果缺乏对交易的保护，市场交易不会存在或者很少存在。按照巴泽尔的理论，权利的界定是一个演进过程，从不界定到清晰界定都是合理的，而且由于信息成本，任何一项权利都不是完全界定。⑥张五常版本的科斯定理就是一种意识形态，是新古典经济学的翻版。新制度经济学所谓的"产权清晰"，是指私有产权，按照其私有产权理论去搞公有制经济改革，就会使公有财产私有化。新制度经济学认为，"私有化"就是极力主张全面的私有制，资本主义私有制是唯一合理的永

---

① ［美］科斯：《论生产的制度结构》，上海：上海三联书店1994年版，第157页。
② ［美］科斯：《论生产的制度结构》，上海：上海三联书店1994年版。
③ ［美］波斯纳：《正义/司法的经济学》，北京：中国政法大学出版社2002年版，第1~2页。
④ 李炳炎、刘大生：《流行产权理论质疑与中国产权理论重塑》，何秉孟主编：《新自由主义评析》，北京：社会科学文献出版社2004年版，第319页。
⑤ 卢周来：《新制度经济学，新政治经济学，还是社会经济学？——兼谈中国新制度经济学未来的发展》，《管理世界》2009年第3期，第161页。
⑥ ［美］巴泽尔：《产权的经济分析》，上海：上海三联书店1997年版，第159~163页。

恒的经济制度。新制度经济学家极力主张、兜售、推销彻底的私有化。他们认为,实行生产资料私人所有制,就不能对私人的经济行为加以限制,从而可以使个人的潜能得以充分发挥,极大地提高经济效率。实行私有制能够自动实现经济的均衡发展。在他们看来,私有制比公有制有太多的优越性,因而竭力反对公有制,视公有制为万恶之源。他们的目标总要使全世界的国家都实行私有制,使资本主义制度全球化、永恒化。作为私有制的积极鼓吹者,张五常强调私有产权容许各种不同的合约安排与选择,是能使交易费用减少的最主要的因素。他极力颂扬科斯定理。张五常建议把所有国有企业民营化,除中央银行外,将所有国有银行都卖出去作为商业银行,他甚至主张用贿赂政府高官等极端手段来推行私有化。张五常说,"中国现在要想建立市场机制,而不想有私有产权,其本身是矛盾的。""若要发展经济,私有制度是我所知的唯一可靠途径。""私有制是经济发展的灵丹妙药,稍有推行,就有起死回生之效。""共产制度在中国也推行了几十年,行不通是事实。"[①]我们再来看引入意识形态理论的诺斯。在诺斯的制度变迁理论中,产权制度变迁的内在逻辑就在于私有产权结构的不断明晰,而这种产权明晰过程不过是经济个体理性计算与选择活动的结果。当新古典个人主义分析范式的彻底应用无力完整解释现实经济制度变迁过程时,诺斯被迫引入意识形态理论加以修补。这种修补,最终还是为了说明私有产权的优越性。诺斯通过对欧洲经济发展史的考察可以发现:经济制度的变迁源于经济个体对外部效应的内在化努力。对于追求自身利益的理性经济个体而言,当资源的经济价值出现变化,新技术和新市场出现,从而对原有外部效应的内在化收益大于其成本时,旧的经济制度变得不再适宜,经济个体便开始寻求新的制度安排以内部化这种额外收益,并因此引发制度的变迁。因此,制度变迁的内在逻辑,就在于产权结构得以不断清晰界定。[②]那么,产权清晰界定的标准是什么?尽管没有明确的声明,但大多数新制度经济学家对此有着默契,即私有财产权作

---

① 程恩富、黄允成主编:《11位知名教授批判张五常》,北京:中国经济出版社2003年版,第18、68页。
② [美]诺斯:《经济史上的结构和变革》,北京:商务印书馆1992年版;《制度、制度变迁与经济绩效》,上海:格致出版社·上海三联书店·上海人民出版社2008年版。

为一种基本的经济制度安排是最为有效的。产权私有化几乎成为经济学的公理，是最有效率的制度安排，成为了众多后发国家产权私有化改革的理论基础。产权理论在美国处于非主流的地位，但对转型后发国家的影响却非常大。私有化的"产权神话"在东欧国家或俄罗斯经济转轨、社会转型中引起的经济后果和社会悲剧已经给我们提供了生动的反例。斯蒂格列茨指出，这个神话十分危险，因为它误导许多转轨国家仅仅关注产权问题，过分依赖私有化，而不去关注更广泛的问题。①而且，产权私有化是否为世界潮流，也是值得商榷的。在西方发达资本主义国家的大公司中，仅仅依靠一个或几个人的资产已经不能运转，需要很多大大小小的股东，需要借贷，导致所有权和管理权的分离，股东的私有产权越来越不重要。有学者称之为"准公有制"。②更为重要的，必须看到产权私有化给当代中国到底了什么。事实已经给出了我们答案：大量下岗失业人口的产生、大量国有资产流失，并被少数人占为己有、社会两极分化越发严重等。据资料统计，2002年2月至2003年3月，在未经科学严谨的论证和试点国有企业的出售方案之前，不少地方政府盲目地推行国有企业私有化，导致数万亿国有资产损失和全国国有资产大幅贬值并以超常速度流失。与国有企业产权私有化相连的是国有企业大幅裁减职工，使就业和再就业压力越来越沉重。③有依靠侵吞国有资产变成亿万富翁的私营企业主说："今天，最有效、最快的发财致富方式，就是把国有资产变成我自己口袋里的钱；国家的钱实在是太多了，没有谁数得清，也没有谁能将其看守得天衣无缝，而且，实际上许多看守国有资产的人都不反对把国家的钱放进我们的腰包，我只取大海一粟，足矣！"④

三、借助于政治科斯定理推行西方式民主

依循科斯定理的逻辑思路，有些新制度经济学家提出了所谓"政治科

---

① 靳树鹏：《张五常先生的独步单方》，《书屋》2000年第5期，第19页。
② [美]斯蒂格列茨：《社会主义向何处去——经济体制转型的理论与证据》，长春：吉林人民出版社1997年版，第287页。
③ 黎晓桃：《论新自由主义对当代中国的影响》，《财经理论与实践》2005年第11期，第5页。
④ 陈剑：《流失的中国：国有资产流失现象透视》，北京：中国城市出版社1998年版，第4页。

斯定理"①：如果政治交易费用为零，政治权利的初始配置将与有效率的产权制度产出无关，而当政治交易为正时，民主政治将是唯一能导致有效率的产权制度产出的政治安排。新制度经济学的民主政治显然是西方式的，是以多党制为基础的。政治科斯定理即为科斯定理在政治领域中的拓展，但政治市场的特殊规定性使得"政治像市场"的假设不能成立，因而建立在这一假设之上的政治科斯定理也不能成立。市场交易与政治关系的内在规定性是不同的。政治关系是基于各种资源，尤其是经济资源在不同阶级、社会集团之间的不平等分配而形成的强制性。而市场交易是基于平等的交易主体形成的，主要特点是自愿性和互利性。同时，由于自愿参与、政治承诺能力的缺乏、政治失败者的阻挠、再分配冲突和历史偶然性的角度等等因素的存在，也会导致政治科斯定理的失效。②刘元春（2001）认为，政治科斯定理忽视了政治活动与经济活动在要素内涵方面的差别。比如，其一，政治活动中，权利的赋予不包含转让权以及因此衍生的经济受益权，不允许进行权利的转让以及权钱交易。其二，政治活动中，财富并非是唯一的目标。这与纯粹的经济活动是不同的。经济活动中，理性人的目标是财富最大化。围绕政治权利及其实施所带来的效用都是政治活动中理性人的合理性目标。不可转让性是政治利益的基本特征之一。经济权利隐含在政治权利之中，政治权利的转让意味着其他收益的受损。试图从经济的角度来补偿政治交易中受损者，是"政治幼稚病"的妄想。至于财产权势的分配则应该由政治框架决定。其三，政治活动本身必须在特定的框架内展开。而政治交易常常会导致政治活动框架的依存基础受到侵蚀。因此，一般情况下，政治框架如宪法都是杜绝权权交易、权钱交易的。③

西方国家将西方式民主当做普世价值推介给中国等其他发展中国家，目的无非是通过这种方式来使得这些国家失去稳定的局面（可以看看当前东南亚的印尼、泰国等一些国家），借机削弱甚至控制这些国家。而对于后发国家现代化的基本条件他们是有意忽视的。亨廷顿曾经指出，建立政

---

① Vira,B.*the political Coase theorem:identifying differences between neoclassical and critical institutionalism*. Journal of Economic Issues,vol116.Sept.1996.

② 杨瑞龙、钟正生：《政治科斯定理述评》，《教学与研究》2007年第1期，第44～50页。

③ 刘元春：《交易费用分析框架的政治经济学批判》，北京：经济科学出版社2001年版。

治权威和稳定的政治秩序是后发国家现代化的基本条件,而实现政治稳定的基本条件是要有一个强有力的政党制度。一党制比多党制更为有利。①马克思主义认为,民主本身是个历史的范畴,在人类社会发展的不同时期,表现不同。在不同国家,含义各异。因此,抽象地谈论民主是什么,是没有意义的。从古至今,民主政治无不具有特定的阶级性质。"现代国家,不管它的形式如何,本质上都是资本主义的机器,资本家的国家,理想的总资本家。"②西方式民主是资产阶级的民主。当代中国实行社会主义民主政治,是由近代以来中国的社会历史条件和中国发展进步的客观要求决定的。实践证明,中国特色社会主义民主政治制度符合中国发展进步的客观要求,能充分调动和发挥全国各族人民当家作主的积极性、主动性和创造性,有利于实现好、维护好和发展好中国人民的根本利益,具有巨大的优越性和强大的生命力。除了从马克思主义基本理论出发,结合建国以来我国社会主义民主政治建设取得的成绩反驳新制度经济学推行西方式民主主张之外,我们还必须对当代中国存在的问题有充分认识,这可以使我们更好地坚持走中国特色社会主义道路,拒斥西方式民主。20世纪80年代改革开放之初,新制度经济学对于当时中国社会发展的进步意义远大于今天。因为在当时的环境下,中国刚刚从长期的经济社会停滞中走出来,其新发展的客观背景是相对平等的社会。在相对平等的是强调效率意义自然比在"我国贫富差距正在逼近社会容忍'红线'"时要大的多。③而且,对效率的突出,也有利于市场机制在资源配置中地位的确立。但是,中国今天的情况下,有学者指出基于家庭人均收入的总体基尼系数自1992年以来一直在0.4以上,并持续上升;若按照国际通行的做法,以个人收入为基础计算基尼系数,则结果会更高;若把各种非法非正常收入考虑进来,结果会进一步升高。④在大多数学者看来,⑤基于个人收入的基尼系数接近

---

① [美]塞缪尔·亨廷顿:《变革社会中的政治秩序》,北京:华夏出版社1988年版。
② 马克思,恩格斯:《马克思恩格斯全集(第25卷)》,北京:人民出版社1974年版,第408页。
③ 《分好"蛋糕"促和谐——怎么看分配不公》,《人民日报》,2010年7月9日。
④ 陈宗胜:《经济发展中的收入分配》,上海:三联书店、上海人民出版社1994年版,第278页。
⑤ 徐宽:《基尼系数的研究文献在过去八十年是如何拓展的》,《经济学季刊》2003年第3期,第757~778页。

0.4，是收入差距进入警戒水平的标志，超过这一水平，就可能因差距过大而陷入社会危机，当前拉美国家所面临社会危机与过大收入差距有直接的关系。而强调私有化和西方式民主会使得权力与资本有更加结合的可能，进而有导致陷入拉美化的危险。对马克思主义意识形态坚持和发展，在这个特殊时期，显得意义更加重大。因为马克思主义强调无产阶级政党的大公无私，全心全意为人民服务，这种理论主旨可以与权力与资本结合[①]的现实与趋势做抗争，使得中国社会走向良性发展的轨道。而且，"社会主义经济改革和经济发展不仅仅是个产权问题，尤其不是一个趋向私有化问题。它既含财产权利、市场体系、宏观调控、收入分配和社会保障等的内容，也含科技、人口和资源等内容，并与文化、社会和政治互相制约。看不到经济改革和经济发展是个复杂的系统和生活工程，'以不变理论应对万变'，就必然要犯错误。"[②]解决社会转型中存在的问题，必须立足本国实际，从本国实际出发，走本国特色的发展道路。

四、借助于"经济学帝国主义"渗透社会科学各领域

"自20世纪70年代以来，新制度经济学几乎成了经济学帝国主义（Economic Imperialism）的象征。因为它宣称，它通过交易费用分析框架全面修正了新古典经济学的理论预设前提，基本弥补了新古典经济学的各种理论缺陷，成功地回击了非主流经济学的各种理论攻击和现实经济问题的挑战，并将'理性——最大化——均衡'分析方法成功地运用于各种社会科学领域，为新经济学自由主义奠定了更为完善的实证理论基础。"[③]经济学帝国主义的重要表现之一就是经济学与政治学的交叉，形成了诸如新制度经济学之类的新政治经济学研究路径。随着改革开放的发展，市场经济的深入表现出对经济学的迫切需求，经济学在我国成为一门显学。经济学帝国主义得以大规模扩张。"经济学家几乎无话不谈，小到家庭、企

---

① 我国的一些政策之所以具有新自由主义性质，是因为这些政策具有一些特殊的特征。特征之一为：效率就是一切。达到效率具有很多途径，但在新自由主义那里，资本至高无上，资本是达到最大效率的唯一手段。同时，在西方，新自由主义被普遍视为是反民主的。资本（尤其是全球性资本）影响所有人，但资本的所有决策不受制约，既不受人民选举出来的代表的制约，更不受人民的直接制约。郑永年：《新自由主义在中国的变种及其影响》，http://www.zaobao.com/special/china/cnpol/pages1/cnpol081028.shtml，2010年5月5日。
② 程恩富、黄允成主编：《11位知名教授批评张五常》，北京：中国经济出版社2003年版，第102页。
③ 刘元春：《交易费用分析框架的政治经济学批判》，北京：经济科学出版社2001年版，导论1页。

业；大到国家、国际关系；传统领域如货币、就业、价格；新开辟领域如投票、合作、集团行动等等，经济学真可谓披坚执锐，所向披靡。"①经济学渗入到了所有的社会科学学科，同时也为各学科所渗入。新制度经济学以经济人假设、方法论的个人主义以及交易范式来分析诸如意识形态之类的政治现象。但经济学帝国主义在当代中国却有与在西方不同的表现形式。以新制度经济学为例，作为一个当前在其衍生的本土影响力不大的学科，新制度经济学在我国却具有非常大的影响力。现在似乎到了只要是人文社会科学，如果不知道"产权"、"交易成本"等等，就代表没有学问，不时髦的地步。这当然与我国所处的特殊历史时期有关联。社会转型使得对西方世界的兴起具有一定解释力的新制度经济学受到了热捧。同时，也是与新制度经济学自身的经济学帝国主义色彩，与其善于生搬硬套，以获取话语霸权是分不开的。而实际上，"诺斯对意识形态的分析是对新古典经济理论的理性选择模型、新制度经济学的交易成本分析和认知社会学知识的融合，这种多种模型相拼凑的做法使他的理论不可避免地面临着内在的无法克服的困境。"②新制度经济学的这种特性恰好是经济学帝国主义的重要体现。采取生搬硬套的方法，实现相其他学科的渗透，达到获得话语霸权的目的。当前，新制度经济学实质上已经成为西方国家借以建立世界意识形态话语霸权的重要组成部分，其政策主张不可能优先考虑发展中国家普通劳动人民的利益。以"交易成本"或"交易费用"为例，这个概念本来是新制度经济学派的核心概念，但却非常令人奇怪地成为在该学派内部谁也说不清楚的东西。实际上，在一系列假设之下，"交易成本"这个概念，根本就不可能定义清楚。

这里，同时列举出翻译上的一例来对此作出说明。新自由主义经济学家为了达到意识形态宣扬的目的，在翻译上大动手脚，大做文章，借由不严谨的表述，通过不谦逊的方式，对那些对英文、对经济学表达不了解的读者进行资本主义意识形态的传播。比如，英文版中的"in the absence

---

① 党国英：《从"哲学帝国主义"到"经济学帝国主义"》，《经济学家茶座（第5辑）》，济南：山东人民出版社2001年版，第5页。
② 陈书静：《诺斯经济哲学思想研究——基于历史唯物主义制度演化理论的视界》，上海：上海人民出版社2008年版，第235页。

of transaction costs,aclear delineation of private property rights would lead to the identical allocation of resources regardless of how the rights were assigned or distributed"在中文版中变成了"在交易费用不存在的情况下,不管产权谁属,只要清楚界定产权是私有,结果必然是导致最高效益的资源运用情况",identical在新制度经济学者笔下竟然变成了"最高效益"！①为了达到宣扬西方资本主义意识形态的目的,新制度经济学者不惜对一些基本的、常识性的表达方式作出修改,充分展示了其借由经济学帝国主义获取话语霸权和生搬硬套的功底。而我国的自由主义经济学家又对来自西方的新自由主义经济学"再创造",捡人牙慧,而且还是其中最为肤浅的。"但是,决不能因此就把中国的经济自由主义看成是外国的自由主义经济学的简单翻版。中国的经济学家们在国家自由主义经济学的共同理念之外,加上了许多自己的特殊创造,因而形成了中国的经济自由主义自己的特色。"②而新自由主义经济学在我国最主要的表现就是新制度经济学。他们大多为了谋取个人利益,为了迎合某一利益群体的需要,利用各种讲坛、学术研讨会,通过各类出版社,脱离当代中国的基本语境,③套用衍生于西方的新制度经济学的只言片语,哗众取宠,产生了极为恶劣的影响。

五、借助于工具理性消解价值理性

工具理性以及与之对应的价值理性是马克斯·韦伯首先提出来的。他同时将哲学上的理性概念改造成社会学的合理性概念,并把它区分为工具合理性（形式合理性）和价值合理性（实质合理性）两种。④在韦伯看来,所谓工具理性,主要是指一种有意识地对某种特定的举止的无条件的

---

① 许宝强：《自由经济意识形态的传播》,《天涯》2001年第6期,第166~174页。
② 左大培：《混乱的经济学——经济学到底教给了我们什么》,北京:石油工业出版社2002年版,第2~3页。
③ 有经济学家立足于纯粹经济学视域对此的分析是：新制度经济学的问题并不在于它采用的工具。新制度经济学的问题在于将这些工具应用于实物分析中,而忽略了分析对象的基本制度背景以及将这些工具应用于实际变量时存在的逻辑问题,正是由于这种本质上的缺陷,在解决实际问题时,很难进行严格的理论检验,而只能求助于"案例研究为主的经验实证分析"。参见周业安：《关于当前中国新制度经济学研究的反思》,《经济研究》2001年第7期,第19页。虽然对新制度经济学存在问题的经济学批判不是本书的能力范围,但这从一个层面告诉我们：当代中国新制度经济学研究中脱离语境的缺陷普遍存在。
④ 王岩、邓伯军：《试论政治哲学视域中的价值理性》,《哲学研究》2009年第6期,第118页。

固有价值的纯粹信仰。①而工具理性,韦伯认为就是借由实践确定工具或手段的有用性,进而追求物的最大价值,最终服务于人的某种功利目的。在资本主义工业现代化的过程中,追求有用性,强调有用的就是真理,甚至将人也作为工具与手段。20世纪是工具理性大发展的时代。工具理性获得了张扬,表现在科技迅猛发展对人类生活的大力推动上,同时,体现在人类生活的各个方面。它全面侵入人类生活,在为人类提供各种便利的同时,也带了诸多负面效应。比如,一定程度上,造成了人与自然之间的对立,带来了严重的环境污染问题;其所积极倡导的理性万能引致人本身以及人与人之间关系的异化;工具理性与价值理性的疏离带来了人与社会关系的异化。②新制度经济学对意识形态经济功能的突出,对本身意识形态性的掩盖,就是工具理性膨胀的表现形态之一种。这种有意无意回避自身意识形态性的意识形态:它想要我们完全忘掉寻求道德正当性,一门心思地好好享受。③在这种思想指导下,信仰更被抛到九霄云外!

  从新古典经济学的基本理论预设出发,新制度经济学将经济理性还原为个人追求私利最优化的工具理性。在新制度经济学看来,政府也可以被还原成在政治市场中逐利的官僚。必须承认,追逐私利是人类行为的重要目的之一。但反过来将人类的行为全部放在纯粹功利主义的角度考量就相对太过于强调工具理性了。这种工具理性占优的套路还被用来解释与价值理性直接相关的意识形态。通过上文的分析,我们知道,新制度经济学对意识形态的厘定从学理上仍然运用的是新古典经济学的基本理论预设、框架结构,从旨归上仍然是为了证明私有产权,总体上仍然是为了资本主义意识形态的宣扬。在工具理性的支撑下,新制度经济学宣扬其推崇的价值理念,出现了诸如"腐败有理论"等一系列对社会主义信仰形成巨大冲击的言论。张五常曾经说:"1985年,中国的腐败开始盛行,但我感到的是宽慰而不是担忧。……中国必然要遇到调控和腐败增加问题,出现得这么快并不是什么坏事。"④但是,在新制度经济学产生和发展的西方对于工

---

① [德]马克斯·韦伯:《经济与社会(上卷)》,北京:商务印书馆1997年版。
② 钱俊生、曾林:《技术理性的人文反思》,《自然辩证法研究》2003年第8期,第50~51页。
③ [美]伊格尔顿:《历史中的政治、哲学、爱欲》,北京:中国社会科学出版社1999年版,第98页。
④ 张五常:《经济解释》,北京:商务印书馆2000年版,第506页。

具理性肆虐是什么态度呢？稍微对资本主义发展历程有了解的人都应该知道，工具理性的凸显是在价值理性已经框定了社会发展基本路径之后得以展开的。这从韦伯对工具理性的强调中也可以看出。而且，当意识到工具理性可能会逐渐膨胀，甚至会对整个西方社会发展形成威胁时，西方对其也开展了批判。恰恰是他们希望应该当做手段使用的，却作为目的，作为普世的价值推销给其他国家！这就是他们推销新制度经济学的价值理性！这表明，新制度经济学是服务于少数人的利益的，最终是服务于国际垄断资本利益的。一种思想、一种理论是否具有广泛的价值合理性，要看它所追求的是多数人的利益还是少数人的利益。马克思主义代表了最广大人民的根本利益。作为一种科学世界观，马克思主义是表达人民根本利益与意志、指引人民前进的理论。新制度经济学鼓吹的是鼓吹的价值与事实统一的意识形态形式，实质上是通过泛化意识形态达到非意识形态的目的，在当代中国的大肆传播只能造成普遍的形式主义与信仰缺失。

六、借助于新自由主义政策主张肢解民族国家

针对重商主义的贸易差额论，古典自由主义的代表斯密提出了主张国际贸易自由。他指出，在自由贸易中，各国都有共同利益，而不是谁受损谁受益，只要每个国家或者地区能够从自己的优势出发生产具有绝对成本优势的产品，参与到国际分工与贸易中。斯密的绝对成本优势说被李嘉图发展为比较优势说。[①]根据比较优势说，只要一个国家或者地区能够发展本比较优势，参与国际分工与贸易，就能从中获利。但是，对于现实世界中，很多国家和地区在任何产品的生产中都没有任何优势，而又该如何参加国际贸易呢？依照以上的理论，这些国家或地区只能被动地适应贸易自由和经济全球化，只能承受其带来的恶果。诚然，一种理论不可能尽善尽美，问题的关键在于在实践中如何看待和运用这一理论。斯密和李嘉图的学说都对促进国际贸易发展起到了促进作用，虽然其本身存在着缺陷，而这从另一层面来看恰好成为发展的动力。但是，当一种理论意识形态化之

---

① 也称为相对成本说、比较利益说等。该学说指出，根据这个学说，如果一个国家或地区在两各种商品的生产上都处于劣势，但其中一种商品的劣势比较小，另一个国家或地区在两种商品的生产上都处于优势，但其中一种商品的优势比较大，那么前者就应该生产劣势比较小的商品，后者应该生产优势比较大的商品。

后，情况就方式了变化。以美国为首的西方发达资本主义国家在政治、经济、文化、意识形态等各个领域攻击社会主义国家和第三世界，其中的核心是从古典自由主义发展而来的新自由主义意识形态。[①]这种意识形态借由贸易自由和经济全球化对外扩张，通过取得意识形态霸权，最终达到肢解民族国家的目的。

新自由主义承继了古典自由主义的自由贸易和经济全球化理论。秉承新自由主义意识形态的西方国家，特别是美国采取双重标准来推行其政治经济政策。在国内搞国家干预，而对外，特别是对发展中国家，对社会主义国家则大力推销新自由主义政策和主张，其目的就是要在发展中国家建立殖民主义统治，在社会主义国家搞和平演变，演变为资本主义，或外围资本主义。而其根本目的不是为了这些国家的发展，不是为了这些国家好，是为了美国的利益，为了美国垄断资本的利益。约瑟夫·斯蒂格利茨尖锐地批评新自由主义在发展中国家的实践。他认为世界银行和国际货币基金组织在发展中国家的"结构调整"可以分为四步曲：私有化（更准确地说，就是腐败化）——"资本市场自由化"——价格市场化（第三步半：斯氏称之为骚乱）——"消灭贫困计划"：自由贸易。作为一个内幕参与者，约瑟夫·斯蒂格利茨把这种自由贸易比作用金融和财政手段所进行的鸦片战争。[②]除了秉承新自由主义的基本价值理念，新制度经济学还有自己的独特的关于民族国家的意识形态。张五常说，他特别"讨厌政治"。所以不讲国家利益，不讲民族利益。张五常"给中国十个经济建议"，其中有一条十分耐人寻味。他说，"把所有国营银行都卖出去作为商业银行"，卖给谁呢？"要选在国际上有地位的银行买家"。[③]其服务于国际垄断资本的意识形态本质昭然若揭！

总之，新中国成立以来我国意识形态理论发展状况是我国遭遇新制度经济学意识形态理论的历史归因。而全球化、网络化与社会转型为新制度

---

① 曹长盛，张捷，樊建新：《苏联演变进程中的意识形态研究》，北京：人民出版社2004年版，第425页。

② 张文海：《斯蒂格利茨批评新自由主义的结构调整》，《国外理论动态》2001年第12期，第24~25页。

③ 张五常：《给中国十个经济建议》，《中华儿女（海外版）》2000年第5期，第29页。

经济学意识形态理论在我国的传播搭建了平台，提供了基础，是新制度经济学意识形态理论威胁我国意识形态安全的基本现实背景。在这些因素之下，新制度经济学意识形态理论形成了对我国意识形态安全诸多层面的威胁。同时，上文已经指出，对新制度经济学意识形态理论的全面考察需要综合新政治经济学与新自由主义双重视域。马克思主义指导下，新制度经济学意识形态理论与马克思主义意识形态理论有本质的对立与冲突。下文将以马克思主义意识形态理论为指导，通过其与新制度经济学意识形态理论的比较性解读，展开对新制度经济学意识形态理论[①]的批判。这一学理性批判是更为清晰地认识新制度经济学意识形态理论对我国意识形态安全威胁，以及更好地构建应对体系的前提和基础。

[①] 包括理论预设、方法论基础、对意识形态地位和作用的认识、对意识形态变迁推动力的认识、基本概念、对意识形态发生、发展趋势的理解、理论构建的基本目标与旨趣等方面。

第五章 新制度经济学意识形态理论批判：以马克思主义意识形态理论为指导与参照

马克思主义指导下，笔者认为，新制度经济学意识形态理论与马克思主义意识形态理论有本质的对立与冲突。同时，如立足于马克思主义视域将马克思主义意识形态理论分为意识形态本质理论、意识形态批判理论、意识形态构建理论与意识形态超越理论的话，新制度经济学意识形态理论就包括有作为新制度经济学组成部分的意识形态理论，着力阐述意识形态的涵义、特征和功能等与包含意识形态理论的新制度经济学意识形态。可见，在对意识形态基本认知层面，马克思主义意识形态理论与新制度经济学意识形态理论存在契合之处。同时，西方新制度经济学关于制度变迁的理论可以从特殊性层面提供资源，而就整个社会发展的动力与制度变迁的共性而言，无法回避马克思的分析框架。[①]可见，马克思主义意识形态理论与新制度经济学意识形态理论存在互补的地方。

同时，我们知道，马克思从未系统地探讨过意识形态问题，他更多地是在论述各种具体问题时表明自己的立场和见解。"马克思的意识形态理

[①] 一直以来，我国学术界对新制度经济学研究存在两种倾向：一种是用西方新制度经济学关于制度变迁的观点否定马克思关于社会发展动力的理论；另一种是用马克思关于社会发展动力的理论来批判西方新制度经济学的制度变迁理论。马克思关于社会发展动力的理论揭示了社会制度变迁的共性，而西方新制度经济学关于制度变迁的理论，侧重于阐释经济变迁的特殊性。就整个社会发展的动力和制度变迁的共性而言，任何领域的制度变迁理论的构建都无法回避马克思的分析框架；但从不同领域的制度变迁的具体情况来做进一步的研究，马克思的分析框架也无法揽括所有的重要因素和特殊性。参见郭小聪：《政府制度演变理论：引入性思考》，《武汉大学学报（社会科学版）》2003年第5期，第625~631页。

论作为内在的一个方面,是与其社会学说同体生成的。"①马克思主义意识形态理论是其社会学说的集中体现和全面展示。在阐述作为新制度经济学组成部分的意识形态理论时,诺斯指出,"政治和经济制度的结构(与变迁)理论一定要与意识形态理论相结合……"。②意识形态理论与制度变迁理论是交融在一起的。这一点在马克思主义意识形态理论意义上体现得更加明显。因为在马克思主义意识形态理论看来,新制度经济学本身就是一种资本主义意识形态。马克思主义意识形态理论与新制度经济学意识形态理论的契合与互补是与其整个理论体系直接关联的。对两种意识形态理论的比较解读,是基于新制度经济学衍生背景展开的,是对新制度经济学意识形态理论展开批判的过程。

第一节 契合与互补:两种意识形态理论之间

马克思主义意识形态理论与新制度经济学意识形态理论存在本质的对立与冲突。这是我们展开新制度经济学意识形态理论批判的基础。对此有清醒认识的同时,还应当进一步思考:新制度经济学意识形态理论与马克思主义意识形态理论是否存在契合与互补之处?本书认为,在对意识形态基本认知层面,马克思主义意识形态理论与新制度经济学意识形态理论存在契合之处。同时,马克思关于社会发展动力的理论与西方新制度经济学关于制度变迁的理论是可以互补的。对两种意识形态理论契合与互补的认识有利于我们吸取新制度经济学意识形态理论有利于维护我国意识形态安全的部分。

一、意识形态经济功能方面

马克思主义认为,意识形态作为一种上层建筑来源于经济基础。人类历史发展的第一个前提是物质生活资料的生产,"物质生活的生产方式制约着整个社会生活、政治生活和精神生活的过程。"③生产关系与生

---

① 周宏:《理解与批判——马克思意识形态理论的文本学研究》,上海:上海三联书店2003年版,第2页。
② [美]诺思:《经济史中的结构与变迁》,上海:上海三联书店1994年版,第19页。
③ 马克思、恩格斯:《马克思恩格斯全集(第13卷)》,北京:人民出版社1962年版,第8页。

产力的一定发展阶段相适合,"这些生产关系的总和构成社会的经济结构,即有法律和政治的上层建筑竖立其上并有一定的社会意识形式与之适应的现实基础。"①同时,意识形态又具有相对独立性,反作用于经济基础。政治、法律、哲学、宗教、文学、艺术等发展是以经济发展为基础的。但是,它们又相互影响并对经济基础发生影响。②意识形态会促进或阻碍经济发展。这是意识形态相对独立性的最突出的表现。先进的意识形态对经济发展的发展起积极的促进作用。比如,中国改革开放以来所取得的举世瞩目的成就,就是在邓小平理论和"三个代表"重要思想、科学发展观等指导下实现的。相反,落后的意识形态对经济社会的发展起消极的阻碍作用,甚至暂时改变社会经济发展的前进方向,造成社会历史发展的严重曲折。从这个角度看,马克思主义视域下的意识形态具有一定经济功能。③

诺斯则认为,"社会强有力的道德和伦理法则是使经济体制可行的社会稳定因素……更一般地说,如果没有一种明确的意识形态理论或知识社会学理论,那么,我们在说明无论是资源的现代配置还是历史变迁的能力上就存在无数困境。"④而新制度经济学的意识形态作为一种"非正式制度",具有经济功能,包含了组织的含义(促成集体行为),试图通过构建"集体行为抑制、解放和扩张个体行为"⑤。新制度经济学明确了意识形态在其理论框架中的地位。作为新制度经济学非正式制度的意识形态较为偏重心理文化层面。新制度经济学的意识形态是理论化系统化的价值体系,具有强烈的阶级性和社会约束力,在一定制度上可以把它看作是政治制度的一个组成部分。而文化心理中所体现的价值观则反映了一个民族各阶层共同的心理习惯。意识形态以及受其影响人们形成的一致的态度是降低人类交易成本的重要因素。如诺斯所言,意识形态和人类信用的重要作用在于:它借助内化

---

① 马克思、恩格斯:《马克思恩格斯选集(第2卷)》,北京:人民出版社1995年版,第32页。
② 马克思、恩格斯:《马克思恩格斯选集(第4卷)》,北京:人民出版社1995年版,第506页。
③ 马克思主义不仅仅重视意识形态的功能,还重视意识形态的具体内容。从表面上看,新制度经济学却仅仅对意识形态的功能做出了阐述,强调突出意识形态是没有阶级内容的。而事实上,其推崇的意识形态是资本主义的。
④ [美]诺思:《经济史的结构与变迁》,上海:上海人民出版社1994年版,第51页。
⑤ [美]康芒斯:《制度经济学(上册)》,北京:商务印书馆1983年版,第91~92页。

的文化价值,增强人们行为的预见性。"任何一个成功的意识形态必须克服搭便车问题,其基本目的在于促进一些群体不在按有关成本与收益的简单的、享乐主义的和个人的计算来行事。这是各种主要意识形态的一个中心问题。"①可见,作为一种制度的意识形态可以通过构建集体行为抑制、解放和扩张个体行为,成功地克服了"搭便车"问题,达到降低交易成本的效果。意识形态是一种行为方式,这种方式通过提供给人们一种"世界观"而使行为决策更为经济,同时它不可避免地与人们有关世界是否公平的道德和伦理的评判交织在一起,一旦人们发现其经验与它不符,人们就会试图改变其意识形态。这就是意识形态的本质。意识形态的作用是为了使收益最大化。是否具有节约功能,是否能够在克服"搭便车"中起到一定作用也就成为判断意识形态成功与否的重要标准。②

二、意识形态承担主体方面

诺斯认为"广义企业家"是制度变迁的主体。他指出,稀缺经济下的竞争导致企业家和组织加紧学习以求生存,并在学习过程中,发现潜在利润,创新现有制度。③这里所说的组织,按照我们对新政治经济学视域下新制度经济学意识形态理论的剖析可知,既包括经济组织也包括政治组织。诺斯看来,政治组织就是政治性企业,政治家也是企业家。诺斯认为制度变迁和创新的主体是个人、团体和政府。制度的安排可以来自"个人安排",团体的"自愿合作安排"以及"政府性安排"。④这三个层次的制度变迁主体都是追求利润最大化的企业家。在意识形态变迁中,要发挥个人、团体和政府三方的积极性和主动性。在意识形态的变迁过程中,应该充分利用自发改革的积极作用和基层单位的主动精神,提倡理论上大胆创新,大胆实践,使强制性与诱致性有机结合起来。⑤我国家庭联产承包责

---

① [美]诺思:《经济史中的结构与变迁》,上海:上海三联书店、上海人民出版社1994年版,第59页。
② 魏崇辉:《作为一种制度的意识形态》,《基于新制度经济学的解说》,《生产力研究》2007年第11期,第8~10页。
③ [美]诺思:《制度变迁理论纲要》,《改革》1995年第3期,第52~56页。
④ [美]科斯等:《财产权利与制度变迁——产权学派与新制度学派译文集》,上海:上海三联书店、上海人民出版社1994年版,第271页。
⑤ 魏崇辉:《新制度经济学视阈的当代中国意识形态建设》,《湖北经济学院学报》2009年第3期,第125~129页;魏崇辉:《新制度经济学视角的意识形态研究》,南京:东南大学硕士论文2004年。

任制的确立就是一个典型。家庭联产承包责任制的推行集合了农户、集体和政府的力量,是上下联动改革的典型范例。新制度经济学关于制度变迁(意识形态变迁)主体的阐释有利于对制度变迁(意识形态变迁)主体的全面认识,特别是微观层面的、经济意义上的认识。但是,新制度经济学的解释依然是基于历史唯物主义框架内展开的,并没有超越历史唯物主义关于人民群众和个人在历史中作用的基本原理。[①]历史唯物主义科学地阐释了人类社会历史发展历程以人民群众和个人在其中发挥作用,为我们从宏观层面的认识提供了指导。

唯物史观认为人民群众是历史的创造者。其一,人民群众是物质财富的创造者。人民群众是人类历史的创造者,从根本上说,在于他们是社会生产力的体现者,是推动历史前进的最伟大的物质力量,人类和人类社会生存和发展的物质资料都是劳动群众创造的。其二,人民群众是精神财富的创造者。首先,劳动群众的物质生产活动,创造了科学家、思想家、艺术家们从事精神活动的物质前提;其次,劳动群众的实践活动,是一切精神财富创造的源泉;再次,人民群众直接参加了精神财富的创造活动。其三,人民群众是实现社会变革的决定力量。人民群众不仅创造了物质财富和精神财富,而且以革命时期的历史主动性推动了社会形态由低级到高级的飞跃。马克思主义认为,意识形态的承担主体是人民群众,这为包括新制度经济学在内的其他学科展开意识形态研究提供了宏观的指导。

三、意识形态实现路径方面

与新古典经济理论强调无摩擦、静态世界不同,新制度经济学,尤其是诺斯的制度变迁理论凸显了制度及其变迁的经验分析。他对西方世界兴起的分析,对现代经济世界的产权分析以及他对意识形态的分析都是在人类最基本经验材料的基础上展开,突出了经验在制度变迁中的重要地位和作用。以意识形态为例,新制度经济学认为,意识形态的产生离不开具体的经验实践,首先是个体的独特经验,形成个体精神图式,个体的信念体

---

① "马克思主义和其他一切社会理论不同,它既能以非常科学的冷静的态度去分析客观形势和进化的客观进程,同时又能非常坚决地承认群众(当然,还有善于摸索到同某些阶级的联系,并实现这种联系的个人、团体、组织、政党)的革命毅力、革命创造力、革命首创精神的意义,并且把这两方面卓越地结合起来。"列宁:《列宁选集(第1卷)》,北京:人民出版社1995年版,第729页。

系，然后是个体之间的交流形成共享的精神图式，即一个社会整体的信念体系，也即意识形态。①经验是新制度经济学意识形态分析的基础。新制度经济学看来，意识形态形成和实现、发展的基本路径在于经验。诺斯②曾经举例指出，针对实际工资已经有提高以及蓝领工人在劳动力中的比例的日趋降低，马克思主义的意识形态观发生了适应性的变化以试图说明这些变化。吸收新的团体中的成员，如民族中的少数派和妇女，第三世界中的居民。与马克思主义相比，自由市场的意识形态却未能在社会的、政治的和哲学的理论综合分析范围内取得发展，在掌握和获得一些团体的忠诚方面存在一定的问题。③对经验事实的概括和总结是意识形态实现的基本路径。

与历史唯物主义一体两面的马克思主义意识形态理论的前提是现实的人。"这种观察方法并不是没有前提的。它从现实的前提出发，而且一刻也不离开这种前提。它的前提是人，但不是某种处在幻想的与世隔绝、离群索居状态的人，而是处在一定条件下进行的、现实的、可以通过经验观察到的发展过程中的人。"④与之前的唯心主义思想家从意识出发不同，马克思主义的历史唯物主义从现实的人出发。从这个基本前提出发，马克思认为人类生存的第一个前提是满足基本生存需要的资料。意识形态只有在物质资料的生产变化中得以体现、彰显和实现。"意识在任何时候都只能是被意识到了的存在，而人们的存在就是他们的现实生活过程。如果在全部意识形态中，人们和他们的关系就像在照相机中一样是倒立成像的，那么这种现象也是从人们生活的历史过程中产生的，正如物体在视网膜上的倒影是直接从人们生活的生理过程中产生的一样。"⑤当代中国，随着经验事实的变化，随着社会主义现代化建设的深入，"1978年以来，当代

---

① 陈书静：《诺斯经济哲学思想研究——基于历史唯物主义制度演化理论的视界》，上海：上海人民出版社2008年版，第38～51页。

② 与一些自由主义者将自由主义界定为非意识形态化的，甚至反意识形态的不同，新制度经济学认为自由市场意识形态、马克思主义都是意识形态。从也说明新制度经济学意识形态理论与马克思主义意识形态理论具有可比性。

③ 徐大同主编：《当代西方政治思潮（20世纪70年代以来）》，天津：天津人民出版社2001年版，第447页；魏崇辉：《新制度经济学视阈的当代中国意识形态建设》，《湖北经济学院学报》2009年第3期，第125～129页；魏崇辉：《新制度经济学视角的意识形态研究》，南京：东南大学硕士论文2004年。

④ 马克思、恩格斯：《马克思恩格斯选集（第1卷）》，北京：人民出版社1995年版，第73页。

⑤ 马克思、恩格斯：《马克思恩格斯选集（第1卷）》，北京：人民出版社1995年版，第72页。

中国的意识形态一直处于变化之中，变化的目标主要集中在三个方面：改变1978年之前某些被扭曲了的和教条的意识形态；继承和发扬意识形态结构中合理的成分；建立与社会主义市场经济相适应的意识形态。90年代之后，意识形态的转变表现出另一个新特点，即中国共产党努力将经济伦理引入意识形态，社会主义初级阶段和社会主义市场经济被写入党章。"①而"意识形态的基本价值原则有的是阶段性的可以改变的，如'四个现代化'等等，有的则是具有终极性，是不可改变的，如共产主义等。但无论哪种性质，意识形态基本价值原则的内涵都将随主客观实际情况的变化或政治实践的发展而不断发展、补充或更新。"②

第二节　无法回避的意识形态性：新制度经济学缘起的背景分析

新制度经济学的缘起与新自由主义的产生密不可分。主要的背景有：凯恩斯主义的失效与福利国家的"破产"、自由主义思潮在经济领域的进一步发展、全球化的大肆渲染及社会主义与资本主义两种制度的并存、竞争与对立等。为了适应西方发达资本主义国家推行全球化的需要，自20世纪70、80年代，新自由主义由学术思潮向意识形态转变，开始了其意识形态化的进程，成为以美国为首的西方国家国际垄断资本谋求自身利益的重要组成部分。新制度经济学充当了排头兵。

一、资本主义制度省思：凯恩斯主义失效与福利国家"破产"

新自由主义经济学的产生于资本主义世界的经济危机是密不可分的。20世纪20—30年代，严重的经济危机侵蚀着资本主义的机体，使其经济社会发展受到重创。经济危机是对古典自由主义经济理论的否定，实际上宣告了自由竞争资本主义时代的结束。面对危及四伏、岌岌可危的资本主义，认为资本主义的主要问题是投资需求不足和消费需求不足的凯恩斯主义应运而生。凯恩斯主义反映了国家垄断了资本主义的要求，主张通过

---

① 陈红太：《当代中国政府体系与政治研究法》，北京：经济日报出版社2002年版，第228页。
② 王邦佐、谢岳：《社会整合：21世纪中国共产党的政治使命》，《学术月刊》2001年第7期，第3~8页；魏崇辉：《新制度经济学视阈的当代中国意识形态建设》，《湖北经济学院学报》2009年第3期，第125~129页；魏崇辉：《新制度经济学视角的意识形态研究》，南京：东南大学硕士论文2004年。

>>>> 新制度经济学意识形态理论批判： 第
以马克思主义意识形态理论为指导与参照 5
章

积极政府干预推动经济增长，主导国家垄断资本主义的宏观经济运行长达40年之久。凯恩斯认为，自由放任的市场经济并非是万能的。资本主义世界经常会出现"有效需求不足"，这非自由市场经济所能自动调节。凯恩斯全面地批判了萨伊定律，即"供给本身会创造自己的需求"的定律。凯恩苏主张国家要干预经济，反对传统经济学的"自由放任"主张扩大政府支出或者通过减税、货币扩张来诱导私人支出的增加是补救有效需求不足的政策措施。凯恩斯主张积极的财政政策，而不是货币政策。他不主张平衡预算，而主张赤字财政。总体来看，凯恩斯主义的国家干预经济的主张对资本主义各国产生了深远的影响，一定程度上缓解了资本主义社会的经济危机及各种矛盾，满足了垄断资产阶级的需求。但是，由于凯恩斯主张积极的财政政策，赤字财政，最终导致严重的通货膨胀。最终，面对20世纪70年代初期两次石油危机爆发导致的整个资本主义世界所陷入的"滞胀"困境，凯恩斯主义政策束手无策。凯恩斯主义的失策迫使垄断资本主义寻找新的经济理论，以走出泥潭。此时，处在凯恩斯主义对立面，一直谋求崛起的新自由主义逐渐凸显出来。他们将资本主义世界出现的"滞胀"困境归结为国家干预过度、政府开支过大、人们的理性预期导致政府政策失灵所致。之前，与凯恩斯主义针锋相对的新自由主义一直处于积聚力量的阶段，此刻，新自由主义者终于抓住宣扬其理论的时机。这恰好与垄断资本摆脱危机，亟需新理论与政策的需求相吻合。随着里根与撒切尔夫人的上台，新自由主义经济学占据了美、英等国主流经济学①地位，登

---

① 上文已经指出新自由主义经济学包含有多个流派。作为总体取向的新自由主义占据了美英主流经济学地位并不代表其中各个流派都是主流。现代经济学主要研究两类问题：一是，市场是如何运行的？二是，市场是如何产生的？非市场选择是如何运行的？研究前一类问题的经济学被称为主流经济学，如古典经济学、凯恩斯主义、货币主义、新古典宏观经济学；研究后一类问题的经济学被称为非主流经济学，如新制度经济学、马克思主义政治经济学等。参见方福前：《当代西方经济学主要流派》，北京：中国人民大学出版社2004年版，第11页。立足本书主旨，从意识形态研究的角度来看，新制度经济学通过突出制度研究的必要性，最终论证的是资本主义制度的合理性，这在资本主义语境下是一个既定事实，所以新制度经济学在西方并非主流。正因为如此，新制度经济学一定程度上契合了社会转型期国家的需要，在这些国家里大受追捧。类似的情况也发生在美英等国主流经济学身上。有学者指出，尽管美英的经济改革在国际上产生了很大的影响，但是在其国内并没有多少影响，用中国话来说就是"雷声大、雨点小"。新自由主义真正意义上的第一个试验场在拉丁美洲，在皮诺切特统治下的智利。皮诺切特用专制权利压制人民各方面的权利，为资本创造了民主社会不可能存在的有利条件。新自由主义赋予资本至高无上的权力，这既为智利经济增长提供了动力，也为这个国家的社会分化和动荡播下了种子。参见郑永年：《新自由主义在中国的变种及其影响》，http://www.zaobao.com/special/china/cnpol/pages1/cnpol081028.shtml，2010年5月10日。

上了"政府经济学"的宝座。而一段时期以来福利国家所面临的危机也给了新自由主义思潮鼓吹自己的主张提供了机会。二战结束以后,西方主要发达资本主义国家开始逐步建立和实施社会福利制度,努力建立福利国家。福利国家确实缩小了社会贫富差距,维持了经济社会的稳定。但是,其的弊病在20世纪的80年代开始逐渐显现,比如,社会中存在严重的福利依赖现象,人们的积极性无法得以调动、给财政带来巨大压力致使政府不堪重负、保护了弱势群体却使强势群体负担过高的税率。新自由主义的代表人物弗里德曼甚至认为,沿着福利国家前行可能会走上"通向奴役的道路"。① 总之,新自由主义思潮是在凯恩斯主义失效与福利国家"国家"破产的情况下,对资本主义制度的省思,其代表人物的观点迎合了西方资本主义国家政府改革社会福利制度的需要,其鼓吹自由化、私有化、市场化的理论主张与垄断资产阶级的诉求是相吻合的。

　　古典经济学终结后,西方经济学的主流学派放弃了制度分析——因为资本主义制度已经成为一种既定事实,资本主义统治秩序已经确立。这在新古典经济理论中得以贯彻和保持。虽然表面上看,凯恩斯主义的出场是以宏观经济学取代了微观经济学,但实质上其仍然排斥制度分析,仅仅侧重于宏观经济变量的研究。总的来看,主流经济学坚持以资本主义自由市场制度为前提,努力保持"价值中立",使得理论距离现实越来越远,分析和解决问题的能力日趋下降。于是,制度分析逐渐又回到人们的视野之中。在新自由主义思潮中,新制度经济学考察的是基于特定制度安排,也就是资本主义制度安排的社会变迁状况,考察什么样的制度形态有利于资本主义的发展。显然,经济上的私有产权制度、政治上的西方式民主、价值观上的个人主义是新制度经济学的基本价值理念。新制度经济学宣扬的是资本主义意识形态。这充分体现在其伴随着全球化大肆渲染的目标——策略上。这些目标——策略是西方国家在没有帝国的帝国主义时代谋求自身利益的重要方式和手段,是随着经济全球化来到社会转型国家的。同时,由于中国是世界上最大的社会主义国家,所以,新制度经济学在我国的大肆宣扬还带有制度对垒的色彩。

---

① [美] 米尔顿·弗里德曼:《自由选择》,北京:商务印书馆1998年版,第12页。

二、自由主义思潮在经济领域的修正发展：从未改变的意识形态

新制度经济学的兴起与新自由主义学者在理论界多年的耕耘有密切关联。凯恩斯主义主张国家干预经济，推行福利制度。这在二战以后成为西方世界的主导思想。而新自由主义历来就对国家干预不满，并从根本上否认计划经济的可能性。[①]虽然新自由主义者在20世纪20、30年代关于自由市场和国家干预的论证中并未能占据上风，而且，二战以后政府干预和福利国家政策大行其道，但他们仍然采取了积极的应对措施。他们运用古典政治经济学和新古典经济学的方法积极扩展经济学的研究领域，不断积聚力量，不断找寻国家干预和福利制度的弱点，发起反击。1947年，20世纪最为重要的自由市场知识分子团体之一——朝圣山学社成立。参加的主要有奥地利学派、弗莱堡学派、芝加哥学派等。20世纪70年代以后，供给学派、公共选择学派与新制度经济学纷纷加入新自由主义。新制度经济学常常以批评与修正新古典经济学的姿态出现。诺斯曾经说过，真实世界中没有像新古典经济学假设的那样完美的竞争市场，即人人都掌握完全的信息，人人都是完全的"理性"经济人，因为人们的行为不只决定于市场运作，而更重要地决定于"制度"因素，尤其是国家体制和法律（也包括习惯、文化等等）。正是这些"制度"因素决定了人们在什么样的程度上能够达到假设中的那样"零交易成本"（zero transaction cost）的完美市场。诺斯因此提倡自由民主政治体制以及以产权为主的法律制度。[②]

新制度经济学对新古典经济学的批评绝不是根本性的，而是一种在古典正统基础之上延伸。在基本理念上，新制度经济学与古典政治经济学、新古典经济学[③]是完全一致的。19世纪自由主义在经济理论上的突出成就是英国的古典政治经济学。他们推崇资本主义经济的优越性，强调纯粹的市场经济是一种基于人的利己主义本性的"自然秩序"。所有的人都为追

[①] 早在20世纪初，奥地利学派的代表人物米塞斯就在《货币理论及货币流通理论》中批判政府干预和控制货币的做法，主张由金本位制及此基础上建立起来的自由竞争的银行体系来代替政府和中央银行的地位。他还在《公有制经济：关于社会主义的研究》一书中批判公有制和计划经济以及国家干预市场的各种方式。参见徐大同主编：《现代西方政治思想》，北京：人民出版社2003年版，第167页。

[②] 黄宗智：《连接经验与理论：建立中国的现代学术》，《开放时代》2007年第4期，第7页。

[③] 古典政治经济学以逻辑推理和定性语言分析为主，很难做到精确。新古典经济学则在继承古典政治经济学的基础之上，充分利用了现代数学的发展成果，达到了简约化和模型化的目的。

求他自身的利益而生产商品。市场这只"看不见的手"使所生产的商品满足了人们彼此的需求,从而促进了社会的利益。他们认为,最好的经济制度是放任的市场经济,其会导致资源的最为合理的配置,从而导致经济的最高效率。他们提倡自由放任主义,反对国家干预经济活动。在他们看来,任何国家干预都是非经济的,社会主义计划经济那种干预尤其如此。新制度经济学运用改造的"经济人"假设论证各种非经济的人类活动。他们推崇古典自由主义的基本信条——市场自然秩序论和市场万能论。新制度经济学只是将新古典经济学的理论预设等做了进一步的修正,在原来新古典经济学的生产成本这一种约束条件的基础上,引入了另一种约束条件——交易成本,并且依托交易成本,将主流经济学的"成本——收益"框架延续到制度领域。这样实现了对主流经济学的一种扬弃,使得古典经济学的传统可以在新形势下得以重生。而最终古典经济学背后的自由主义底蕴得以在经济领域延伸、发展。因此,尽管新制度经济学试图突破个人功利主义的局限,但是,其基本方法论仍然是以个人主义、功利主义和自由主义为主的。①这里必须注意的是,在西方社会,特别是社会化大生产的发展,完全的自由放任对经济的发展已经是不可能的了。以英国为例,虽然撒切尔时期新自由主义登上了政府经济学的宝座,但在现实生活中的作用有限。新自由主义在经济发展问题上对政府不是完全忽视的,他们推崇的思想是以自由放任为主导,以政府调控为辅助。只是,当新制度经济学等新自由主义思潮随着经济全球化到了社会转型期的其他国家时,特别是到了有社会主义宏观调控的中国时,情形发生了根本的转变,任何的政府(这里就是"社会主义政府")都是不受其欢迎的!

三、没有帝国的帝国主义:经济全球化大肆渲染的资本主义意识形态

近几十年来,全球化获得迅速发展。随着全球化的迅猛发展,整个世界经济空前紧密地联系在一起。当前,我们无法否认全球化的存在,同样无法否认的是,从本质上看,今天的全球化是资本的国际化,是资本主义生产方式向全球扩张的集中表现。在轰轰烈烈的全球化运动中,占据支配地位的

---

① 黄少安、张卫国:《新、老制度经济学的基本方法论及其比较——融合、继承与发展》,《江海学刊》2007年第4期,第67页。

是西方垄断资本（主要表现形式的跨国公司）及其操控的国际组织，例如世界银行、世界贸易组织和国际货币基金组织等，主导全球化的意识形态是新自由主义。假如没有新自由主义的大肆宣扬，没有背后垄断资本的大力支持，西方大国主导的全球化不会有如此快速的发展。新自由主义是国家垄断资本的意识形态。而西方垄断资本的代表之一是跨国公司。全球化是跨国公司摧毁各民族国家经济主权乃至政治主权、在经济上控制全球的战略口号，是霸权主义和强权政治的表现形态之一。法国著名社会学家布迪厄反复强调："全球化"不是一个"自然的过程"，而是一种有预谋、有组织进行实施的"政治行为"，是一场"旷日持久"的"思想灌输工作"在人们心目中强加的信仰。"全球化"是新自由主义宣传的产物。①

作为西方垄断资本的代表，跨国公司要求全球化生产与经营，这势必要求主权国家贸易与投资的全面开放，要求全球贸易规则的整齐划一，要求各国开放金融市场等等。所有这些要求，需要有统一的国际标准，需要一个超国家的国际组织要具体实施，而这些往往是完全按照以美国为首西方发达国家利益设置的。新自由主义强调全球化是自由市场经济"自发的产物"，我们"已经别无选择"（撒切尔语）。但是，实质上，当前的新自由主义全球化，只不过以功能主义的方式反映了资本主义普遍化的更为根本的趋势，今天资本主义已经如此普遍，资本主义的矛盾正在以新的积累方式表现出来。②全球化展示给我们的图景是，当今世界经济越来与掌握在跨国公司的手中，垄断资本控制的跨国公司充当了国与国之间交易的行为主体，甚至于跨国公司在很多时候充当了决策者，而这一角色原本的主体是国家。由垄断资本操控的全球化对民族经济造成极大冲击，进而冲击到民族国家的存在，威胁到国家主权。表面上，全球化被新自由主义者宣扬成是不可避免的、无法抗拒的，是带有善意的。但实际上，作为一个世界范围的发展战略，大肆渲染的全球化可以让帝国主义方案得以扩展，由跨国公司、国际货币基金组织和世

---

① 临安、河清：《全球化与国家意识的衰微——附译布迪厄〈遏止野火〉》，http://www.wyzxsx.com/Article/Class10/200810/53328.html，2010年4月5日。

② 同上。

界银行等国际金融机构等掌控发展中国家,发展中国家被边缘化,被中心国家支配,最终全球化使得由美国的统治阶级和其他西方国家居支配地位的资本家联盟等国际垄断资本获利。

实际上,尽管国家之间贸易的主要角色是跨国公司,国际金融机构的话语权有膨胀的趋势,但在国际综合竞争中,占主导地位的仍然是主权国家,而且这种地位和作用有不断得到强化的趋势。这与新自由主义所倡导的超国家主张是不相吻合的。新制度经济学的代表张五常就极力主张私有制,用科斯定理的产权清晰论反对社会主义公有制。他认为,私有权是"独步单方",私有制是"灵丹妙药"。他说:"中国会逐渐改变成为一个类似私产制的体制","私有制是经济发展的灵丹妙药","私有制度是惟一的选择"。他主张把国有资产变成特权者的私产,主张由共产党推行私有财产制度。"将某些资产干脆交给有较大特权的人作为私产,让他们先富起来。""以共产党推行私产制,听起来有点语言矛盾,但权力所在……是可行之道。"他说过,中国改革最好不要学日本,因为日本、韩国是国家主导经济,国家政策作用比较大,也不能学美国,美国干预还太多。最好学香港,一点都不要干预。①一点都不干涉的经济社会最终谁会获益呢?只能是西方发达国家的垄断资本!

四、社会主义与资本主义的并存、竞争与对立

自从1917年社会主义在苏联由理论成为现实,"一球两制"的全球格局就逐渐形成和演变。在相当长的时间内,这是一个既定的现实,更加是我们分析诸如意识形态之类问题的基本切入点。正是在这样的既定环境下,我国经历着全球化、网络化与社会转型。如何客观、理性地看待社会主义与资本主义两种制度并存、竞争与对立这一新制度经济学衍生的基本背景对于我们清醒地认识新制度经济学具有重要意义。我们必须首先认识到"一球两制"是我国遭遇新制度经济学的基本背景,而且,这种局面在可以预见的未来还会长期存在。但是,社会主义与资本主义两种制度的实力不是均等的,资本主义掌握着主流的话语权。这也是新制度经济学之所

---

① 周肇光:《如何看待西方新自由主义思潮及其国际影响》,《福建论坛(人文社会科学版)》2007年第3期,第4~9页。

以能够在我国这么强势的重要原因之一。同时,资本主义国家从未停止采取多种形式对社会主义演变。比如,20世纪60年代初,美国总统肯尼迪提出对社会主义国家搞"和平演变"。在里根时期,美国提出"美国将加倍努力促进国际民主势力的发展"。为此,他提出一个拨款13亿美元用于加强美国之音设备的所谓"广播星球大战"计划。之后,历任美国总统都将"和平演变"作为任内的重要工作。①

新制度经济学对此有着积极的响应。新制度经济学代表人物张五常就多次声称:是科斯派他到香港大学任职的,责任是就近向中国人传授经济体制运行的知识,"向外行介绍产权经济学",目的是引导中国的经济体制改革走全面私有化的道路,在中国重建私有制。②对于西方资本主义发达国家的这种伎俩,王绍光披露中情局出巨资介入文化艺术领域,实际上是美国的隐性"宣传部"、"文化部",中央情报局宣传的目的有二:一方面是反共,一方面是树立美国的正面形象。在世界范围内宣扬美国价值观和美国生活方式,在外国培养出一批以美国是非为是非的知识精英,再通过他们去影响本国的公共舆论和政策制定。长期以来,美国对中国的宣传重点是放在所谓"自由派"知识分子身上的。③在反共上,美国向来不遗余力。所以,美国在反共问题上比他们认为意识形态化严重的中国更加意识形态化。除了军事手段等冷战方式,当前美国更加惯用的伎俩是向中国的所谓"自由派"知识分子灌输新自由主义理念。而中国"自由派"知识分子中追捧"新制度经济学"的占据了很大比例。他们不是从新制度经济学衍生与适用的具体语境出发,而是从个人利益或服务的利益集团利益出发,来阐释具有中国自由派特色"新制度经济学"理念。④

---

① 例如,美国主张"打一场没有硝烟的新的世界大战","届时我们将有可能融化社会主义,从而建立一个以我们西方文明为指导的新世界"。程雪峰:《媒介垄断与文化渗透:冷战后美国传播霸权研究》,长春:吉林大学博士论文2005年。
② 徐则荣:《我们是否需要警惕新自由主义思潮》,《高校理论战线》2006年第2期,第53页。
③ 王绍光:《中央情报局与文化冷战》,《读书》2002年第5期,第96~103页。
④ "在经济学和社会哲学这一类的学术思想上,中国的自由主义经济学家们大多不过是在拾国际上的新自由主义经济学的牙慧而已,而且他们捡来的多半都是其中最肤浅的说法。"他们喜欢引用西方新自由主义的信条,但他们"并没有全面地吸收和继承西方主流经济学的全部理论体系。它对西方主流经济学采取的是'各取所需、为我所用'的态度,只援引自己喜欢的论点,而回避甚至闭口不提那些它不喜欢的西方主流经济学的重要思想观点。"参见左大培:《混乱的经济学——经济学到底教给了我们什么?》,北京:石油工业出版社2002年版,第2、11页。

第三节 对立与冲突：新制度经济学意识形态理论批判[①]

从马克思主义意识形态理论出发，笔者认为，综合视域下，新制度经济学认为，意识形态具有经济功能，是真理与价值的统一。但最符合其要求的意识形态是资本主义意识形态。从根本上看，新制度经济学意识形态理论与马克思主义意识形态理论具有本质不同。以马克思主义意识形态理论为指导和参照，为了达致对意识形态本原面貌的认识，"还意识形态以本来面目"，本书将对新制度经济学意识形态理论的理论预设、方法论基础、对意识形态地位和作用的认识、对意识形态变迁推动力的认识、基本概念、对意识形态发生、发展趋势的理解、理论构建的基本目标与旨趣展开了批判。我们认识到新制度经济学意识形态理论存在如下问题：理论预设缺乏经验事实支持、方法论个人主义与意识形态的社会性相抵牾、以降低交易成本为意识形态的基本功用、以非阶级因素为意识形态变迁推动力、以西方世界为理论构建的基本语境、以解释西方世界为基本目标、以资本主义意识形态为永恒存在。

一、缺乏经验事实支持的理论预设[②]

马克思主义坚持从作为主体和客体统一的人出发，这与新制度经济学的有限理性经济人理论预设是不同的。马克思对人格的假设牢固地奠定在历史唯物主义基础之上。历史唯物主义中的人是主体和客体的统一。作为客体的人，马克思认为是现实的、社会的与历史的。他指出，应该"从地上升到天上"理解"从事实际活动的人"而不能从虚构的人出发去理解人。他认为

[①] 魏崇辉：《马克思主义与新制度经济学意识形态思想的比较研究》，《天府新论》2008年第2期，第43～46页；魏崇辉：《新制度经济学意识形态生存世界的建构》，《贵州社会科学》2009年第2期，第96～101页；魏崇辉：《作为一种制度的意识形态：基于新制度经济学的解说》，《生产力研究》2007年第11期，第8～10页。

[②] 本书这里是基于意识形态视域的考察，对于经济人、方法论个人主义的、更为全面、深刻的批判，参见经济学视域，程恩富、胡乐明：《经济学方法论——马克思、西方主流与多学科视角》，上海：上海财经大学出版社2002年版，第179～210页。哲学视域，孙伯鍨、张一兵主编的《走进马克思》下卷第二章"马克思主义经济学和资产阶级经济学在方法论上的对立"批判了古典政治经济学的非历史、非辩证的方法论。参见孙伯鍨、张一兵主编：《走进马克思》，南京：南京大学出版社2001年版，第487～508页。

人的本质不是单个人所固有的抽象物,而是一切社会关系的总和。①而社会关系中最基本的关系是物质利益关系,在阶级社会中,社会关系主要表现为阶级关系。因此,人总是一定利益集团的人,一定阶级的人。马克思主义意识形态理论建立在历史唯物主义的基础之上。意识形态理论是历史唯物主义的一个基本的、不可或缺的组成部分。从表面上看,新制度经济学和马克思主义研究对象趋于一致,都是以"人"为出发点展开论述。但是,在研究什么样的人上,两者有本质的区别。马克思主义主张以现实的、历史的人作为意识形态理论分析的出发点,反对把人的范畴永恒化。②马克思主义从历史唯物主义出发来进行分析意识形态,主张社会存在决定社会意识,决定意识形态。马克思主义认为,人的本质具有自然属性和社会属性两重性。而其中社会属性才是人类真正区别与动物的本质所在。人类首先满足自身生存和发展需要这一自然属性,因此人类的第一实践活动就是在群居的方式下发展生产力,而在发展生产力的生产实践过程中,群居的人们逐渐形成了和生产力相适应的生产关系,于是一定的制度就开始逐渐形成,于是为维护这种生产关系的社会机构和规则开始确立,而这些规则的确立则由在整个社会分工体系中的不同利益集团、阶层和阶级之间的利益冲突综合塑造而成。例如,私有制就是从生产力发展到开始出现剩余以及出现分工后开始形成的,而为了协调和管理由于分工带来的困难而形成了专门执行公共职能的国家。这比新制度经济学派的私有制和国家起源要逻辑清晰的多。

新制度经济学则以孤立的、单个的个人作为意识形态研究的出发点。新制度经济学看来,只有个体才能够进行选择和行动,群体则既不能选择也不能行动。如果所分析的群体同样进行选择和行动,则不符合科学的准则。所以说,虽然新制度经济学研究人及人与人之间的相互关系,但是,以生产资料为基础的社会生产关系的运动并不在他们研究的视野范围之

---

① 马克思、恩格斯:《马克思恩格斯选集(第1卷)》,北京:人民出版社1995年版,第56页。
② 魏崇辉:《马克思主义与新制度经济学意识形态思想的比较研究》,《天府新论》2008年第2期,第43~46页;魏崇辉:《新制度经济学视角的意识形态研究》,南京:东南大学硕士论文2004年;魏崇辉、王岩:《制度变迁理论的比较与启示——基于理论预设视角》,《经济问题》2009年第6期,第16~19页;魏崇辉:《两种意识形态理论的比较研究:马克思主义与新制度经济学——一个分析框架构建的初步尝试》,《上海行政学院学报》2010年2期,第4~13页;魏崇辉:《论科斯产权理论的基本特点和借鉴意义》,《盐城师范学院学报(人文社会科学版)》2003年第1期,第21~24页。

内，其分析的目的是研究市场交易中设计怎样的制度规则来制约个人的不确定行为，更好地实现行为者的利益最大化目标。①新制度经济学从抽象人性假设出发，认为制度起源于人们防止机会主义而缔结的契约。他们不是从真实的历史出发，而是从一开始就假定社会处于机会主义盛行、个人利益冲突的"自然状态"——"霍布斯状态"，得出结论认为，个人与个人之间为了减少"交易成本"、增加"合作收益"而进行缔约，这样就建立了制度。②自由的个人之间经过多次博弈，创造了私有制，于是脱离了"霍布斯状态"。霍布斯的思想在现代产权理论中得到淋漓尽致的发挥。③但新制度经济学派的所谓"霍布斯状态"假设已经完全与迄今为止的人类社会学和历史学所揭示的事实不符。因为制度赖以生存的"市场"是不明确的。市场要求具备一些基本的条件，如独立的主体和客体，自由的选择和交易等等。但是，大多数的社会制度是建立在人与自然、人与人的冲突中经历不断的试错过程形成的，并非人们自由选择和交易出来的。特别是人类社会的基本制度和总体结构，更是不以人的意志为转移的客观存在。所以说，制度存在的政治市场、经济市场的边界是不明确的。同时，制度均衡更加难求。诺斯引入国家理论来弥合缺乏经验事实支持的产权理论中存在的问题。但国家又存在有悖论。结果，意识形态理论适时出场，而意识形态理论最终仍然没有摆脱新制度经济学理论缺乏经验事实的窠臼。④意识形态理论最终依旧是为了鼓吹私有产权的最优，服务于资本主义意识形态的目的。所以说，新制度经济学有一种倾向是从既定的西方世界出发，将

---

① 胡均、刘凤义：《经济学关于人及其经济行为特征的分析———马克思经济学与新制度经济学的比较》，《教学与研究》2001年第5期，第37页；魏崇辉：《马克思主义与新制度经济学意识形态思想的比较研究》，《天府新论》2008年第2期，第43~46页；魏崇辉：《新制度经济学视角的意识形态研究》，南京：东南大学硕士论文2004年；魏崇辉、王岩：《制度变迁理论的比较与启示——基于理论预设视角》，《经济问题》2009年第6期，第16~19页；魏崇辉：《两种意识形态理论的比较研究：马克思主义与新制度经济学——一个分析框架构建的初步尝试》，《上海行政学院学报》2010年第2期，第4~13页；魏崇辉：《论科斯产权理论的基本特点和借鉴意义》，《盐城师范学院学报（人文社会科学版）》2003年第1期，第21~24页。

② 林岗、刘元春：《诺斯与马克思：关于制度的起源和本质的两种解释的比较》，《经济研究》2000年第6期，第58~65、78页。

③ 程恩富、胡乐明主编：《新制度经济学》，北京：经济日报出版社2005年版，第31~32页。

④ 新制度经济学坚持经济人假设，追求自身利益最大化原则来描述个人的行为。而同时，又引入意识形态理论。但如果个人行为受到意识形态的约束，那么个人就不能成为利润最大化者。新制度经济学引入意识形态理论使得其分析陷入了自相矛盾的境地。

产权局限于私有产权，私有产权是逻辑上和历史上产权制度演进的起点。

二、方法论个人主义与意识形态的社会性

贯穿马克思制度分析的方法论基础是集体主义、社会主义、历史唯物主义及系统分析的整体观，这使他在经济思想史中独树一帜，很多后来的制度经济理论家都从他那里汲取营养。①马克思主张人的本性是其社会关系的总和，一方面表明了他对人的社会性的重视——其中暗示了集体利益，另一方面也点明了抽象孤立的个人偏好仅是幻想中的事物。实际上，这等于是说，个人的偏好严重地受到其他人或他自己所属的集体或阶级的影响，同时还受到与此有关的制度的约束。显而易见，这种看法并未抹煞个人，只不过强调了社会性罢了。②马克思主义意识形态理论的逻辑起点和现实基础是现实的人，其目标指向是追求全人类的解放，建设一个"自由人的联合体"，"在那里，每个人的自由发展是一切人的自由发展的条件。"马克思主义从现实社会活动着的人出发去分析意识形态，分析社会，而不是从抽象的人出发。但是，这种现实的人是社会中的个人，只有一个阶级成员进行集体行动，才能实现和体现其自身的利益和价值。按照新制度经济学的理解，意识形态是一种重要的制度安排，具有降低交易成本的作用。但只有在集体行动中，才能节约交易成本。意识形态本身就不是一个单纯的个体事件。新制度经济学将意识形态纳入到个人主义的方法论中，运用成本——收益分析意识形态，这使得其对意识形态的认识只能停留在经验现象层面，无法获取对意识形态的本质认识。而马克思主义意识形态理论没有抹煞个人，但更注重社会性，具有优越性。

新制度经济学的发展和完善从马克思制度分析方法中吸取养分。新制度经济学"被刻画成形式主义（特别在其新古典主义和博弈论的表现形式中）、个人主义、归纳主义，倾向理性选择和节约模型以及一般的反干

---

① 魏崇辉：《马克思主义与新制度经济学意识形态思想的比较研究》，《天府新论》2008年第2期，第43～46页；魏崇辉：《新制度经济学视角的意识形态研究》，南京：东南大学硕士论文2004年；魏崇辉、王岩：《制度变迁理论的比较与启示——基于理论预设视角》，《经济问题》2009年第6期，第16～19页；魏崇辉：《论科斯产权理论的基本特点和借鉴意义》，《盐城师范学院学报（人文社会科学版）》2003年第1期，第21～24页。

② 张宇燕：《经济发展与制度选择——对制度的经济分析》，北京：中国人民大学出版社1992年版，第37页。

预主义。"①方法论个人主义是西方经济学分析经济组织和经济行为以及市场过程的主导方法。新制度经济学"……与其前辈—古典的政治经济学及其变体—现代新古典微观经济学,都遵循一个基本的方法论假定。只有个人作出选择和行动。集体本身不选择也不行动,把集体当作进行选择而提出的分析是不符合通行的科学准则的。社会总体仅仅被看作个人做出选择和采取行动的结果。"②方法论中的个人主义,几乎是普遍地被主流经济学家或非马克思主义经济学家所接受。新制度经济虽然指出了"经济人"的局限性,注意到制度的作用,但是,它仍然主要是以个人主义方法论基础。③我们知道,新古典经济学虽然正确地强调了资源的稀缺性(新制度经济学继承了这一点),但是却抽象掉了时间的和制度的因素,抽象掉了经济过程中的政治和文化因素,抽象掉了阶级、国家、利益集团的因素,抽象掉了垄断、强制和市场的因素,只能是一种逻辑—数理科学。新制度经济学从批评新古典经济学对于制度问题的忽视出发,基本上继承了新古典经济学方法论。在不离开这一方法论的前提下,"新制度经济学不满足以新古典经济学为代表的主流派经济学只关心瞬间资源配置和静态均衡的分析方法,主张把制度因素引入经济分析之中以解释长期经济变迁的原因。"④但问题依然存在。⑤新制度经济学的行为主体具有社会性。形

---

① [英]卢瑟福:《经济学中的制度:老制度主义和新制度主义》,北京:中国社会科学出版社1999年版,第6页。

② 何增科:《新制度主义——从经济学到政治学》,刘军宁主编:《公共论丛(第2卷)》,北京:三联书店1996年版,第338~339页。

③ 魏崇辉:《马克思主义与新制度经济学意识形态思想的比较研究》,《天府新论》2008年第2期,第43~46页;魏崇辉:《新制度经济学视角的意识形态研究》,南京:东南大学硕士论文2004年;魏崇辉、王岩:《制度变迁理论的比较与启示——基于理论预设视角》,《经济问题》2009年第6期,第16~19页;魏崇辉:《两种意识形态理论的比较研究:马克思主义与新制度经济学——一个分析框架构建的初步尝试》,《上海行政学院学报》2010年第2期,第4~13页;魏崇辉:《论科斯产权理论的基本特点和借鉴意义》,《盐城师范学院学报(人文社会科学版)》2003年第1期,第21~24页。

④ 何增科:《新制度主义:从经济学到政治学》,刘军宁主编:《公共论丛(第2卷)》,北京:三联书店1996年版,第346页。

⑤ 魏崇辉:《马克思主义与新制度经济学意识形态思想的比较研究》,《天府新论》2008年第2期,第43~46页;魏崇辉:《新制度经济学视角的意识形态研究》,南京:东南大学硕士论文2004年;魏崇辉、王岩:《制度变迁理论的比较与启示——基于理论预设视角》,《经济问题》2009年第6期,第16~19页;魏崇辉:《两种意识形态理论的比较研究:马克思主义与新制度经济学——一个分析框架构建的初步尝试》,《上海行政学院学报》2010年第2期,第4~13页;魏崇辉:《论科斯产权理论的基本特点和借鉴意义》,《盐城师范学院学报(人文社会科学版)》2003年第1期,第21~24页。

成这种社会性的基本要件是社会制度,在新制度经济学看来即为私有制的市场经济和资源占有及分配结构。但同时,新制度经济学认为,"个人的效用只有它自己才清楚",每个人都有自己特殊的成本——收益函数,而且这种特殊的成本——收益函数又是建立在每个人不同的行为目标基础之上的,只有个人才是行为的真正主体,才能产生制度需求、制度供给、制度均衡、制度非均衡等。而制度(意识形态)作为一种"公共产品",是社会的总体规则,制度变迁的过程依赖于自身因素、初始条件、环境变化等,道路是多样的、发散的,而不是惟一的、收敛的。不断试错是制度变迁的惟一选择。这样,人们就无法确定制度供给和制度需求的主体,也不可能真正确定制度的成本与收益。①

三、以降低交易成本为意识形态的基本功用

马克思最初阐述他的意识形态理论主要是从其批判功用开始的。新制度经济学则是为了规避道德风险,弱化搭便车和偷懒,最终起到降低交易成本的作用。这是新制度经济学的独特创见。②因此,必须充分重视意识形态经济功能,加大对意识形态工作的投资。而且,作为一种非正式制度,意识形态的变迁不可避免。在此过程中,国家作为主要的制度供给者起到重要作用。必须积极引导强制性和诱致性制度变迁的结合,激发基层的积极性,掌握维系政权合法性的主动权。同时,上面的分析指出,马克思主要把意识形态视为一个否定性的概念。这主要是因为在创立、发展科学社会主义学说的初期阶段,几乎前进进程中的每一步都要和各种各样的错误思潮进行斗争。马克思首次阐明他的意识形态主张主要是针对各种德意志意识形态。在马克思主义的传播过程中,更是先后遇到了诸多资产阶级思潮的进攻。马克思、恩格斯强调意识形态的否定性含义并不是偶然。这符合马克思创立唯物史观时的实际情况。在马克

---

① 魏崇辉:《马克思主义与新制度经济学意识形态思想的比较研究》,《天府新论》2008年第2期,第43~46页;魏崇辉:《新制度经济学视角的意识形态研究》,南京:东南大学硕士论文2004年;魏崇辉、王岩:《制度变迁理论的比较与启示——基于理论预设视角》,《经济问题》2009年第6期,第16~19页;魏崇辉:《两种意识形态理论的比较研究:马克思主义与新制度经济学——一个分析框架构建的初步尝试》,《上海行政学院学报》2010年第2期,第4~13页;魏崇辉:《论科斯产权理论的基本特点和借鉴意义》,《盐城师范学院学报(人文社会科学版)》2003年第1期,第21~24页。

② 同上。

思主义意识形态理论发展过程中,虽然列宁不再抽象地谈论意识形态的"虚假性",并且在马克思主义意识形态理论发展史上首次阐述了"科学的意识形态"的概念,并不能说,他放弃了意识形态的批判。事实上,列宁也十分重视意识形态的批判功能。必须积极坚持意识形态的批判功用,加强意识形态的创新。①

诺斯认为,由于没有运用现代经济学的范畴或方法来进行分析,马克思主义没有提出实证的意识形态理论,因而不能解决"搭便车"问题。这同样是诺斯等新自由主义者对马克思主义展开批评的地方之一,他们认为马克思没有将搭便车之类机会主义行为方式纳入制度分析。对于这个问题,马克思的理解是,虽然人类社会的发展是由无数个体的选择汇合而成的,但个体的选择并不能完全取决自己的意志。②这是由于个人所面对的既定前提是其生活的那个时代的生产力状况。个人不能自由选择生产力,同样不能自由选择由生产力决定的生产关系③。同时,依据马克思主义理论,诺斯认为的个人的"搭便车"行为对于制度变迁和更替,是无足轻重。因此,从根本上说,改变个体自身命运的途径是改变其所属的那个阶级、集团在既定生产关系中的地位。当既定生产关系发生改变的时候,整个社会集团或者阶级的集体行动就无法避免了。而代表先进生产力的阶级在摧毁旧有制度后,其政治上的代表就会对建立和健全与新的生产关系相适应的法律准则、社会规范和意识形态。因此,一如我们所知,虽然马克思主义的经典作家,尤其是马克思本人没有一个独立的意识形态理论,甚至于在对资本主义意识形态个案进行批判的时候放弃使用意识形态这个词,但却能够对人类社会发展的历程作出科学的解释。更为重要的是,马

---

① 魏崇辉:《马克思主义与新制度经济学意识形态思想的比较研究》,《天府新论》2008年第2期,第43~46页;魏崇辉:《新制度经济学视角的意识形态研究》,南京:东南大学硕士论文2004年;魏崇辉、王岩:《制度变迁理论的比较与启示——基于理论预设视角》,《经济问题》2009年第6期,第16~19页;魏崇辉:《两种意识形态理论的比较研究:马克思主义与新制度经济学——一个分析框架构建的初步尝试》,《上海行政学院学报》2010年第2期,第4~13页;魏崇辉:《论科斯产权理论的基本特点和借鉴意义》,《盐城师范学院学报(人文社会科学版)》2003年第1期,第21~24页。

② 林岗、刘元春:《诺斯与马克思:关于制度的起源和本质的两种解释的比较》,《经济研究》2000年第6期,第58~65页,第78页。

③ 同上。

克思主义本身就是一种科学的意识形态理论,其在解释历史的同时,更加推动了人类历史的前行。强调降低交易成本为意识形态基本功用的新制度经济学却有意无意地忽视意识形态的阶级性,这使得其对历史的解释力大大受挫,也使得其带有明显的欺骗性,因为实质上新制度经济学是以资本主义意识形态为永恒存在的。

四、以非阶级因素为意识形态变迁推动力

新制度经济学和马克思主义"都认为不能脱离意识形态来分析制度变迁。他们的制度变迁理论中都有一个意识形态理论,并且都认为意识形态具有群体性。"[①] 不过,新制度经济学主要是从地理环境、宗教等方面阐释意识形态,而马克思主义主要从阶级层面来分析意识形态,也会涉及地理环境、宗教等方面的因素。马克思主义认为"人们在自己生活的社会生产中发生的一定的、必然的、不以他们的意志为转移的关系,即同他们的物质生产力的一定发展阶段相适应的生产关系。这些生产关系的总和构成社会的经济结构,即有法律的政治的上层建筑竖立其上并有一定的社会意识形式与之相适应的现实基础。"[②] 马克思认为,决定一个阶级意识形态的最终推动力是社会现实。[③] 历史上的各种意识形态形式是对社会现实的反映。现实世界中的对立、冲突导致了不合理社会结构的存在,使得意识形态的掩盖和粉饰成为一种必要。统治阶级由于自身利益的特殊性,总是制造出以普遍利益的外貌出现,实则体现统治阶级利益的"虚假的意识"。同时,生产力发展状况和阶级压迫也在一定程度上制约了人们的认知能力,使得人们在认识外部世界上存在一定的局限性,从而促成了历史上意识形态的虚假性出生。

---

① 吴宣恭等:《产权理论比较——马克思主义与西方现代产权学派》,北京:经济科学出版社2000年版,第303页。

② 马克思、恩格斯:《马克思恩格斯选集(第2卷)》,北京:人民出版社1995年版,第32页。

③ 魏崇辉:《马克思主义与新制度经济学意识形态思想的比较研究》,《天府新论》2008年第2期,第43~46页;魏崇辉:《新制度经济学视角的意识形态研究》,南京:东南大学硕士论文2004年;魏崇辉、王岩:《制度变迁理论的比较与启示——基于理论预设视角》,《经济问题》2009年第6期,16~19页;魏崇辉:《两种意识形态理论的比较研究:马克思主义与新制度经济学——一个分析框架构建的初步尝试》,《上海行政学院学报》2010年第2期,第4~13页;魏崇辉:《论科斯产权理论的基本特点和借鉴意义》,《盐城师范学院学报(人文社会科学版)》2003年第1期,第21~24页。

新制度经济学则认为意识形态起源于地理位置、职业专门化和劳动分工。"不同的意识形态起源于地理位置和职业专门化。最初，它是经验各异的相邻的人群在地理上的分布，这种各异的经验逐渐结合成语言、习惯、禁忌、神话和宗教，最终形成与其他人相异的意识形态。"诺斯认为意识形态的起源要从地理位置算起，地理分布上的差异性，使得今天幸存下来的民族具有了差异性，最终导致了相互冲突的意识形态。同时，"职业专门化和劳动分工也导致了对于现实的相异的经验和不同的乃至对立的观点。"①但是，诺斯同时承认"伦理规范也仍有一些无法解释的问题。是什么使伦理演进或消失？""我们没有一个对社会伦理规范的合理解释"。②他试图立足认知科学的角度展开了对意识形态产生心理机制的考察。他从个体心智图式的形成推演出作为群体共享心智图式的意识形态的形成。这体现了经济学研究的一贯手法。诺斯认为，作为共享的心智图式的意识形态，是个体、群体拥有的来理解和描绘环境应如何构建的心智图式构架。推动意识形态变迁的不仅包括即时的直接经验，还包括个人一出生即浸淫其中的人类过去经验浓缩的文化传统等非直接经验。③同时，诺斯认为，马克思使得意识形态依赖一个人在生产过程中的地位，这对发展成阶级意识贡献巨大。

五、以西方世界为理论构建的基本语境

两种意识形态理论对"产权"、"意识形态"等基本概念及其功用理解上存在差异，这影响直接到它们各自意识形态理论的适应性。作为新制度经济学代表人物，科斯的产权理论主要围绕产权的定义以及交易费用对产权制度形成的影响而展开。在科斯看来，产权是指由物（不仅仅指生产资料）的存在及关于它们的使用所引起的人们之间的相互认可的行为关系。产权大体上包括：所有权、使用权、处分权和收益权等。产权的这几种组成部分没有轻重之分。那么，什么样的产权制度最符合科斯的要求呢？他在《社会成本问题》一文中指出，可以使交易费用最小的产权界定

---

① ［美］诺思：《经济史中的结构与变迁》，上海：上海三联书店1994年版，第56页。
② ［美］诺思：《制度、制度变迁与经济绩效》，上海：上海三联书店1994年版，第59页。
③ 陈书静：《马克思与诺斯的意识形态理论比较研究》，《上海财经大学学报》2006年第5期，第3~9页。

制度是最好的产权制度。①而意识形态概念，在新制度经济学看来，包括"人们在最低程度上假定，每个人的个人行为受一整套习惯、准则和行为规范的协调。这些习惯、准则和规范最初是从家庭，然后通过教育过程和其他机构，诸如教会取得的。但是，当我们认识到我们每个人的生活是由普通的知识来指导和这些知识基本上是理论性的时候，意识形态就努力使个人和团体的行为方式理性化。"②新制度经济学从新古典经济学的理论预设出发，运用方法论个人主义，将意识形态也类比为市场中个人行为，认为群体意识形态是个人意识形态的简单加总。这种对意识形态个人主义的分析模式必然是不科学的。作为新制度经济学一个组成部分意识形态理论的"意识形态"属于齐泽克所区分的意识形态概念三个维度中的第一层面的：作为观念复合体（理论、信念、信仰和论证过程）的意识形态，是"观念的上层建筑"。除了这个维度之外，齐泽克还强调了意识形态的另外两个维度：客观形式的意识形态，即意识形态的物质性，意识形态国家机器；在社会现实的心脏中起作用的"自发的"意识形态。③马克思主义的意识形态概念涵盖了三个维度，且都做了深入剖析。可见，新制度经济学的意识形态是界定在西方世界的既定语境之下的，是一种"自然而然"的真理与价值统一。

在批判地继承古典政治经济学的基础之上，马克思解释了产权在资本主义经济运行中的演进过程，深刻而又精辟地阐释其对产权问题的理解。马克思对法律上的财产关系（法权关系）与生产过程中的财产关系（经济关系）做了区分，指出法律上的产权制度（产权关系）作为一种法权关系，属于社会上层建筑的范畴，是一定社会财产关系的法律表现，与社会

---

① 魏崇辉：《马克思主义与新制度经济学意识形态思想的比较研究》，《天府新论》2008年第2期，第43~46页；魏崇辉：《新制度经济学视角的意识形态研究》，南京：东南大学硕士论文2004年；魏崇辉、王岩：《制度变迁理论的比较与启示——基于理论预设视角》，《经济问题》2009年第6期，16~19页；魏崇辉：《两种意识形态理论的比较研究：马克思主义与新制度经济学——一个分析框架构建的初步尝试》，《上海行政学院学报》2010年第2期，第4~13页；魏崇辉：《论科斯产权理论的基本特点和借鉴意义》，《盐城师范学院学报（人文社会科学版）》2003年第1期，第21~24页。

② [美]诺斯：《经济史中的结构与变迁》，上海：上海三联书店、上海人民出版社1994年版，第52~54页。

③ [斯洛文尼亚]斯拉沃热·齐泽克等：《图绘意识形态》，南京：南京大学出版社2002年版，第12页。

物质经济关系有密切关系，最终由一定社会的生产关系的性质决定。产权关系首先是一个现实的生产范畴，其中最具决定意义、最根本的是生产资料归谁所有。所有权决定使用权、处分权、收益权等。而产权关系的变化和发展是由生产力的发展最终决定的。马克思主义认为不存在超越一定的社会基础的产权关系或者产权制度，也不存在永恒的适用于一切社会的产权制度。马克思在《哲学的贫困》中指出："……要想把所有权作为一种独立的关系、一种特殊的范畴、一种抽象的和永恒的观念来下定义，这只能是形而上学或法学的幻想。"①而科斯的产权概念主要是阐明资本主义产权关系的永恒性。新制度经济学家对社会经济问题的解读是建立在西方资本主义国家语境的基础之上的，缺乏广泛的适用。新制度经济学将论述的前提唯一地定义为"产权清晰"，完全立足在资本主义发展比较完善，政治体系较为健全，法律体系比较完善的资本主义国家基础之上。同时，这种私有产权安排被他们永恒化。新制度经济学无法用来解释非市场制度（如自然经济和传统的计划经济，专制主义政治体制）。因为在这些情况下，不存在自由交易的环境要件。对于在这些情况下的意识形态缺乏充分认识。这使得其适用性受到极大影响。②

六、 以解释西方世界为基本目标

缪尔达尔曾经指出，"当人们不得不把马克思当作经济科学发展史上伟大的经典作家之一看待的时候……是基于开创制度经济学方面的成果。"③马克思是制度分析的杰出代表。诺斯也指出，"在详细描述长期变迁的各种理论中，马克思的分析框架是最有说服力的，这恰恰是因为它包括了新古典分析框架所遗漏的所有因素：制度、产权、国家和意识

---

① 马克思、恩格斯：《马克思恩格斯全集（第4卷）》，北京：人民出版社1995年版，第180页。
② 魏崇辉：《马克思主义与新制度经济学意识形态思想的比较研究》，《天府新论》2008年第2期，第43～46页；魏崇辉：《新制度经济学视角的意识形态研究》，南京：东南大学硕士论文2004年；魏崇辉、王岩：《制度变迁理论的比较与启示——基于理论预设视角》，《经济问题》2009年第6期，第16～19页；魏崇辉：《两种意识形态理论的比较研究：马克思主义与新制度经济学——一个分析框架构建的初步尝试》，《上海行政学院学报》2010年第2期，第4～13页；魏崇辉：《论科斯产权理论的基本特点和借鉴意义》，《盐城师范学院学报（人文社会科学版）》2003年第1期，第21～24页。
③ ［瑞典］缪尔达尔：《反潮流：经济学批判论文集》，北京：商务印书馆1992年版，第248页。

形态。"①马克思主义意识形态理论的基本立场是辩证唯物主义和历史唯物主义的。在此基础之上,马克思科学地揭示了资本主义矛盾和资本主义发展趋势。马克思在《资本论》序言中说,"我要在本书研究的,是资本主义生产方式以及和它相适应的生产关系和交换关系。"②"本书的最终目的就是揭示现代社会的经济运动规律。"③马克思主义的制度变迁理论关注的中心在于剖析人类社会发展的普遍性规律。④作为这个宏观制度变迁理论的另一种表达方式,马克思主义意识形态理论包含有意识形态本质理论、意识形态批判理论、意识形态构建理论与意识形态超越理论,体现出对资本主义意识形态的批判和超越,对社会主义意识形态的追求,同样是人类社会发展普遍性规律的展示,也显示出马克思主义意识形态理论的基本立场与旨趣。

新制度经济学从构建一个完整的解释框架出发阐释意识形态理论,为了完善符合经验史实的制度变迁理论框架,以完整地解释经济实绩。在《经济史中的结构与变迁》中,诺斯指出,"我把按时序解释经济结构及其实绩作为经济史的研究任务。我所关心的'实绩'是经济学家们通常所注意的问题,诸如生产多少、成本与收益的分配和生产的稳定性。我主要用总产出、人均产出以及社会收入的分配来说明实绩。我所说的'结构'是指那些我们相信是决定实绩基本因素的社会特征。在此,我把一个社会的政治和经济制度、技术、人口及意识形态都包括在里面。"⑤也就是说,新制度经济学的解释路径是基于既定框架结构展开的,运用修正的新古典经济学来解释历史。这被指责是严重违背历史和现实的。诺斯解释制度起源的历史考察是非历史的方法。新制度经济学有意地回避了马克思主义的阶级分析,强调了人类社会宏观上的协作,而否定了阶级冲突对制度

---

① [美]诺思:《经济史中的结构与变迁》,上海:上海三联书店1994年版,第68页。
② 马克思:《资本论(第1卷)》,北京:人民出版社1975年版,第8页。
③ 同上。
④ 魏崇辉:《新制度经济学视角的意识形态研究》,南京:东南大学硕士论文2004年;魏崇辉、王岩:《制度变迁理论的比较与启示——基于理论预设视角》,《经济问题》2009年第6期,第16~19页;魏崇辉:《两种意识形态理论的比较研究:马克思主义与新制度经济学——一个分析框架构建的初步尝试》,《上海行政学院学报》2010年第2期,第4~13页。
⑤ [美]诺思:《经济史中的结构与变迁》,上海:上海三联书店1994年版,第3页。

（意识形态）的影响，其基本立场可以从诺斯引入意识形态理论所解释的对象——西方世界的兴起看出来。诺斯认为，西方世界兴起的根本原因在于制度。"有效率的经济组织是经济增长的关键；一个有效率的经济组织在西欧的发展正是西方兴起的原因所在。"[①]而制度的核心是产权制度。新制度经济学对中国等亚洲国家的历史很少涉及。事实上，中西历史的差异是明显和巨大的。"诺斯的理论在一定程度上能够诠释英国式的制度变迁。但是，即使在英国式的连续性制度变迁中，也会有林肯废奴、罗斯福新政这样的改变国家旧制度的剧烈变革。而对于实行其他现代化模式的国家来说，虽然国家依然是那个国家，但是政治制度却可能因为非连续性的巨变而完全不同。因此不研究新的国家是如何产生的，就不能理解很多国家的制度变迁。另外，我们也不同意诺斯关于非连续性制度变迁类型的划分，因为在现代化的历程中，很多非连续性变迁是制度本身的问题而引发的，比如苏联的解体，一些拉美国家的现代化中断，甚至于法西斯德国和日本的失败。"[②]从根本上来看，新制度经济学是"他们"的，而不是"我们"的。[③]

七、以资本主义意识形态为永恒存在

马克思主义的意识形态理论更多针对意识形态的阶级性，揭示了其本质。新制度经济学则认为，意识形态作为一种重要的制度因素存在的意义主要在于其经济功能。马克思主义认为意识形态属于上层建筑领域，经济基础对其起到根本的决定作用。意识形态不是从来就有的，也不是永恒存在的。它有自己产生、发展和消亡的历史过程。马克思主义认为，意识形态是人类社会的物质生产和分工发展到一定阶段的产物。人类社会产生之初，生产力极其低下，生产关系非常狭隘，人类认识世界和改造世界的能力十分有限，社会意识的表现为自然宗教。随着生产力的提高，社会关系和社会交往不断扩大，特别是当分工进入到物质劳动和精神劳动相分离的

---

① [美]诺思·托马斯：《西方世界的兴起》，北京：华夏出版社1999年版，第5页。
② 杨光斌：《诺斯制度变迁理论的贡献与问题》，《华中师范大学学报（人文社会科学版）》2007年第3期，第33~34页。
③ 魏崇辉、王岩：《制度变迁理论的比较与启示——基于理论预设视角》，《经济问题》2009年第6期，第16~19页。

阶段，人类的社会意识进入到意识形态时期。物质劳动和精神劳动的分工导致了统治阶级与被统治阶级的对立与分离，也直接促成了统治阶级内部的分工，有一部分人专门从事思想活动。意识形态应运而生了。意识形态是人类社会的物质生产和分工发展到一定阶段的产物，并且将随着人类共产主义社会的实现而消亡。只要社会分工是自发而非自愿的，对于大部分社会成员来说，意识形态就是一种异己的力量。在强制性社会分工发达的资本主义社会，以"商品拜物教"为核心的资本主义意识形态掩盖了资本与劳动之间的真实关系。对资本主义意识形态的消灭，不能通过精神批判来实现，必须摧毁意识形态赖以存在的社会基础。这一历史使命只能由无产阶级才能承担。而无产阶级要完成这一使命，必须以"共产主义意识"指导革命。通过革命，推翻现存的资本主义。在通往共产主义社会的途中，随着自发分工的逐渐消亡，意识形态也会消亡。共产主义的实现是意识形态终结的标志。①所以，永恒的意识形态是不存在的。

新制度经济学否认历史的发展存在着根本的动力和决定性的因素，而是把制度的变迁归结于各种变量之间的相互作用。"……它带有循环论证的倾向。新制度经济学家认为，经济绩效的好坏应从制度的优劣入手来分析，但评判制度优劣的标准又是以经济绩效的好坏为依据，如此便陷于循环论证之中。"②这种现象在新制度经济学广泛存在。再比如"诺斯悖论"。一方面，国家规定和保护产权，追求社会产出的最大化，另一方面，国家又追求统治者收入的最大化，从而成为经济衰退的根源。结果留下了"类似蛋生鸡、鸡生蛋的难题。"③"只有把社会关系归结于生产关系，把生产关系归结于生产力的高度，才能有可靠的根据把社会形态的发

---

① 郑永廷等：《社会主义意识形态发展研究》，北京：人民出版社2002年版，第20~22页；俞吾金：《意识形态论》，上海：上海人民出版社1993年版，第66~67页；魏崇辉：《马克思主义与新制度经济学意识形态思想的比较研究》，《天府新论》2008年第2期，第43~46页；魏崇辉：《新制度经济学视角的意识形态研究》，南京：东南大学硕士论文2004年；何增科：《新制度主义——从经济学到政治学》，刘军宁主编：《公共论丛（第2卷）》，北京：三联书店1996年版，第351页。

② 何增科：《新制度主义——从经济学到政治学》，刘军宁主编：《公共论丛（第2卷）》，北京：三联书店1996年版，第351页。

③ 张宇：《过渡之路——中国渐进式改革的政治经济分析》，北京：中国社会科学出版社1997年版，第31页。

展看作是自然历史过程。不言而喻,没有这种观点,就不会有真正的社会科学。"①新制度经济学缺少的正是这一点。由于是基于资本主义国家的大前提构建自己的理论,所以在他们看来,资本主义制度具有永恒性,市场经济、产权制度、交易费用乃至资本主义意识形态都是永恒存在的实体。②

---

① 列宁:《列宁选集(第1卷)》,北京:人民出版社1995年版,第9页。
② 魏崇辉:《马克思主义与新制度经济学意识形态思想的比较研究》,《天府新论》2008年第2期,第43~46页;魏崇辉:《新制度经济学视角的意识形态研究》,南京:东南大学硕士论文2004年;魏崇辉、王岩:《制度变迁理论的比较与启示——基于理论预设视角》,《经济问题》2009年第6期,第16~19页;魏崇辉:《两种意识形态理论的比较研究:马克思主义与新制度经济学——一个分析框架构建的初步尝试》,《上海行政学院学报》2010年第2期,第4~13页;魏崇辉:《论科斯产权理论的基本特点和借鉴意义》,《盐城师范学院学报(人文社会科学版)》2003年第1期,第21~24页。

第六章 维护意识形态安全的具体路径：基于对新制度经济学意识形态理论的超越

通过上文的分析可以看出，新制度经济学意识形态理论具有无法克服的矛盾性。作为新制度经济学组成部分的意识形态理论虽然努力运用新政治经济学的策略来消解意识形态，但是最终仍然没有逃脱意识形态性，作为一种新自由主义思潮，新制度经济学本身就是一种资本主义意识形态，这充分体现了其意识形态理论的矛盾性。以马克思主义意识形态理论为指导，通过比较性分析，我们已经对新制度经济学意识形态理论作出了批判性解读。这是在历史唯物主义的指导下，对新制度经济学意识形态理论作出回应的一个层面的工作。除此之外，我们还必须认识到我国当代马克思主义意识形态理论对新制度经济学意识形态理论的超越，这是比较性批判之后的真谛之所在，更是维系我国意识形态安全的基石和关键。

同时，需要注意到的是，虽然我国马克思主义意识形态理论实现了对新制度经济学意识形态理论的超越，但是也不能说明我国意识形态安全就可以高枕无忧了。笔者认为，我们还必须加强社会主义核心价值体系对应对新制度经济学意识形态理论、维护意识形态安全的基础作用，同时，还必须从马克思主义意识形态理论出发，从多个层面维系意识形态安全。上文已经对判断意识形态安全的标准作了初步探析。中共十七届四中全会通过的《中共中央关于加强和改进新形势下党的建设若干问题的重大决定》的自觉划清"四个界限"①着力从中国特色社会主义的指导思想、经济制度、政治民主、思想文化四个方面出发,为维护我国意识形态安全指明了方向。自觉划清"四个界限",有利于进一步认识社会主义核心价值体系的内涵,这对于应对新制度经济学意识形态理论威胁,维护我国意识形态安全具有指导意义。

第一节 我国当代马克思主义意识形态理论对新制度经济学意识形态理论的超越

综合新政治经济学与新自由主义双重视域的新制度经济学意识形态理论与我国当代马克思主义意识形态理论有本质的区别。与新制度经济学意识形态理论相比较,我国当代马克思主义意识形态理论的超越主要体现在:以科学的态度对待意识形态及其建设;始终以最广大人民的根本利益为基本取向;坚持社会主义现代化建设是我们当前最大的政治;以"构建社会主义和谐社会"为当代中国意识形态展示的方式;坚持和平发展道路,反对霸权主义和强权政治。具体来说:

一、以科学的态度对待意识形态及其建设

新中国成立以来,我国在意识形态建设方面有成功的经验,也有失败的教训。马克思主义作为主流意识形态"有效地鼓舞了人们为新制度而奋斗的信心和斗志,并且培养了一大批新制度下的英雄模范人物。尽管在物质'丰饶'程度上我们无法与西方发达国家相比,然而人们毫不怀疑我们的生活方式较之他们更文明,更为健康,而且毫不怀疑我们也终将在物质富裕方面赶上他们。"②但是,由于主客观的原因,我们还没有对社会主义发展规律有正确认识。在意识形态建设方面,陷入了"非此即彼"的怪圈,将意识形态的地位无限拔高,"一大二公"成为我们眼中社

---

① 即"自觉划清马克思主义同反马克思主义的界限,社会主义公有制为主体、多种所有制经济共同发展的基本经济制度同私有化和单一公有制的界限,中国特色社会主义民主同西方资本主义民主的界限,社会主义思想文化同封建主义、资本主义腐朽思想文化的界限,坚决抵制各种错误思想影响,始终保持立场坚定、头脑清醒。"

② 候惠勤:《正确世界观人生观的磨砺:马克思主义著作精要研究》,南京:南京大学出版社2002年版,第6页。

会主义的标志,"宁要社会主义的草,不要资本主义的苗"受到极大的推崇和追捧。结果,使得马克思主义陷入僵化和教条的境地,影响力和吸引力受到了极大的挫伤。在汲取了意识形态建设的经验和教训之后,我国当代意识形态理论坚持以科学的态度对待意识形态及其建设。坚持当代中国意识形态理论的基本观点和原则,既不能抬高、又不忽视意识形态的地位与作用,应该给它以适当的位置。必须坚持在改革和发展中不搞无意义的争论,要争取时间一心一意搞建设。我们必须认识到,社会主义的优越性从根本上来说是靠全新的经济关系和经济发展、人民生活水平的提高来体现的,不是靠意识形态的优越性来体现的。意识形态的建设及其优越性只能以其是否能否推动生产力的发展、推进民主政治建设、推动人民生活水平的提高等来体现,不能脱离经济基础来搞意识形态领域里的阶级斗争。马克思主义意识形态理论认为,物质决定意识,社会存在决定社会意识,因此,不能夸大意识形态的反作用。与经济建设、社会建设相比较,意识形态只能处于辅助位置。1992年,邓小平说:"不搞争论,是我的发明。"[1]"不争论"思想要求我们在改革的具体工作中,日常工作中,不搞抽象的意识形态争论。

但是,在一些事关改革开放前途与命运的关键时候,再不表明立场就不可以了。当前新制度经济学的大肆宣扬,一定程度上提醒我们时刻要以科学的态度对待意识形态及其建设,不能在关涉原则性的一些问题上犯错误。新制度经济学认为,意识形态"人们在最低程度上假定,每个人的个人行为受一整套习惯、准则和行为规范的协调。这些习惯、准则和规范最初是从家庭,然后通过教育过程和其他机构,诸如教会取得的。但是,当我们认识到我们每个人的生活是由普通的知识来指导和这些知识基本上是理论性的时候,意识形态就努力使个人和团体的行为方式理性化。"[2]在诺斯看来,意识形态概念的具体内容,主要是指道德和伦理,阶级性标准没有受到其关注。而且,他也没有区分个人意识形态与群体意识形态的

---

[1] 邓小平:《邓小平文选(第3卷)》,北京:人民出版社1993年版,第374页。
[2] [美]诺斯:《经济史中的结构与变迁》,上海:上海三联书店、上海人民出版社1994年版,第52~54页。

不同。群体意识形态可以被认为是个人意识形态的简单加总，这与市场中群体消费总和等于个人消费的简单相加相似。这是一种典型的西方个人主义价值观的体现。所以说，新制度经济学的与马克思主义有根本的不同，是为一种"中立"的概念，有明显"泛滥"之嫌。这种意识形态概念不是一种科学的意识形态概念，更加无法指导科学地对待意识形态及其建设。虽然新制度经济学凸显了意识形态的作用，指出了其对降低交易成本的功能，但这无法掩盖其推崇资本主义意识形态的实质。

二、始终以最广大人民的根本利益为基本取向

立足于马克思主义意识形态理论，我们可以看出，新制度经济学大力鼓吹私有化。而在当前全球化形势下，在今天资本主义，尤其是西方发达国家资本主义占优的国际局势下，私有化就是国际化，就是要由国际资本来收购。在拉美国家，诸如巴西、阿根廷等一些国家的重要产业，原本具有优势的产业，最终基本上都控制在国际垄断财团手里。新制度经济学的基本利益取向是资本主义的，是国家垄断资本的。与新制度经济学以资本主义为基本目标取向，以资产阶级利益为最大依归不同，我国当代马克思主义意识形态始终以最广大人民的根本利益为基本取向，体现了马克思主义的基本立场。辩证唯物主义和历史唯物主义坚持尊重实践，尊重群众，以人民的利益为取向，坚持把群众利益放在首位，促成我国当代意识形态的基本价值判断。毛泽东曾经指出："为什么人的问题，是一个根本的问题，原则的问题。"[①]十一届三中全会以后，我们党将意识形态工作根本方向重新确立为"为人民服务、为社会主义服务"。[②]始终以最广大人民的根本利益是我国当代马克思主义意识形态的基本取向。

当代中国意识形态理论与实践始终坚持人民利益高于一切的立场。因为我们党是为人民谋利益的党，我们的意识形态是广大人民群众根本利益的集中反映。市场经济条件下，我们需要借鉴诸如新制度经济学之类的西方资本主义思想，强调意识形态的效率功能，但这并不妨碍我们

---

① 毛泽东：《毛泽东选集（第3卷）》，北京：人民出版社1991年版，第857页。
② 邓小平指出："任何进步的、革命的文艺工作者都不能不考虑作品的社会影响，不能不考虑人民的利益、国家的利益、党的利益。培养社会主义新人就是政治。"参见邓小平：《邓小平文选（第2卷）》，北京：人民出版社1994年版，第256页。

坚持将人民群众的利益放在首位。衡量我们各项工作的得失，"应该主要看是否有利于发展社会主义社会的生产力，是否有利于增强社会主义国家的综合国力，是否有利于提高人民的生活水平。"[①]意识形态建设始终需要坚持"三个有利于"的标准。社会主义条件下的意识形态工作是人民的事业。人民是意识形态工作的主体，必须坚持意识形态工作的人民性。这一方面指进行社会主义意识形态建设，维护社会主义意识形态安全态必须充分依靠和调动群众参与。只有紧紧地依靠群众，密切联系群众，倾听群众呼声，真正代表群众利益，才能形成强大的力量，保证意识形态工作顺利开展，有效推进。否则，缺乏甚或丧失群众基础的意识形态只能是无本之末，无法获得前进和发展。另一方面，坚持意识形态工作的人民性是指开展意识形态工作时，必须以人民的利益为出发点和归宿，看"人民拥护不拥护"、"人民赞成不赞成"、"人民高兴不高兴"、"人民答应不答应"。只有这样，而不是以少部分人利益为旨归，才能使得社会主义意识形态建设得以健康稳定地发展，才能使得社会主义意识形态安全得以维护。基于由革命党向执政党转变的重大变化，我们党提出并确立"三个代表"重要思想为党的指导思想。在"三个代表"重要思想中，人民群众是先进生产力和先进文化的创造主体，代表最广大人民的根本利益是"三个代表"的出发点和归宿。十六大之后，我们党又进一步提出了科学发展观，并将"以人为本"明确作为其本质和核心。而随后提出的构建社会主义和谐社会的新理念，强调人与社会、人与人、人与自然的和谐发展。以上这些都反映出人民性已经成为我国主流意识形态的核心价值理念。

三、社会主义现代化建设是我们当前最大的政治

当代中国马克思主义意识形态认为，始终以最广大人民的利益为根本取向，在当下的集中体现就是——社会主义现代化建设是我们当前最大的政治。党的十一届三中全会之前，我们坚持以阶级斗争为纲，忽视生产力的发展，没有把经济建设放在一切工作的首位。十一届三中全会把党和国家的工作中心转移到经济建设上来。我国当前，以经济建设为中心，就

---

① 邓小平：《邓小平文选（第3卷）》，北京：人民出版社1993年版，第372页。

是要党和国家的各项工作,包括意识形态工作必须服从于、服务于经济建设这个中心。对此,邓小平曾经指出,"我们当前以及今后相当长一个历史时期的主要任务是什么?一句话,就是搞现代化建设。……社会主义现代化建设是我们当前最大的政治,因为它代表着人民的最大的利益、最根本的利益。"①"经济工作是当前最大的政治,经济问题是压倒一切的政治问题。不只是当前,恐怕今后长期的工作重点都要放在经济工作上面"②。当代中国政治的基点是社会主义现代化建设,这一观点是基于中国共产党代表最广大人民根本利益得出的。

需要充分认识到的是,改革开放30年来,中国的社会发展取得了巨大的成就,经济增长快速,人民生活水平提高显著。但是,与发达资本主义国家相比较,差距依然很大。特别是,当前现实社会中存在着与社会主义本质不相容的社会问题。比如,社会贫富差距有拉大的趋势,腐败在一定范围还存在,甚至还比较严重,广大人民群众普遍关注的热点难点问题没有得到很好地解决。等等。这些都极大地削弱了社会主义意识形态的说服力,影响到我国意识形态安全。因此,在国情、政情、民情与改革开放之初发生很大变化的情况下,社会主义现代化建设也有了新的内涵。当前,人民群众的根本利益诉求就是在发展的基础上不断改善民生。民生就是当前最大的政治。民生关涉教育、医疗、住房、收入分配、社会保障等一系列问题。真正关注民生,始终以最广大人民的根本利益为基本取向,以人为本,才能真正落到实处。否则,就会给诸如新制度经济学之类的新自由主义意识形态以可趁之机。本质,新制度经济学希望中国尽快实现向他们预想制度,也就是资本主义制度的转变。张五常曾经指出,急速私有化的阵痛并不可怕。可怕的是私有化太慢。而如果实施新制度经济学鼓吹的自由化、私有化和市场化的政策,必将使我国的建设事业偏离社会主义轨道,那样人民的利益将受到根本的损害。

四、以"构建社会主义和谐社会"为展示方式

构建社会主义和谐社会为我国当代马克思主义意识形态的发展提出

---

① 邓小平:《邓小平文选(第2卷)》,北京:人民出版社1994年版,第162~163页。
② 邓小平:《邓小平文选(第2卷)》,北京:人民出版社1994年版,第194页。

了要求，提供了契机。一定社会需要有与之相适应的意识形态作为思想保证、精神动力和智力支持。而我国社会主义和谐社会构建的思想保证、精神动力和智力支持必须是当代马克思主义意识形态。相应地，我国当代马克思主义意识形态必须围绕社会主义和谐社会这条主线展开的。《中共中央关于构建社会主义和谐社会若干重大问题的决定》指出："坚持马克思主义在意识形态领域的指导地位，牢牢把握社会主义先进文化的方向，倡导和谐理念，培养和谐精神，进一步形成全社会共同的理想信念和道德规范，打牢全党全国各族人民团结奋斗的思想道德基础。"①我国当代马克思主义意识形态强调"和谐理念"，凸显"和谐精神"，以构建社会主义和谐社会为根本指向和依归，充分体现了社会主义和谐社会的基本理念，充分反映了社会主义最广大人民的根本利益、愿望和要求。社会主义和谐社会的构建过程就是我国当代马克思主义意识形态的实践过程。

作为一种新自由主义思潮，新制度经济学企图在当代中国适用的"理想社会"状态肯定不是社会主义和谐社会。以引入意识形态理论的诺斯为例，虽然他的制度研究思想变化比较大，但是，他关于产权，私有产权导致经济增长的思想却始终没有改变。他认为，国家的角色仅仅是保护私有财产的守夜人，只要做到这一点，经济增长就是自然而然的了。问题的关键就成了如何使国家成为守夜人了。对这个问题，笔者认为，首先，产权之所以能够对经济增长发挥促进作用，不仅仅是因为它具有排他性，而且还在于它具有竞争性。可见，产权私有化并非经济增长的充分条件。要实现经济增长，需要很多条件。其次，我们对制度优劣的判定需要多重标准，而不仅仅是效率（甚至有时效率不能占据显要位置）。如果仅仅适用效率为唯一的判断制度优劣的标准，要么就简单追求经济增长，使得社会发展陷入畸形，要么就会被既得利益者占得先机谋求私利，使得社会发展陷入困顿。当代中国语境下，如果适用新制度经济学，将有出现以上现象的可能，会使中国距离"社会主义和谐社会"千万里。比如，新制度经济学的代表人物张五常曾经激烈地反对《劳动合同法》。自从2008年12月11

---

① 戴木才：《建设和谐文化需要加强公民道德建设》，《光明日报》，2006年12月18日。

日开始,张五常在自己的博客上连发4篇文章对《劳动合同法》提出尖锐批评。张五常尖锐地批评这部法律,"有机会把改革搞得大有看头的经济搞垮了",是"中国伟大经济改革的致命伤。"这种想法自然是出于对强势资本的保护。对此,劳动合同法立法专家组组长常凯质疑:"你对企业有多少了解?你找过多少工人?你找过多少企业治理者?"张五常指责《劳动合同法》"要使改革开放30年的成果化于一旦"。全国总工会民主治理部部长郭军对此质疑说:"工资总量两万亿元,占GDP比例不到1%,这种成本对经济发展有多大的负面影响?(低工资)实际上对经济发展作出了多少贡献?这种贡献是劳动者牺牲了自己的合理利益还是合法权益?""相反,在《劳动法》实施的过程中,我们看到了强资本的影子,我们看到了黑砖窑。黑砖窑这个血汗工厂我认为已经够残酷了。"至少从当前来看,劳动者特别是廉价劳动力的生存状况,表明制定《劳动合同法》是非常必要和迫切的。①社会主义中国只能实行马克思主义,坚持马克思主义在意识形态领域的指导地位,才能切实维护人民利益,才能使社会成为社会主义和谐社会。而新制度经济学只能是作为多元化意识形态中的一个流派而存在,发挥的作用只能是为马克思主义的发展提供一定程度的理论资源。

五、坚持和平发展道路,反对霸权主义和强权政治

新制度经济学是随着经济全球化的深入来到我国的。在其衍生地美国,新制度经济学是一种非主流存在,因为在他们看来,制度的问题已经解决,不需要深入剖析,对资本主义制度框架下细枝末节的修补才是为他

---

① 《常凯驳张五常:劳动法有利中国》,《中国青年报》,2008年1月31日。张五常认为,《劳动合同法》人为干预企业与员工之间的合约,必将极大加重企业用工成本,导致企业倒闭或者裁员,最终损害劳动者的利益。无法承受用工成本急剧上升,将迫使成千上万家利润微薄的企业倒闭或者撤离中国。本书无意也无力从纯粹经济学的角度(恐怕很多问题是不能仅从经济的角度来认识的)对劳动法是否会给经济发展造成负面影响(这个工作似乎应该由新制度经济学者来完成)做出分析,但只要对当代中国社会普通工人,尤其是农民工的生存状态有了解,特别是对近年来频发的黑煤窑事件稍有了解的话,都应该认识到从政治的角度,从意识形态安全的角度看劳动法是很有必要的。否则,会可能使民众对当代中国社会发展的社会主义方向产生质疑。有报道指出,我国居民劳动报酬占GDP的比重,在1983年达到56.5%的峰值后,就持续下降,2005年已经下降到36.7%,22年间下降了近20个百分点。而从1978年到2005年,与劳动报酬比重的持续下降形成了鲜明对比的,是资本报酬占GDP的比重上升了20个百分点。全国总工会近期一项调查显示,23.4%的职工5年未增加工资;75.2%的职工认为当前社会收入分配不公平,61%的职工认为普通劳动者收入偏低是最大的不公平。参见《劳动报酬占GDP比例连降22年:已影响社会稳定》,http://news.sctv.com/gnxw/sdbd/201005/t20100512_369394.shtml,2010年5月12日。

第6章 维护意识形态安全的具体路径：基于对新制度经济学意识形态理论的超越

们关注的焦点。但当这种非主流的新自由主义思潮来到转型中的我国，情况发生了根本的变化。"发达资本主义国家的科技力量雄厚，高科技产业水平高，它们的跨国公司在世界生产和世界市场上占据巨大的优势地位，它们在国际经济组织中起着支配作用，国际经济关系的各种规则基本上是由它们制定的。"[1]霸权主义和强权政治是其一贯的手法和伎俩。只不过，在后冷战时代，霸权主义和强权政治采取了更为"温和"，也更具有欺骗性的方式，打着为转轨国家服务的旗号，号称为了实现社会转型，需要付出短期的代价，哪怕大规模私有化，急速市场化，完全的非调控化都不在话下。而这些在新制度经济学的生存本土却不是其鼓吹的重点。我们知道，撒切尔和里根将新自由主义的基本理念贯彻到其经济政策当中去，私有化、减少甚至取消国家对经济的监管。但是，两者的改革其实在国内影响很小，尤其是英国，尽管在国际社会产生了很大的影响。近期的一个例证是，经济危机的环境下，西方国家纷纷救市。2008年第四季度以来，为挽救大量濒临破产的金融机构、避免问题金融机构对市场造成更大冲击，英美等国纷纷采取政府向问题金融机构直接注资等国有化救援方案。而且，发达市场经济国家的国有化，是自20世纪30年代以来应对经济危机的一个重要手段。而这种思潮来到转型国家，嘴脸就发生了改变。作为一种重要的新自由主义理论流派，新制度经济学走着新自由主义一贯"四化"路线。经济学意义上新自由主义所谓"四化"，即自由化、私有化、市场化和全球化。新自由主义借由"四化"实现其意识形态目的：私有化的所有制改革观，主张应迅速把公有资产低价卖（或者送）给私人；多要素创造价值的分配观，否定活劳动创造新价值和私有制具有经济剥削性质，认为贫富两极分化是高效率的前提，是正常现象；反对任何形式的国家干预，把国家的作用仅仅局限于"守夜人"，反对马克思主义、凯恩斯主义的国家干预政策；主张一切产业都无须保护，应实行外向型的出口导向战略。华盛顿共识核心就是最快的自由化，最快的私有化，最快的市场化，政府职能迅速最小化或非调控

---

[1] 何自力：《经济全球化与现代资本主义》，《南开学报（哲学社会科学版）》2002年第2期，第77页。

化。大力推行以超级大国为主导的全球经济、政治、文化的一体化，即全球资本主义化、美国化。①在不同的历史时期，霸权主义和强权政治的表现形式是大不相同的。虽然冷战思维依然存在，时有表现，但今天形势下，霸权主义和强权政治已经更多采取了"温情"的外衣，打着"传播文明"等的旗号，虽然实质未曾发生过任何改变。与新制度经济学通过对外扩张，走霸权主义和强权政治之路不同，我国当代马克思主义理论坚持和平发展道路，反对霸权主义和强权政治。党的十七大报告中，胡锦涛指出，中国将始终不渝走和平发展道路。这事关各国人民的根本利益，也是各国人民的共同心愿。②这是我国当代马克思主义理论坚持和平发展道路的体现。

  新自由主义意识形态对于转型国家和后发国家走出经济危机发挥了一定作用，这是无法否认的。但是，当华盛顿共识被当做是一种普世的模式向转型国家和后发国家推行时，却遇到了很大的问题，其适用性收到极大的质疑。比如，处于社会转型期的俄罗斯采纳了华盛顿共识指导之下的"休克疗法"遭遇了惨败。俄罗斯发展陷入困境，民怨越积越深的情况下，局势可能急剧恶化。俄罗斯总统梅德韦杰夫说，俄罗斯经济"持续倒退"、"原始"、依赖原料出口，其机制"在很大程度上无视"人民的需求。腐败现象普遍存在，造成"霸道专横、没有自由以及"对法律和法庭的"藐视"，而民众对此几乎毫无自卫能力。③这是休克疗法给转型国家和后发国家带来负面影响的明证。再比如，亚洲金融危机中，国际货币基金组织在给予受影响最大的马来西亚、印度尼西亚、泰国、韩国等国贷款的同时，要求这些国家按照其方案进行相关领域，如金融体系、法律制度等等的改革，而这些改革的方案都是华盛顿共识的具体体现，符合垄断资本的利益。实践已经证明，这些方案的实际效果并不理想。这种负面影响在今天仍然可以随处可见，比如泰国不稳定的政局一定程度上就是西方式民主水土不服的表现。而实际上，市场化与自由化都是手段，真正的目

---

① 李千：《新自由主义研究观点综述》，何秉孟主编：《理论热点：百家争鸣11题》，北京：社会科学文献出版社2005年版，第3～4页。

② http://news.xinhuanet.com/newscenter/2007-10/15/content_6884022.htm，2010年5月5日。

③ 《俄罗斯局势可能急剧恶化》，《参考消息》，2010年2月12日。

的在于促进经济增长、实现就业增加、环境得以改善、人民生活水平提高等等。不加分析地将华盛顿共识，将新制度经济学的思想当做普世价值推行，无疑是将手段与目的的关系错置，为了自由化而自由化，最终将使经济社会发展陷入困顿的境地。

自从二十世纪七十年代末实施改革开放以来，强调效率重于公平的新制度经济学在我国的影响越来越重大。以新制度经济学等为代表的新自由主义经济思潮逐渐占据了我国经济学界的主流地位，并广泛影响到其他学科、领域。新制度经济学在国内受到很大程度的追捧。有学者甚至将中国经济学界掀起的这股新制度经济学热潮称为当代中国的"新制度经济学运动"。其波及之广，影响之大，在改革开放之后的西学东渐过程中实属罕见。这场运动有以下一些表现：第一，学界（不只是经济学界）对新制度经济学投入了前所未有的关注，学术期刊（不只是经济学期刊）上大量充斥着介绍、比较、运用新制度经济学的文章，新制度经济学方面的译著、专著层出不穷。第二，新制度经济学思想向社会生活中渗透。媒体中经常出现新制度经济学的词汇、理论，新制度经济学理论恐怕是公众最为熟悉的经济学理论之一。第三，新制度经济学思想在政府政策中有所体现，影响了地方政府甚至中央政府的决策，在一定程度上成为了某些改革措施的理论基础。[1]对此，我们必须有清醒的认识。完全无视其存在，或将其不分青红皂白地一概否定，或将其当做普世价值适用，都不是马克思主义的态度。由于处于社会转型期的中国需要解决的核心问题是制度问题，新制度经济学确实在一定程度上满足了我国社会转型的需求。上文已经分析指出，马克思主义意识形态理论与新制度经济学意识形态理论确实存在契合与互补之处，所以，我们可以批判地借鉴与运用新制度经济学意识形态理论成功适用的地方。比如，充分发挥意识形态的经济功能以提高民众对党执政的认同，减少社会转型所带来的代价和成本；积极发挥个体、团体与政府在制度变迁的作用，形成自下而上和自上而下连同的意识形态协同建设机制；意识形态工作的有效开展必须立足于个体经验，必须从人民群众的实际出发，以群众喜闻乐见的形式开展。等

---

[1] 张林：《中国的"新制度经济学运动"——新自由主义者与马克思主义者一次触及灵魂的斗争》，柳欣、张宇主编：《政治经济学评论》2006卷第1辑，北京：中国人民大学出版社2006年版，第46页。

等。我们还应该看到，马克思主义意识形态理论与新制度经济学意识形态理论存在本质的对立与冲突。我国当代马克思主义意识形态理论成功地实现了对新制度经济学意识形态理论的超越。这是我们应对新制度经济学意识形态理论威胁的重要基础。

第二节 社会主义核心价值体系：应对新制度经济学意识形态理论威胁的基础

马克思、恩格斯曾经批判过新自由主义的理论源头——古典政治经济学。在马克思、恩格斯看来，斯密、李嘉图等的古典政治经济学，并非如它们的宣扬者、追随者所认为的那样是"科学"或者济世良药，而是"虚假的意识"或世俗宗教。斯密、李嘉图等的古典政治经济学忽视了"价值形式"，认为"资产阶级制度是天然的"，他们实际上是一种"神学家"，把自己的学说视为"神的启事"。[1]新制度经济学在理论预设与方法论、交易范式上是对古典政治经济学、新古典经济学的继承和发展，在价值理念上，是对自由主义经济学的继承和发展。新制度经济学所追求的意识形态是资本主义的。对此，我们必须有清醒的认识。

一、意识形态与核心价值体系的关系

党的十七大报告将社会主义核心价值体系置于社会主义意识形态的视野中。这是对"意识形态终结论"以及淡化意识形态的一个有利回击。[2]马克思主义认为，社会存在决定社会意识，社会意识是社会存在的反映。任何阶级社会都有自己的意识形态。意识形态是系统反映社会经济形态和政治形态的思想体系。同时，意识形态具有相对独立性，能动性。如果与经济基础、政治基础相适应，意识形态可以促进它们的发展，反之，则会阻碍经济基础、政治基础的巩固和发展。所以，任何阶级、政党和国家都非常重视意识形态问题。历史经验也已经向我们昭示，经济工作、政治工作搞不好会出大问题，意识形态工作搞不好同样会出大问题。与一般的社

---

[1] 马克思：《资本论（第1卷）》，北京：人民出版社1975年版，第98页。
[2] 黄力之：《意识形态理论视野中的核心价值体系》，《文汇报》，2007年11月19日。

会意识形式不同，意识形态是阶级、政党、国家对自身根本利益的深刻觉察，是对自身发展道路与模式的高度凝练，是对自身理想信念和行为规范的集中概括。从根本上来看，意识形态所要解决的问题是举什么旗帜、走什么道路、以何种精神面貌、朝着什么样的目标前进。这些问题是意识形态的核心问题，就是核心价值体系问题。

价值是表示人与各种对象之间需要和满足需要关系的概念。由于"'价值'这个普遍的概念是从人们对待满足他们需要的外界物的关系中产生的"[①]，所以，人们在认识世界、改造世界的过程中，必然会形成一定关于价值的观念。阶级、政党、国家在长期共同的认识活动、实践活动中，必然会形成一定的价值观念体系。在这个体系中居核心地位、起主导作用的就是核心价值体系。核心价值体系是一定社会系统得以运转、秩序得以维持的基本精神支撑。旧社会的解体往往以核心价值体系的崩溃为先声，新社会的诞生往往以新的核心价值体系的形成为先导。一个社会的稳定，特别是该社会意识形态的安全往往以核心价值体系的确立和完善为基础。任何意识形态都有自己的核心价值体系。核心价值体系意识形态本质的集中体现。核心价值体系关涉到阶级、政党、国家的核心价值理念，在意识形态中处于核心位置，对阶级、政党、国家的生存发展起核心作用。有什么样的核心价值体系就有什么样的意识形态与之相对应。一个阶级、政党、国家是否成熟，是否先进，关键是要看它有没有成熟的、先进的意识形态，要看它有没有体现这种意识形态本质的成熟的、先进的核心价值体系，有没有在实际行动中一以贯之地坚持和发展意识形态中的这个核心价值体系。不同的社会形态以及同一社会形态不同的时期，核心价值体系的基本内涵都存在着一定差异。而始终不变的是，任何社会的核心价值体系都是在统治阶级[②]主导下形成的，都是某一社会统治阶级的价值理念的

---

① 马克思、恩格斯：《马克思恩格斯全集（第19卷）》，北京：人民出版社1956年版，第406页。

② "统治阶级"专指阶级社会中占统治地位的剥削阶级。"统治"这个概念本身蕴涵着对人民的控制和役使。统治与被统治之间存在着实质的对立。马克思曾经指出无产阶级在革命中首先应该成为统治阶级的思想。但从马克思无产阶级专政理论的精神实质看，在无产阶级专政时期，无产阶级的统治具有不同于以往阶级统治的全新的含义。无产阶级的统治职能（控制和役使意义上的）是针对少数剥削者的，而对人民群众，无产阶级的统治实质上是领导。无产阶级和人民群众之间具有本质上的一致性。参见周宏：《理解与批判——马克思意识形态理论的文本学研究》，上海：上海三联书店2003年版，第83页。

体现。

十六届六中全会上《中共中央关于构建社会主义和谐社会若干重大问题的决定》中在阐述"加强国家安全工作和国防建设,保障国家稳定安全"的具体措施时将文化安全与政治安全、经济安全、信息安全等并列。而意识形态安全是国家文化安全最核心的内容。一个社会核心价值体系的状况直接关系到这个社会意识形态安全,进而影响到该社会的制度维系、执政合法性巩固、社会整合与国家利益维护。加强核心价值体系建设对于维护意识形态安全具有重要作用。这一点从中国共产党成立以来的历史中可以看出:当党的事业处于蒸蒸日上,积极发展的时期,就是党正确加强核心价值体系建设的时期,就是正确处理核心价值体系和意识形态关系的时期。反之,当党的事业受到挫折和失败的时候,往往就是没有正确理顺意识形态与核心价值体系关系的时候。以胡锦涛为总书记的中共中央领导集体特别重视意识形态的建设。在对历史经验教学科学总结和对中国社会性质准确把握的基础之上,党的十六届六中全会旗帜鲜明地提出社会主义核心价值体系的科学概念,深刻地揭示了社会主义意识形态与社会主义核心价值体系之间的关系:社会主义核心价值体系是社会主义意识形态的本质体现。随后不久,在中共十七大上,胡锦涛总书记又提出"建设社会主义核心价值体系,增强社会主义意识形态的吸引力和凝聚力"的重大命题。建设社会主义核心价值体系,维护社会主义意识形态安全,是一项长期的历史任务,更是一项重大的现实课题。

二、现象背后的原因:核心价值体系的对立与冲突

阶级社会中,占主导地位的价值体系都体现了统治阶级的意识形态,是该社会占主导地位意识形态的集中体现。任何社会的核心价值体系,都是在统治阶级主导下形成的。作为奴隶社会的统治阶级,奴隶主阶级将奴隶当作"会说话的工具",为了使奴隶阶级认可"会说话的工具"这一核心价值理念,中国先秦时期,奴隶主阶层提出"国之四维,一维绝则倾,二维绝则危,三维绝则覆,四维绝则灭。倾可正也,危可安也,覆可起也,灭不可复错也。何谓四维,一曰礼,二曰义,三曰廉,四曰耻。"① "礼义廉耻，国之四维"之说后来被融入到儒家礼教思想之中，形成"三纲五常"（分别为"君为臣纲、父为子纲、夫为妻纲"和"仁、义、礼、智、信"）思想学说，成为传统中国专制主义社会的核心价值体系，从精神上、观念上实施统治，极大地禁锢了思想，阻碍了社会进步。在西方，出于反对封建主义的需要，资产阶级提出了"自由、平等、博爱"等口号。美国1776年的《独立宣言》中提出，"人人生而平等，他们都是从他们的'造物主'那边被赋予某些不可转让的权利，其中包括生命权、自由权和追求幸福的权利。"②但是，赢得胜利的资产阶级在发展资本主义过程中却逐渐形成了拜金主义、享乐主义、极端个人主义③的核心价值体系。在这种核心价值体系之下，金钱变成了至高无上的，享受成为无法限制的，消费成为基本表现。这种核心价值体系在一定程度上推动资本主义发展的同时，但无法掩盖资本主义的消极和没落。当前，西方发达国家对上述价值观念几乎一致认同。作为一种意识形态的新制度经济学即是这种价值观念的具体体现之一。在我国，新制度经济学努力淡化马克思主义，积极推动私有化改革，宣扬西方式民主，对其他学科进行广泛渗透，宣扬工具理性，肢解民族国家。这是近年里，以美国为首的西方大国为了维持其全球霸权地位，向全世界兜售它的价值观的重要组成部分。可见，无论是奴隶社会，抑或是封建社会，还是资本主义社会，其核心价值体系都是服务于统治阶级的，从根本上体现出统治阶级的意志，集中体现他们的意识形态。

作为一种新生的社会制度形态，社会主义从根本上改变了人民群众和无产阶级受压迫、被剥削的历史命运。社会主义事业发展的成绩不仅仅体现在推动人民生活水平提高和当家作主上，还体现在社会主义思想文化领域。自从新中国成立以来，尤其是改革开放以来，我国形成了以马克思主义指导思想、中国特色社会主义共同理想、以爱国主义为核心的民族精神和以改革创新为核心的时代精神、社会主义荣辱观为主要内容的社会主义

---

① 《管子·牧民》。
② 戴学正等编：《中外宪法选编（下册）》，北京：华夏出版社1994年版，第215页。
③ 马卫锋：《论建设社会主义核心价值体系》，哈尔滨：黑龙江省社会科学院硕士论文2007年。

核心价值体系。社会主义核心价值体现是社会主义意识形态有本质属性的根本反映，是人民群众对社会主义认同的集中体现。反过来，社会主义核心价值体系可以积极发挥社会整合功能，可以积极团结广大人民群众对社会主义达到最大限度的共识，进一步可以引领他们投身于社会主义现代化建设事业。因此，以社会主义核心价值体系引领意识形态建设是应对新制度经济学意识形态理论对我国意识形态安全威胁的基础性工作。

三、以社会主义核心价值体系引领意识形态建设

社会主义核心价值体系是社会主义意识形态的基石，充分展示了社会主义道路的本质特征。社会主义核心价值体系是与社会主义基本制度紧密联系在一起的，它集中体现了中国特色社会主义经济、政治、文化和社会发展的内在规定、要求和目标取向。社会主义核心价值体系引领人们在中国特色社会主义道路上不断前进。只有坚持社会主义核心价值体系，我们才能更加坚定地把握和坚持社会主义意识形态的本质，更加坚定地把握和坚持社会主义先进文化的前进方向。

社会主义核心价值体系展开了对新制度经济学意识形态理论的总体性应对。为了维护我国意识形态安全，必须以社会主义核心价值体系引领意识形态建设。必须发挥马克思主义指导思想的社会主义意识形态灵魂作用，始终以中国特色社会主义共同理想作为社会主义意识形态的主题，以爱国主义为核心的民族精神和以改革创新为核心的时代精神作为社会主义意识形态的精髓，社会主义荣辱观作为社会主义意识形态的基础。

其一，必须坚持以发展的马克思主义指导，维护我国意识形态安全。马克思主义的指导，社会主义意识形态就失去了其本来意义，社会主义事业就会失败，社会主义意识形态安全也就不从谈起。①通过上文的分析可以看出，新制度经济学意识形态理论对我国意识形态建设有可资借鉴之处，新制度经济学意识形态理论与马克思主义意识形态理论有契合和互补之处。这是新制度经济学可以适用于处于转型期当代中国的地方。但是，新制度经济学以淡化马克思主义、产权私有化为目标指向、推动西方式民主、对其他学科进行广泛渗透、宣扬工具理性、肢解民族国家等方

---

① 袁贵仁：《社会主义意识形态的本质体现》，《人民日报》，2008年4月21日。

面,对我国意识形态安全形成了威胁。从我国学术界对新制度经济学意识形态理论的研究现状来看,学习、借鉴的成果非常多,但全面地、综合地的批评性成果非常少。这就是我国近年来意识形态研究领域模糊、淡化立场倾向的表现。因此,以社会主义核心价值体系引领意识形态建设,维护我国意识形态安全,首先,必须坚持用邓小平理论、"三个代表"重要思想和科学发展观武装全党、教育人民,用发展着的马克思主义指导新的实践,始终把理论创新放在突出位置,不断推进马克思主义的与时俱进和创新发展。恩格斯在《路德维希·费尔巴哈和德国古典哲学的终结》中描述加尔文新教的变化时指出,当它在民间流行时,它是进步的,但一旦成为国家意识形态,就成了"保守力量"。"因为在一切意识形态领域内传统都是一种巨大的保守力量。"①而且,意识形态总是滞后于社会存在的变化发展,它不仅会成为"保守力量",还会阻碍社会变革。因此,我们在坚持马克思主义指导地位的同时,必须发挥马克思主义的批判精神,努力地发展马克思主义。其次,积极探索和完善理论武装工程的长效机制。增强理论的说服力,必须探索新形势下理论宣传工作的规律,不断创新机制和方式方法,做到以理服人。马克思说过,"理论只要说服人,就能掌握群众;而理论只要彻底,就能说服人。所谓彻底,就是抓住事物的根本。"②必须充分充分体现马克思主义理论与人民群众根本利益的一致性,找准理论宣传与现实生活的结合点,根据广大人民群众的理论需求,开展形式多样的理论宣传工作。

其二,坚持中国特色社会主义道路,不能搞资本主义。我们党在领导人民建设社会主义的过程中,经过艰辛探索,找到了建设中国特色社会主义的正确道路。现阶段我国各族人民的共同理想是,坚持在中国共产党的领导下,走中国特色社会主义道路,实现中华民族的伟大复兴。社会主义意识形态的主题是通过中国特色社会主义共同理想来揭示的。这里要对中国特色社会主义、社会主义有个基本的认识。在探索中国特色社会主义发展道路过程中,我们党对"什么是社会主义、如何建设社会主义",也就

---

① 马克思、恩格斯:《马克思恩格斯选集(第4卷)》,北京:人民出版社1995年版,第256~257页。
② 马克思、恩格斯:《马克思恩格斯选集(第1卷)》,北京:人民出版社1995年版,第9页。

是社会主义本质的认识,经历了一个艰辛的过程。在这方面,邓小平作出了历史性贡献。他指出:社会主义的本质,是解放生产力,发展生产力,消灭剥削,消除两极分化,最终达到共同富裕。①在对邓小平社会主义本质观坚持的基础之上,我们党进一步提出,我们要建设的社会主义是民主法治、公平正义、诚信友爱、充满活力、安定有序、人与自然和谐相处的社会主义。只有坚持这一基本认识,怀有这样的理想,才能集中了我国最广大人民的共同利益,才能为克服任何困难、创造美好未来提供强大的精神纽带。实践已经证明,在这一共同理想指引之下,新中国成立以来,特别是改革开放以来,社会主义制度在改革中自我完善和发展,我国经济总量和综合国力大幅度跃升,人民生活总体上实现了从温饱到小康的历史性跨越,我国的国际地位显著提高,国家发展取得了举世瞩目的成就。这又反过来极大地坚定了全国各族人民对实现共同理想的信念,激励着我们为了中华民族的伟大复兴而继续团结奋斗。新制度经济学积极鼓吹私有化,在我国宣扬的最终目的是引导我国走向资本主义道路。这对我国的发展必然是灾难性的。因此,社会主义意识形态必须要紧紧围绕建设和发展中国特色社会主义这个主题展开,为坚持和发展中国特色社会主义道路服务。没有中国特色社会主义共同理想,当代中国社会主义意识形态就失去了依存根基。②

其三,弘扬以爱国主义为核心的民族精神、以改革创新为核心的时代精神与社会主义荣辱观,巩固社会主义意识形态的精髓和基础。民族精神是一个民族赖以生存和发展的精神支撑,时代精神是一个民族进步的标志,是实现民族振兴的强大动力。一个没有精神的民族,就会缺少凝聚力,缺乏向心力,就很难在激烈的国际竞争中,在不平等的全球化中谋得一席之地。荣辱观是人们对荣与辱的根本观点和看法。我国对社会主义荣辱观的强调是针对人们对社会转型期的道德失范、理想信念淡薄等现象的积极回应。维护我国意识形态安全,要求大力弘扬以爱国主义为核心的民族精神和以改革创新为核心的时代精神。以爱国主义为核心的民族精神、以改革创新为核心的时

---

① 邓小平:《邓小平文选(第3卷)》,北京:人民出版社1993年版,第373页。
② 袁贵仁:《社会主义意识形态的本质体现》,《人民日报》,2008年4月21日。

代精神、社会主义荣辱观,体现了社会主义意识形态的本质。①新制度经济学主张完全自由化、私有化和市场化,其实是为国际垄断资本进入转型国家做宣传。这种以"普世价值"为支撑的意识形态理论体系对我国维护意识形态安全敲响了警钟,提醒我们必须积极应对。

总之,抓住社会主义核心价值体系,就抓住了社会主义意识形态的本质,就从根本上坚持了社会主义。②发挥社会主义核心价值体系的基础作用,是应对新制度经济学意识形态理论威胁,维护我国意识形态安全的基础性工作。

第三节 针对性措施:应对新制度经济学意识形态理论威胁与维护意识形态安全

本质上,社会主义意识形态是由社会主义本质决定的。社会主义意识形态是社会主义本质的观念反映与理论表现。党的十七大报告关于中国特色社会主义道路的论述,最充分地体现了社会主义的本质。报告指出,中国特色社会主义道路,就是在中国共产党领导下,立足基本国情,以经济建设为中心,坚持四项基本原则,坚持改革开放,解放和发展社会生产力,巩固和完善社会主义制度,建设社会主义市场经济、社会主义民主政治、社会主义先进文化、社会主义和谐社会,建设富强民主文明和谐的社会主义现代化国家。这些在社会主义意识形态上应该有集中的体现。对此,党的十七届四中全会通过的《决定》中立足国内视域明确提出了加强党的意识形态工作和思想政治工作的"四个界限",分别从指导思想、经济制度、政治制度、文化制度等方面为维护我国意识形态安全指明了方向。

因此,从上文的阐述出发,为了成功应对新制度经济学意识形态理论威胁,维护意识形态安全,需要做到,首先,维护我国意识形态安全,必须坚持党管意识形态的原则。中国共产党是马克思主义的执政党。要维护中国共产党作为执政党的当代中国的意识形态安全,坚持中国共产党的领

---

① 袁贵仁:《社会主义意识形态的本质体现》,《人民日报》,2008年4月21日。
② 同上。

导是无可非议的。这是与新制度经济学淡化马克思主义,取消马克思主义直接对立的。同时,马克思主义意识形态理论认为,社会主义意识形态是社会主义经济基础、政治制度的反映。而新制度经济学以产权私有化为目标指向,大力推动西方式民主。所以,维护我国意识形态安全,需要坚持马克思主义产权理论,坚持和完善社会主义经济制度;坚持社会主义政治制度,推动社会主义民主政治发展。除此之外,要应对新制度经济学对其他学科进行广泛渗透,宣扬工具理性,肢解民族国家,必须以马克思主义为指导,加强对新制度经济学等西方思潮的批判性研究;加强社会主义理想信念教育,牢固树立社会主义理想信念;坚持改革开放,坚持国家利益至上。这些都是应对新制度经济学意识形态理论的威胁,维护我国意识形态安全的必然选择。

一、坚持党管意识形态,塑造维护意识形态安全的坚强领导核心

通过对新制度经济学意识形态理论的分析,我们可以看出,西方资本主义意识形态攻势一直没有减弱,只是改变了形式,变得更为隐蔽。新制度经济学意识形态理论就是以新政治经济学的意识形态切入,以资本主义意识形态性开出。特别是在国际共产主义运动处于低潮的今天,经验和教训指出,当代中国的意识形态工作必须坚持党的领导,坚持党管意识形态,牢牢掌握意识形态的领导权。

第一,高度重视党管意识形态的重要性。党管意识形态,是我们党在长期实践中形成的重要原则和制度,是坚持党的领导的一个重要方面,必须始终牢牢坚持,任何时候都不能动摇。各级党委要始终高度重视意识形态工作,切实加强领导。列宁认为,不具备争夺领导权意识的社会集团,不能称为"阶级"。"从马克思主义观点看来,否认或不了解领导权思想的阶级就不是阶级,或者还不是阶级,而是行会,或者是各种行会的总和。"①毛泽东高度重视意识形态工作,对意识形态工作与党执政地位的巩固、党的领导及各项工作的关系,作了大量深刻精辟的论述。他指出:"掌握思想领导是掌握一切领导的第一位。"②他认为,能不能在意识形

---

① 列宁:《列宁全集(第20卷)》,北京:人民出版社1989年版,第111页。
② 毛泽东:《毛泽东文集(第2卷)》,北京:人民出版社1993年版,第435页。

态领域里坚持马克思主义的指导地位,以及整个意识形态工作的情况如何,直接关系到社会主义事业的兴衰成败。在领导全党进行社会主义实践中,为了用马克思主义占领意识形态领域,正确认识和把握社会主义意识形态领域斗争的特点,毛泽东在理论与实践上进行了多方面的研究和探索。比如,提出必须加强党对社会主义意识形态建设的领导;高度重视马克思主义理论建设和创新;将思想政治工作作为一切工作的生命线。等等。邓小平结合党在新的历史时期领导中国特色社会主义建设的伟大实践,作出"两手抓,两手都要硬"的论断,强调在工作重心转移到经济建设以后,全党要研究加强党的思想工作。1986年8月19日—21日,邓小平视察天津时指出:改革,现代化科学技术,加上我们讲政治,威力就大多了。到什么时候都得讲政治……①。江泽民在《在庆祝中国共产党成立七十周年大会上的讲话》中指出:"意识形态领域是和平演变斗争的重要领域。资产阶级自由化同四项基本原则的对立和斗争,实质是要不要坚持共产党领导、坚持社会主义道路的政治斗争,但这种政治斗争大量地经常地表现为意识形态领域里的思想理论斗争。"②他指出,宣传思想工作和精神文明建设,事关建设有中国特色社会主义事业的大局。越是深化改革、扩大开放,越是发展社会主义市场经济,越要重视和加强这方面的工作。这一点,要在全党特别是领导干部中经常讲、反复讲。全党同志务必始终坚持"两手抓、两手都要硬"的方针,在做好经济工作的同时,切实加强宣传思想工作和精神文明建设。加强和改进新形势下党的思想政治工作,是全党的一件大事,也是宣传思想工作的重中之重。党的十六大以来,以胡锦涛为总书记的党中央高度重视意识形态领域执政能力建设。在十六届四中全会上,胡锦涛又特别指出,意识形态领域历来是敌对势力同我们激烈争夺的重要阵地,如果这个阵地出了问题,就可能导致社会动乱甚至丧失政权。这都表现出党的领导集体对意识形态工作的重视。

---

① 邓小平:《邓小平文选(第3卷)》,北京:人民出版社1993年版,第166页。
② 江泽民:《在庆祝中国共产党成立七十周年大会上的讲话》,http://news.xinhuanet.com/ziliao/2005-02//17/content_2587463.htm,2010年5月10日。

第二，积极探索牢牢掌握意识形态领导权的具体路径。在坚持党管意识形态的同时，必须坚持改善党对意识形态工作的领导，积极探索牢牢掌握意识形态领导权的具体路径。当前，我国意识形态安全形势有国际与国内两个压力来源，同时需要面对政治问题与经济问题，历史问题与现实问题。在面对诸如新制度经济学意识形态理论之类问题时，需要同时注意学术研究与意识形态渗透的不同，需要甄别其中与维护我国意识形态安全不相抵牾的地方与对我国意识形态安全构成威胁之处。因此，在对党管意识形态有充分认识之后，更需要我们关注的是如何使党管意识形态能够适应新形势对意识形态工作提出的新要求，能够真正使党管意识形态落到实处而又与其他各项工作协同共进。在全球化、社会转型和网络化的形势下，在具体路径上特别需要做到：

其一，加强思想理论战线的干部队伍建设和马克思主义理论工作者队伍建设。"政治路线确定之后，干部就是决定的因素。"[①]要按照党管干部的原则，加强思想理论战线的干部建设。江泽民曾指出："一个缺乏马克思主义理论素养，不善于运用正确的立场、观点、方法分析和解决问题的共产党员，不可能发挥应有的作用，更不可能成为党的合格的领导干部。"[②]当前，部分领导干部，马克思主义观念非常淡薄，对马克思主义与非马克思主义的界限无法正确区分。对公有制为主体与私有化、社会主义民主政治与西方式民主政治、社会主义价值观与西方资本主义腐朽价值观无法区分开来。结果是，在一些原则性问题上无法明确立场。这与中央的要求直接相抵触。始终坚持以马克思主义中国化的最新成果武装全党、教育人民，首先在于教育干部。如果做不到这一点，对于坚持马克思主义意识形态的指导地位是十分不利的。同时，还需要造就大批马克思主义理论工作者，尤其是中青年马克思主义理论工作者。"为了建成社会主义，工人阶级必须有自己的干部队伍，必须有自己的教授、教员、科学家、新闻记者、文学家、艺术家和马克思主义理

---

① 毛泽东：《毛泽东文集（第2卷）》，北京：人民出版社1993年版，第526页。
② 中共中央文献研究室编：《十六大以来重要文献选编（中册）》，北京：中央文献出版社2006年版，第630页。

论家的队伍。这是一个宏大的队伍，人少了是不成的。"①只有培养和造就大批真正懂得和掌握了马克思主义的人，才能在日趋复杂的意识形态领域的斗争中，保持马克思主义的主动权和话语权。以新制度经济学意识形态理论为例，如果不以马克思主义意识形态理论为指导，就不能科学地认识它的本质，而正确认识此类理论需要马克思主义理论工作者的不懈努力。

其二，牢牢把握正确舆论导向，增强舆论的引导力，充分利用各种各类媒体，提高社会主义意识形态吸引力和感染力。所谓舆论是"群众对国家的政治、政府决策、公共问题，和负责处理这些政策和问题的人所公开表示的意见。"②既然是一种意见表达，舆论就需要一个平台，如学校、社会团体、媒体等。而意识形态也是需要借助舆论平台与民众对接。所以，必须发挥好舆论导向作用，增强其引导力，使其发挥统一思想、凝聚力量、鼓舞士气、振奋精神的作用，促进社会主义现代化建设的发展，最终有利于我国意识形态安全的维护。现代社会，媒体（包括传统媒体，如报纸、杂志等，也包括现代媒体，如网络、手机等等）已成为影响国家生活、社会舆论和群众情绪的重要因素，宣传舆论的社会影响力越来越大。媒体已经成为思想文化的主要阵地之一。而"思想文化阵地，马克思主义、无产阶级的思想不去占领，各种非马克思主义、非无产阶级的思想甚至反马克思主义的思想就会去占领。"③因此，必须始终坚持党管媒体的原则，加强对各种各类媒体的监管力度，以充分发挥它们充分正确舆论导向作用，达到维护我国意识形态安全的目的。比如，要利用各种法律手段规范网络行为，减少不良信息对青少年的毒害。同时，要在增强舆论引导的准确性、透明性与艺术性上下工夫，努力提高社会主义意识形态的吸引力和感染力。与西方国家相比较，我国意识形态工作与现代技术手段的结合度要低的多。如何将社会主义意识形态以现代技术手段为载体，特别是以网络为平台，通过数字化水平的提高，以群众喜闻乐见的形式渗透到其

---

① 毛泽东：《毛泽东选集（第5卷）》，北京：人民出版社1977年版，第462页。
② 李道揆：《美国政府和美国政治（上）》，北京：商务印书馆1999年版，第73页。
③ 江泽民：《论党的建设》，北京：中央文献出版社2001年版，第438页。

日常生活中，亟待研究。因为，在全球化与网络化的今天，忽视对这一问题的理论研究和应用开发，一定程度上就意味着对意识形态安全的漠视，意味着在意识形态安全守护上的退却，变相为异己意识形态渗透与扩张提供了便利条件和机会。

其三，必须坚持以人为本，增强思想政治工作的渗透力。思想政治工作是宣传群众、组织群众、引导群众、提高群众的基础性工作，我们党的优良传统。提高党在意识形态领域的执政能力，必须充分发挥这一政治优势，与时俱进，改进创新，始终保持思想政治工作的蓬勃生机和旺盛活力。但是一段时期以来，我们的思想政治工作存在理论与实践脱节，采取高高在上的、盛气凌人的方式等问题，结果思想政治工作成效不大，或明显或隐晦的轻视、弱化甚至反对马克思主义的情况在一定程度上大量存在。"占用这么多的资源，花费这么多的精力，作了这么长的时间的宣传教育，竟然有日渐增多的重要人士和社会公众形成了截然相反的感觉和思想结论。"①加强和改进思想政治工作，要注重人文关怀和心理疏导，用正确方式处理人际关系。因此，为了增强思想政治工作的渗透力，我们必须作到以人为本，真真正正地尊重、理解思想政治工作的对象，关心和帮助他们，积极有效地运用说服教育、示范引导等多种手段，通过疏导、鼓励群众参与、民主讨论等方式、方法做群众工作。同时，要根据形势发展的需要，不断增强社会主义意识形态的开放性和包容性，要正确处理先进性与广泛性的关系，努力扩大社会主义意识形态的覆盖面和影响力。

二、坚持和完善社会主义经济制度，夯实维护意识形态安全的经济基础

意识形态具有依附性，是经济基础的反映。为了维护我国意识形态安全，必须坚持马克思主义产权理论，坚持和完善社会主义经济制度。新制度经济学的产权理论建立在资本主义价值观的基础上，带有明显的个人主义倾向。科斯定理建构在"交易费用为零"的假设之上，追求不现实的永恒产权关系。马克思在《哲学的贫困》中指出："……要想把所有权作为

---

① 程恩富：《当前社会信仰危机的七个深层原因》，《求是内参》2004年第8期。

一种独立的关系、一种特殊的范畴、一种抽象的和永恒的观念来下定义，这只能是形而上学或法学的幻想。"①退言之，即使存在着这样一种产权制度形式，那么这种产权制度的建立在新制度经济学家看来是为了减少交易费用。而交易费用的存在情况、多少大小等等也只能靠个人主观上的臆断。新制度经济学就是以在经济交往中存在追求利益最大化的修正的"经济人"为理论预设，运用占据西方经济学方法论主流的个人主义方法论，鼓吹完全自由化、市场化和私有化。而这种论述模式得出的结论使得新制度经济学意识形态化的经济思想与现实经济生活相去甚远。

其一，必须始终坚持和灵活运用马克思主义产权理论。对于当代中国，科学的产权理论只能是马克思主义的产权理论，虽然马克思很少提及产权，更多使用"所有权"。但是，我们不能因此误解马克思仅有所有制或所有权理论。因为马克思曾经指出，"在每个历史时代中所有权是以各种不同的方式、在完全不同的社会关系下面发展起来的。因此，给资产阶级的所有权下定义不外是把资产阶级生产的全部社会关系描述一番。"②这种广义上的"所有权"就是表达的产权的意思。马克思认为，产权是所有制的法律表现形式，属于社会历史的范畴，对产权的考察需要立足不同的历史语境展开。与新自由主义产权理论抽象地界定产权不同，马克思主义产权理论不回避所有制、生产关系。马克思主义产权理论认为，产权是一个权利束，由所有权、占有权、使用权、支配权、经营权、索取权、继承权、不可侵犯权等等一系列权利组成，可以统一，也可以分离，其中，所有权是基础性的权利，具有决定意义。③

在对马克思主义产权理论坚持和发展的基础之上，2003年10月14日中共十六届三中全会首次明确提出建立现代产权制度。会议指出，必须"建立健全现代产权制度"。产权是所有制的核心和主要内容。现代产权制度的基本特征是"归属清晰、权责明确、保护严格、流转顺畅。其基本功能是促进维护公有和私有财产权，巩固公有制经济的主体地位，促进非公有

---

① 马克思、恩格斯：《马克思恩格斯选集（第1卷）》，北京：人民出版社1995年版，第178页。
② 马克思、恩格斯：《马克思恩格斯选集（第1卷）》，北京：人民出版社1995年版，第177页。
③ 周明生、苏炜、卢名辉：《马克思与科斯产权理论在中国改革进程中的运用》，《江海学刊》2009年第1期，第86～87页。

制经济发展。①这为我国产权制度改革指明了方向。改革开放三十年来，在马克思主义指导下，从我国实际情况出发，采取灵活的产权制度安排，我国的生产力取得了巨大进步。这种产权制度安排表现为社会范围内和企业内部产权主体多元化。②马克思主义产权为我国国有企业改革指明了方向，告诉我们，国企改革不是搞私有化。国有企业改革一直是我国坚持和完善社会主义经济制度的重点。徘徊于经济运行层面的改革取得了一定成绩，但没有实质进展。这种情况一直持续到党的十四届三中全会。1993年召开的党的十四届三中全会提出了建立现代企业制度的目标，第一次将企业改革提高到产权改革层面。2003年召开的十六届三中全会，进一步明确提出建立现代产权制度。但在这一过程中，由于受到多种因素的影响，特别是新制度经济学产权私有化的大肆宣扬，我国国有企业改革曾一度陷入"越私越好"的误区，导致了国有资产大量流失。针对这种情况，党和政府对国有企业改革作出了一系列新的规定，在确保改革坚定不移推进的同时，使改革趋于规范化、法治化，现代企业制度不断得以完善。更为关键的是，党和政府将改善民生放在更加突出的位置，通过采取各种措施确保人民群众能够对改革成果实现共享。③

其二，坚持和完善社会主义经济制度，理性认识"国进民退"与"国退民进"及相关争论。④坚持和完善社会主义经济制度最核心地体现在坚

---

① 《中共中央关于完善社会主义市场经济体制若干问题的决定》，http://www.gov.cn/test/2008-08/13/content_1071062.htm，2010年4月15日。

② 周明生、苏炜、卢名辉：《马克思与科斯产权理论在中国改革进程中的运用》，《江海学刊》2009年第1期，第88~91页。

③ 同上。

④ 与其他类似的争论相似，"国进民退"与"国退民进"的争论有演化为"要不要改革"的趋势和危险。只要上升到批判反对改革的高度，自然可以在在道义上胜出很多，因为当下谁也不愿意被扣上反对改革的帽子。同样，要是直接从口号化的意识形态高度打压另一方，也会取得话语权的优势。但是，这种并非理性的态度。当下，处于社会主义初级阶段的中国既必须要坚持公有制的主体地位，又必须要大力发展非公有制经济。既然如此，问题的关键就落在了——"如何实现"上了。邓小平早就指出"不争论"的观点。其实就是告诉我们社会主义市场经济的大方向已经确定下来，对于改革不是要与不要的问题，而是如何的问题。但往往我们的争论以要不要改革而高潮、而结尾，却无法带来更多实质性的内容。诚然，这也是"国进民退"这种声音存在的原因之一。关于国有企业，我们更多听到的是，某某高管拿到几倍、几十倍甚至几百倍、几千倍于普通工人的年薪却在高喊收入太低。国有企业天价招待用酒。等等。"做大做强"的国有企业却没有更多的"国"有的色彩。普通民众在国有企业"做大做强"中如何实现主人翁地位值得思考。

>>>> 维护意识形态安全的具体路径：
基于对新制度经济学意识形态理论的超越 第**6**章

持公有制的主体地位。这是马克思主义的必然要求，也是我国维护意识形态安全的经济基础。如果公有制的主体地位无法得到有效坚持，那么我国的意识形态安全就失去了其存在的经济基石。历史唯物主义认为，经济基础决定上层建筑。公有制这一主体地位受到损害的时候，也就是社会主义国家意识形态安全受到威胁的时候。邓小平指出："在改革中坚持社会主义方向，这是一个很重要的问题"，"社会主义有两个非常重要的方面，一是以公有制为主体，二是不搞两极分化。"①所有制关乎一个社会的性质。生产资料由谁占有决定着人们在生产中的不同地位和在劳动产品中所占的不同份额。在理论上，必须时刻旗帜鲜明地反对那些企图用新自由主义（当代中国以新制度经济学为代言）误导改革的社会思潮，确保改革的社会主义方向。以公有制为主体的社会主义经济制度的优越性②在理论上有马克思主义的支持，在实践中则有肇始于2007年的金融危机的现实支撑。自2007年下半年以来，以美国次级贷危机为导火索，引发了一场全球性的金融危机。当前金融危机和经济衰退的根源在于新自由主义，基本上放任自流的自由资本主义的发展不可避免地会加剧世界发展的不平衡。③我国却能"风景这边独好"，很大程度上归功于占主体地位的公有制经济。公有制经济对于保持国家安全具有重要作用，特别是在重大风险和危机面前这种作用体现得更加明显。同时，公有制经济可以为包括非公有制经济在内的整个国民经济的健康发展创造有利条件。因此，坚持和完善社会主义经济制度，既发展非公有制经济，更要坚持公有制的主体地位。必须对公有制经济与非公有制经济的平等保护，保证公有制经济与非公有制经济的平等竞争。党的十六大明确了公有制经济和非公有制经济在社会主

---

① 邓小平：《邓小平文选（第3卷）》，北京：人民出版社1993年版，第138页。
② 问题的关键可能不在于是否需要坚持公有制的主体地位（因为资本主义的结构性危机已经用事实证明公有制经济的优越性），而在于如何使得公有制的主体地位惠及普通民众的现实生活。在国有企业中，要建立和完善同社会主义公有制性质相适应的管理制度，防止管理层无限制的、严重脱离工人群众的高薪制，要使工人群众有权参与对企业的管理与监督。梁柱：《毫不动摇地坚持公有制的主体地位》，http://cqrbepaper.cqnews.net/cqrb/html/2011-06/27/content_1382495.htm，2012年2月27日。
③ 徐则荣：《西方学者对国际金融危机原因的分析》，《红旗文稿》2010年第1期，第29～31页。

义市场经济中的地位①。党的十六届三中全会也提出要"清理和修订限制非公有制经济发展的法律法规和政策,消除体制性障碍"。党的十七大报告指出:毫不动摇地巩固和发展公有制经济,毫不动摇地鼓励、支持、引导非公有制经济发展,坚持平等保护物权,形成各种所有制经济平等竞争、相互促进新格局。法律与经济上的"两个平等"是十七大在非公有制理论上的一大亮点,是切实推进非公经济发展的理论指导。

但由于涉及利益的重新调整与分配,要实现对公有制经济与非公有制经济的平等保护,实现二者的平等竞争,不是容易做到的。在国际金融危机的背景下,4万亿经济刺激政策倾斜于基础设施建设领域,而其中国有企业占据绝对优势。特别是应对金融危机的过程中,有些国有企业借助兼并、收购、重组获得了新发展。一些地方和行业出现了由政府推进、国有企业主导的行业重组整合事件。这些都推动有关"国进民退"与"国退民进"争论的出现。这场争论于2008年末出现端倪,于2010年达到高潮。议题也由最初的个案评判深入到对"国进民退"更深层面含义的争论,甚至引发了关于中国改革道路和方向的激辩。②对于这场争论,必须坚持马克思主义的基本立场与方法,客观地加以分析、应对。首先需要明确的是,此处的"国"是指"国有经济",而"民"指"民营经济"。但是,"民营经济"并不是一个科学的提法。在我国的法律法规以及日常生活中,一般没有"民营经济"的提法。一般来说,"民营经济"主要指的是"私营经济",属于非公有制经济。国有经济是公有制经济。其次需要认识到底什么是"国进民退"。对此,学界亦有争论。有学者将"国进民退"界定

---

① 十六大报告指出,根据解放和发展生产力的要求,坚持和完善公有制为主体、多种所有制经济共同发展的基本经济制度。第一,必须毫不动摇地巩固和发展公有制经济。发展壮大国有经济,国有经济控制国民经济命脉,对于发挥社会主义制度的优越性,增强我国的经济实力、国防实力和民族凝聚力,具有关键性作用。集体经济是公有制经济的重要组成部分,对实现共同富裕具有重要作用。第二,必须毫不动摇地鼓励、支持和引导非公有制经济发展。个体、私营等各种形式的非公有制经济是社会主义市场经济的重要组成部分,对充分调动社会各方面的积极性、加快生产力发展具有重要作用。第三,坚持公有制为主体,促进非公有制经济发展,统一于社会主义现代化建设的进程中,不能把这两者对立起来。各种所有制经济完全可以在市场竞争中发挥各自优势,相互促进,共同发展。http://www.people.com.cn/GB/shizheng/16/20021117868418.html,2010年5月10日。

② 张宇、邱海平等:《中国政治经济学年度发展报告(2010年)》,http://theory.people.com.cn/GB/13823037.Html,2012年2月27日。

为国有经济在国民经济总体或者某一产业、领域所占份额的扩大,民营企业份额的缩小以致退出。①批评"国进民退"的代表性的观点有:其一,偏离了改革的既定方向,是倒退。其二,有损整体经济效率,不利于中国经济发展模式的转型,不利于就业和人民收入增长,不利于产业结构的调整等。其三,强化了垄断,不利于市场经济的发展和完善。②同样地,有些学者从发展社会主义经济,解决两极分化,保证国家长治久安等等角度支持"国进民退"。还有一些学者认为是否真的存在"国进民退"是值得商榷的。对于这一争论,笔者认为,需要从以下几个方面加以认识:

首先需要明确的是,"国进民退"是否真正存在?其一,假定"国进民退"真正存在。众所周知,应对经济危机的过程中,坚持私有制的西方资本主义国家同样实现了一些国有化的措施。比如,2008年9月7日,美国政府承诺拿出最多200亿美元的资金支撑房利美和房地美。2009年6月1日,通用汽车公司向破产法院正式递交破产保护申请,并获得通过。经过重组后,美国政府也成为通用汽车公司的大股东。在英国,首相布朗宣布提供500亿英镑直接用于购买包括渣打等8家银行的优先股。法国政府则以国家参股公司的形式来救援濒临破产的法国金融机构。③这些措施虽不足以改变西方资本主义国家的性质,但确实可以降低金融危机所带来的风险,对经济的复苏发挥一定的促进作用。这亦属于应该受到批判的"国进民退"吗?以私有制为主体的西方资本主义国家采取了一系列的国有化措施以应对金融危机,为什么以公有制为主体的国家更加注重发挥国有经济的主导地位就被扣上"国进民退"的帽子呢?以市场化的方式进行"国进民退"有何不妥呢?原因自然在于,在新制度经济学等新自由主义看来,只有私有制经济才是为市场化的唯一行为主体,国有经济与市场化没有关联。其二,所谓的"国进民退"结论大

---

① 刘瑞、王岳:《从"国进民退"之争看国企在宏观调控中的作用》,《政治经济学评论》2010年第3期,第37~50页。

② 冯禹丁:《"国进民退"的五大后果——专访耶鲁大学金融经济学终身教授陈志武》,《商务周刊》2009年第19期,第48~52页;许小年:《"国进民退"背离改革方向》,《商界评论》2009年第11期,第105页。

③ 陈妍:《西方银行重归"国有化轮回"》,《党政干部文摘》2008年第12期,第41~42页。

多来自于微观个案之"总结",事实上,统计数据显示,总体上不存在"国进民退"。从我国所有制结构变化总的情况来看,相反存在的是"民进国退"的趋势。我国国有企业在资产、利润、从业人数等方面占整个国民经济的比重均不断下降。①对于个别国有企业兼并私营企业的现象,是否非要上纲上线地扣上"国进民退"的帽子呢?对此,需要透过这一争论的目的来分析。

其次需要搞清楚,争论各方是基于何种目的争论"国进民退"与"国退民进"的。从意识形态安全的角度来看,笔者认为需要对"国进民退"与"国退民进"争论中学者的出发点作出客观分析。有些学者确实是出于对非公经济发展阻梗的忧虑,是对国有经济垄断地位的拒斥(或发自客观的分析,或纯粹心理上的主观反感,或表面反感而内心向往但又无法进入只能"拒斥"),本质上的为了推动社会主义市场经济健康发展,推动社会主义和谐社会构建。但是,有些主张全盘私有化的学者也不能忽视。有些学者反对"国进民退"仅仅是一个借口,实质上是反对国有经济的发展壮大,反对市场经济发展的社会主义属性,主张全盘改革私有化,进而全盘西化。就此,邓小平早就曾经指出,"某些人所谓的改革,应该换个名字,叫做自由化,即资本主义化。他们'改革'的中心是资本主义化。"并且,他已经预示到"这个问题还要继续争论的。"②这些学者站在资产阶级立场上,服务于非公有制经济企业主的利益。他们"惊呼""'国进民退'已经不是个别现象,而是形成了一股汹涌的潮流",甚至称之为"一场新的国有化运动"③,其服务于非公有制经济的目的非常明显。而对于如何维护普通劳动者的利益,对于如何巩固与发展社会主义,他们根本不去考虑。这显然与我国的基本制度背道而驰。我国改革的方向是社会主义市场经济。国有经济改革的目标是进一步完善国有经济的结构和体制,使其适应社会主义市场经济的体制环境,促进国有经济又好又快的发展,而绝不是对国有企业实行私有化。那种把国有企业改革的目标曲解为

---

① 马骏:《我国总体趋势上不存在"国进民退"》,《红旗文稿》2010年第2期,第15~17页。
② 邓小平:《邓小平文选(第3卷)》,北京:人民出版社1993年版,第297页。
③ 刘健:《改革再次寻求共识——"国进民退"的争论背后》,http://zqb.cyol.com/content/2010-01/04/content_3011576.htm,2012年2月27日。

维护意识形态安全的具体路径：
基于对新制度经济学意识形态理论的超越 第6章

私有化，并进而把国有经济的做强做大视为改革的倒退的观点是错误的，是与我国国有经济改革和发展的方向背道而驰的。①从另一层面来看，当前，全球化背景下，我国私营企业很难与国际垄断资本的代表跨国公司抗衡。现实的情势是，但凡国有企业大量退出的领域和行业，大都被跨国公司所占据。在跨国公司强力实力面前，在其诱惑之下，私营企业逐步成为了并购对象，或成为了附庸。因此，一定意义上，大力鼓吹"国退民进"实质上最终服务的是国际垄断！

在整个社会主义初级阶段，必须坚持以基本经济制度作为在所有制结构问题上判断是非对错的标准。在当前公有制经济比重已经大大下降、公有制的主体地位岌岌可危的情况下，积极发展公有经济（特别是国有经济）、提高公有制经济的比重是合理的、必要的，攻击"国进民退"是毫无道理的。②马克思主义认为，不存在超越一定的社会基础的产权关系或者产权制度，也不存在永恒的适用于一切社会的产权制度。产权本质上是一种法权关系，是生产关系的法律表现。因此，我国产权制度改革的实质是社会主义生产关系的调整和完善。首先，由于社会主义生产关系的本质属性，其调整和完善必须坚持公有制的主体地位；其次，由于社会主义生产关系是社会主义条件下人与人在生产过程中结成的关系（这种"人"，在政治上应当家做主，在经济上应共享改革发展的成果），这种关系的调整和完善又应当保证人民群众的这种政治和经济权益。③应当说，这是我国产权制度改革务必牢牢把握的基本方向。同时，需要看到的是，未来一个时期，如何构筑现实所有制结构条件之上的具有中国特色的社会主义民主政治模式④是关系到我国基本制度维护的重要问题。这关系到我国意识

---

① 张宇：《正确认识国有经济在社会主义市场经济中的地位和作用——兼评否定国有经济主导作用的若干片面认识》，《毛泽东邓小平理论研究》2010年第1期，第23～29页、第85页。

② 周新城：《毫不动摇地坚持公有制为主体多种所有制经济共同发展——兼评"国进民退"、"国退民进"的争论》，《当代经济研究》2010年第4期，第29-34页；丁冰：《坚持公有制经济的主体地位是我国当前不容忽视的一项重要任务——兼评对"国进民退"的指责》，《思想理论教育导刊》2010年第7期，第56～61页。

③ 周明生、苏炜、卢名辉：《马克思与科斯产权理论在中国改革进程中的运用》，《江海学刊》2009年第1期，第88页。

④ 王沪宁：《发展中的中国政治学》，《瞭望新闻周刊》1994年第20期，第30～31页。

形态安全的根基,是亟需面对的问题。

三、坚持和完善社会主义政治制度①,构建维护意识形态安全的政治基础

从上文的分析可以看出,坚持和完善社会主义制度必须坚持社会主义政治制度,推动社会主义民主政治发展。这是维护我国意识形态安全的政治制度基础。作为社会主义国家,我国的社会主义政治制度立足于中国实际,体现了中国社会发展的特点、规律和客观要求,符合全国各族人民的根本利益诉求。坚持中国特色社会主义,必须坚持社会主义政治制度的特点和优势,推动社会主义民主政治制度化、规范化、程序化,从而进一步为党和国家长治久安提供政治保障。同时,还必须坚持马克思主义政治发展观,推动社会主义民主政治发展,使意识形态安全的政治基础更加扎实。

立足马克思主义的视角分析政治发展逻辑可知,政治的最终目的是实现共产主义,达到"自由人的联合体"。那么,在政治发展的过程中,就要注重手段和目的的统一。虽然马克思主义也指出国家的消亡是一个自然演进的过程,但我们不能以此为借口脱离政治本身产生的目的,更不能在现实政治生活中过于强调手段和路径,盲目追求西方国家的政治发展模式,盲目地追求西方式民主。②因为,西方资本主义国家政治已经产生了合法化危机。哈贝马斯认为,资本主义国家通过民主过程、政党竞争、社会福利和社会改革等机制,使其合法性得以延续。但它也面临着一系列社会内部的"危机倾向",从而使它很难仅仅依靠"同意"就能够完全维持政治稳定。③在实践领域,他的观点得到了印证。一般认为,西方后工业社会下的国家是由社会和政治等两大体系所组成。其中,社会以经济为主要,政治以行政为主导。合理形态是它们之间相互依存,缺一不可。要避免国家的合法性危机,在理性的法则下,行政部门需要对社会,尤其是经济体系实施

---

① 魏崇辉:《政治发展的逻辑:马克思主义基础上的解读》,《胜利油田党校学报》2006年第2期,第75~78页。
② 同上。
③ 燕继荣:《政治学十五讲》,北京:北京大学出版社2004年版,第151~152页。

有效的管理,从而保证经济的发展与成长,反过来,经济体系在有了资本的积累的同时,输出足够的经费给行政部门,行政部门再进一步利用从经济体系汲取的资源,发展健全的社会福利体系,人民当权利受到保障后,会以忠诚度回馈行政部门以维持政府的统治合法性。但是,在20世纪70年代以来,行政系统(administrative system)越来越承受了"超负荷"(overload)。这是因为(1)当由于不断扩张的私人利润基础上的市场经济需求得不到满足时,资本阶级意识形态便会崩溃,国家机器便会介入经济的运作。经济系统与政治系统的重新组织必然要求合法化系统(legitimation system)做出相应调整。(2)合法性是建立在普遍的价值系统上,借助于民主系统,通过公民真正参与政治意志的形成的。但公众对行政的要求在民主的推动下会不断提高,国家的责任也就不断的加大。因此,在合法性危机的压力下,资本主义国家的政治受到双重引诱:一方面要使决策尽量满足合法性的要求以获取大众的效忠与认同;而另一方面行政系统却想极力避免公民的参与,以减少使得经济崩溃的风险。因此,公共领域的制度与程序成为只是形式上的民主。这就是过分强调手段,而忽视政治发展的目的和逻辑的结果。①

马克思主义创始人曾经对此有过精辟的认识。②马克思、恩格斯同时从宏观上概括出政治发展的逻辑,为现实提供了指导性认识。至于应该怎样采取实际的步骤来逐步实现向社会政治的高级阶段过渡,"关于这个未来,马克思并没有陷入空想,他只是较详细地确定了现在所能确定的东西。"③在马克思主义创始人看来,从资本主义到社会主义中间"现在所能确定"要经历一个政治上的过渡时期,这个时期的国家就是无产

---

① 魏崇辉:《政治发展的逻辑:马克思主义基础上的解读》,《胜利油田党校学报》2006年第2期,第75~78页。

② 经典的例证就是马克思主义创始人对巴黎公社的分析。马克思、恩格斯提出了公社是"普选"产生的"实干的而不是议会式的机构","既是行政机关,同时也是立法机关"。委员是"负责任的",报酬与工人工资相当。公社是"廉价政府"。他们认为,"公社的真正秘密就在于:它实质上是工人阶级的政府,是生产者阶级同占有者阶级斗争的产物,是终于发现的可以使劳动在经济上获得解放的政治形式。"参见马克思、恩格斯:《马克思恩格斯选集(第3卷)》,北京:人民出版社1995年版,第55~59页。

③ 列宁:《列宁选集(第3卷)》,北京:人民出版社1995年版,第193页。

阶级专政。①"无产阶级专政"与"自由人的联合体"在马克思的理念中是统一的,前者是通往后者的必要手段。②无产阶级专政是"半国家"或"消亡之中的国家。"③"国家再好也不过是无产阶级在争取阶级统治的斗争中胜利以后所继承下来的一个祸害。"④"随着社会主义社会制度的建立,国家就会自行解体和消失。既然国家只是在斗争中、在革命中用来对敌人实行暴力镇压的一种暂时的设施,那么,说自由的人民国家,就纯粹是无稽之谈了:当无产阶级还需要国家的时候,他需要国家不是为了自由,而是为了镇压自己的敌人,一到了可能谈自由的时候,国家本身就不再存在了。因此,我们建议把'国家'一词全部改成'共同体'[Gemeinwesen],这是一个很好的古德文词,相当于法文的'公社'。"⑤马克思主义关于政治的观点一个重要方面就是强调阶级斗争。比如,提出了"一切阶级斗争都是政治斗争"的理论观点。但更为关键的是,"共产党人为工人阶级的最近的目的和利益而斗争,但是,他们在当前的运动中同时代表运动的未来",马克思主义强调政治的存在是以消灭政治为目标,国家消亡为最终结果的。"原来意义上的国家"后社会中的政治关系,必然要逐步回归到社会。⑥

在这一过程中,首先要转变政府职能,重塑政府权威。这两个方面是相互协调,相互统一的。转变政府职能是为国家向社会的回归做准备,政府本身要有使命感和责任意识,充分认识到自身所处历史阶段,需要完成的历史任务。全能政府的思想和行为是不利于权力向社会回归的。⑦我国当前进行的大部制改革,就是在政府的部门设置中,将那些职能相近、业务范围雷同的部门相对集中,由一个部门统一管理,最大

---

① 魏崇辉:《政治发展的逻辑:马克思主义基础上的解读》,《胜利油田党校学报》2006年第2期,第75～78页。
② 魏崇辉:《当代中国政治语境下的治理理论研究———一个分析框架构建的尝试》,《政治与法律》2009年第4期,第48页。
③ 列宁:《列宁选集(第3卷)》,北京:人民出版社1995年版,第185页。
④ 马克思、恩格斯:《马克思恩格斯全集(第22卷)》,北京:人民出版社1965年版,第229页。
⑤ 马克思、恩格斯:《马克思恩格斯选集(第3卷)》,北京:人民出版社1995年版,第324页。
⑥ 魏崇辉:《政治发展的逻辑:马克思主义基础上的解读》,《胜利油田党校学报》2006年第2期,第75～78页。
⑦ 同上。

限度地避免政府职能交叉、政出多门、多头管理,从而达到提高行政效率、降低行政成本的目的。政府的基本定位是有限政府,主要负责公共管理和公共服务。同时,大部制改革和追求小政府这个目标是不相冲突的。①但是,在这一过程中,政府也应具有权威。马克思主义认为,这是一种政治权威,也必将按照政治发展的逻辑转变为社会权威。在未来社会中,国家要消亡,因而政治也会随之消亡。权威的政治属性也必然会随之而消失。而上升为与以"自由人"为主体的社会自治相辅相成的社会权威。因此社会自治并不否定社会权威。而且,随着人的主体意识和参与社会事物的能力越强,越会自觉地遵守社会制度和规范,也就是越加需要和尊重社会权威。社会自治不是绝对民主化,更不是极端自由主义。社会自治本身也是需要通过一定的组织形式来实现,而有组织就会有权威,所以说,社会自治本身就是一种权威②。这在发展中国家里显得尤为重要。因为社会自治能力有待进一步提高,社会权威的确立还需要一定的时间,如果政府撒手不管,反而会使社会陷入无助和混乱的境况。所以,在这一过程中,政府需要大力发展市民社会,培育社会中介组织;提高公民的政治参与,实现与民众之间的互动。近年兴起的治理理论在这方面提供了可资借鉴的思路。这一理论的兴起与市民社会的日益扩大有密切关系。随着市场经济的发展和民主的推行,大量的社会团体和组织涌现,并进而壮大、成熟,它们自觉地承担起某些公共管理职能,为国家向社会的回归提供了事实的佐证。治理理论着眼于政府与社会之间的互动,认为国家(政府)与社会之间蕴含着合作而非对抗之意蕴。要实现国家向社会的回归,必须健全市民社会,发展中介组织,完善社会自治组织结构,培养社会自律能力。一旦市民社会从历史上的自发形成阶段发展到了受宪法和法律保护的自觉建设阶段,一个权力更加多元化、更加非中心化的网络型时代也就临近了。在这个时代当然还存在着各种"治理",但决不再意味着一刻也离不开官方"统治"。依据

---

① 汪玉凯:《大部制改革和追求小政府这个目标没有冲突》,http://cpc.people.com.cn/GB/66888/77791/6942744.html,2010年5月3日。

② 王沪宁等:《政治的逻辑——马克思主义政治学原理》,上海:上海人民出版社1994年版,第253页。

契约、章程实施自我管理的民间小共同体——市民社会奉行的尽管不再是无政府主义，然而从办手续到拨资金无论何时何事都要看政府脸色说话的日子毕竟一去不复返。①所以说，社会主义民主政治发展需要政府与社会的共同努力。②

政治是阶级社会的产物，是伴随国家产生而出现的一种现象。随着人类社会形态的不断演变，政治也会相应演进。政治发展的目的是为了消除政治，这是马克思主义视域下政治发展的基本逻辑。这一逻辑是依托政治形态的主要载体——国家来展示的。在马克思主义指导下认识政治现象的过程中，必须坚持即时性和长久性、手段和目的的统一。当前，从社会主义市场经济和民主政治的实际出发，逐步培育社会的独立性，尽量扩大社会自治范围，相应缩小国家权力对社会的控制和干预，防止国家权力的滥用和腐败的滋生，实现"小政府，大社会"的格局，并最终实现国家向社会的回归。社会主义是国家主义的天然对立物，在社会与国家的关系方面，其基本价值取向是社会本位，这就是我们的社会制度称为"社会主义"而非"国家主义"的基本依据。③构建维护意识形态安全的政治基础中，必须坚持和完善社会主义民主政治制度，必须深刻理解和实践马克思主义关于政治发展的基本理论④，推动社会主义民主政治发展。

四、以马克思主义为指导，加强对新制度经济学等西方思潮的批判性研究

自从上世纪80年代末90年代初以来，受到国内外局势变幻的影响，在我国，意识形态安全问题的重要性再次凸显出来，日益引起社会各界的重视，在学界形成了意识形态研究的热潮。在意识形态研究的过程中，我们必须首先明确，"马克思、恩格斯否定和批判了意识形态，但他们否定和批判的是在特殊历史时期、特定的社会经济基础上建立起来的'旧意识形态'。如果意识形态是指一种具有社会凝聚力的理想、价值、需求和利益的观念体系，

---

① 吉永生：《市民社会、善治与政府机构改革》，《云南行政学院学报》2001年第4期，第17~21页。
② 魏崇辉：《政治发展的逻辑：马克思主义基础上的解读》，《胜利油田党校学报》2006年第2期，第75~78页。
③ 吕世伦：《法理念探索》，北京：法律出版社2002年版，第18页。
④ 魏崇辉：《政治发展的逻辑：马克思主义基础上的解读》，《胜利油田党校学报》2006年第2期，第75~78页。

同时为产生它的社会经济基础服务，那么马克思主义无疑是意识形态。但马克思主义是一种完全不同于'旧意识形态'的意识形态。"①马克思主义是一种科学的意识形态。因此，我们在意识形态工作中，必须坚持马克思主义的指导地位不动摇，坚持用马克思主义占领意识形态阵地。

其一，用马克思主义占领意识形态阵地。这里所指用马克思主义占领意识形态阵地用马克思主义占领意识形态具有以下内涵：一是以马克思主义作为党和国家的指导思想；二是使马克思主义成为思想文化的主流。也就是说，在思想文化领域形成以马克思主义为指导，各种积极向上思想文化共同发展的局面。用马克思主义占领意识形态阵地，与"双百"的方针是一致的。在这一过程中，不能搞"以阶级斗争为纲"，不能将意识形态抬高到高于一切的地位，必须紧紧围绕经济建设这个中心，必须紧紧与社会发展相配合。当然，由于新制度经济学之类的多元意识形态还大量存在，一定程度上满足了市场经济发展的需求。但是，不能因为大力发展市场经济，就将新自由主义的基本理念引入我国，不能将自由、平等原则泛化，因为我国的市场经济是社会主义性质的，所以，只能是马克思主义意识形态而不能是非马克思主义意识形态在国家生活中占据支配地位。诚然，用马克思主义占领意识形态阵地，并不代表在对待马克思主义上固步自封。维护我国意识形态安全，保持主导意识形态地位的基本策略是坚持马克思主义，并发展马克思主义。以往的社会制度都是自发秩序的产物，先有经济基础，后有上层建筑和社会意识。而社会主义制度则不同。社会主义制度是人类历史上第一个依靠人的自觉性、按照某种理论模式建立起来的社会制度，没有革命的理论就没有革命运动，没有马克思主义理论就没有科学社会主义的实践。在社会主义制度形成之后，它的具体制度的变化，无论是否成功，都具有浓厚的意识形态色彩，反映了领袖人物和领导集团思想上的偏好。因此，随着社会主义市场经济的发展，需要对意识形态作出必要的发展和创新。十一届三中全会以来，随着经济体制改革的深入，中国社会的经济基础发生了变化，这种变化必然要求作为上层建筑的意识形态的创新。十一届三中全会以来，随着经济体制改革的深入，中国

---

① 徐海波：《"意识形态"与科学性》，《学术界》2002年第1期，第109页。

社会的经济基础发生了变化,这种变化必然要求作为上层建筑的意识形态的创新。中国共产党果断抓住这一时机,推进中国意识形态理论的确立和成熟。如,坚持以经济建设为中心;坚持四项基本原则和改革开放;坚持"三个代表"重要思想和科学发展观等等。①这里需要注意,首先,发展马克思主义的基本前提是坚持马克思主义。只有坚持马克思主义在理论与实践上的指导地位,才谈得上发展马克思主义;其次,我们必须坚持发展的马克思主义,而不是教条的、本本主义的马克思主义。只有不断发展的马克思主义才能指导实践的发展,才能适应无产阶级实践的需要。

其二,在马克思主义指导之下,加强对新制度经济学等西方思潮的批判性研究②。随着对外开放的深入发展,西方社会思潮大量涌入我国,对我国的经济社会发展发挥了一定作用。尤其是新制度经济学,由于其强调对制度的关注,这与处于社会转型期的我国构建新型制度的需求相吻合。也正因为如此,新制度经济学近年来成为我国非常有影响的一股思潮。一种理论思潮的产生与其所处的历史环境是密不可分的。在斯密所处的时代,资本主义秩序在逐步确立中,需要凸显市场这只"看不见的手"的作用,亚当·斯密提出自由经济的思想恰逢其时。正如马克思指出的:"只要政治经济学是资产阶级的政治经济学,就是说,只要它把资本主义制度不是看作历史上过渡的发展阶段,而是看作社会生产的绝对的最后的形式,那就是只有在阶级斗争处于潜伏状态或只是在个别的现象上表现出来的时候,它还能够是科学。"③新制度经济学强调制度变迁在社会转型中的重要作用,论证了市场是有效的资源配置机制,关于减少政府对经济的干预等,有其合理的地方,存在值得我们借鉴之处。特别是诺斯的制度变迁理论更是很大程度上满足了转型后发国家的需求。比如,作为新制度经济学组成部分的意识形态理论对维护我国意识形态安全有一定的启示作用。④

---

① 魏崇辉:《新制度经济学视阈的当代中国意识形态建设》,《湖北经济学院学报》2009年第3期,第125~129页;魏崇辉:《新制度经济学视角的意识形态研究》,南京:东南大学硕士论文2004年。

② 对于西方经济学的价值导向、意识形态性论争,参见刘贻清、张勤德主编:《"刘国光旋风"实录——改革开放必须以马克思主义为指导的大讨论》,北京:中国经济出版社2006年版。

③ 马克思:《资本论(第1卷)》,北京:人民出版社1972年版,第16页。

④ 魏崇辉:《新制度经济学视阈的当代中国意识形态建设》,《湖北经济学院学报》2009年第3期,第125~129页。

维护意识形态安全的具体路径：基于对新制度经济学意识形态理论的超越 第6章

诺斯认为，国家要想实施有效地控制，以下三点非常重要：其一产权理论。产权理论可以激励个人和集团；其二是国家可以监督、规范统治者的行为，当然国家更会确定规则以使统治者及其集团的收入最大化；其三即为意识形态理论。意识形态理论可以影响人们对客观存在变化的不同反映。意识形态理论可以减少规则和产权的执行费用，降低交易成本，从而国家可以实施更为有效的控制。新制度经济学认为，意识形态必须是灵活的，能在继承的基础上得以发展，反映社会发展的新要求、新取向，同时又要保持社会的稳定和连续。社会实践中，意识形态建设必须保持一定的张力。①

但一直以来，我们对新制度经济学的国家理论、意识形态理论并未给予足够的重视，虽然也已经有了相关研究成果。尤其是对其意识形态理论缺乏马克思主义视域的考察和解读。而"社会科学家和其他人一样，具有阶级利益、意识形态信念和各种各样的价值观。但是，所有的社会科学研究不同于研究材料强度或血色素分子结构，它们和意识形态、利益与价值的关系特别接近。不管社会科学家是否接受和是否知道这些，甚至是否和它们作过斗争，但他对研究领域的选择、提出的问题、不愿提出的问题、他的研究框架、他的用词方式，都很可能在某种程度上反映他的利益、意识形态和价值观。"②思考本身不是目的，思考意味着具体的指向。当一个人思考某个问题时，会表露出他对期望出现情况的渴望。因此，社会科学研究不可能价值中立。在这种情况下，我们对新制度经济学的引进和吸收就需要修正和弥补。③例如，新制度经济学试图将所有制度的解释还原为个人的理性计算的层面上，即使是对意识形态的分析也是如此。在新制

---

① 魏崇辉：《新制度经济学视阈的当代中国意识形态建设》，《湖北经济学院学报》2009年第3期，第125~129页；魏崇辉：《新制度经济学视角的意识形态研究》，南京：东南大学硕士论文2004年。

② [美]索洛：《经济学中的科学和意识形态》，[美]豪斯曼编：《经济学的哲学》，上海：上海世纪出版集团、上海人民出版社2007年版，第212~213页。

③ 姚洋：《制度与效率：与诺斯对话》，成都：四川人民出版社2002年版，前言3。就国内研究而言，新制度经济学是改革开放以来经济学家研究中国经济问题的最早和最持久的理论依据和工具之一。但经过多年的模仿与局部创新后，中国的新制度经济学研究目前似乎陷入了低谷。这其中重要的原因在于国内新制度经济学研究的狭隘视野。参见周业安：《关于当前中国新制度经济学研究的反思》，《经济研究》2001年第7期，第19页。当代中国语境下，"讨厌政治"，仅仅从经济、经济学角度来研究新制度经济学是不可取的。得出的研究成果也只能是纸上谈兵。对新制度经济学的"修正和弥补"必须坚持马克思主义的科学态度，立足中国实际。

度经济学看来，群体意识形态就是个体意识形态的简单相加。但实际上，脱离社会和人文环境的个体理性是不存在的，我们必须从具体语境出发考察个体理性。同时，新制度经济学试图将制度看做是个体博弈的均衡结果，但我们观察到的制度变迁基本都是集体选择的结果。再比如，新制度经济学表面上往往将效率作为评价制度绩效的惟一标准，他们突出了意识形态的经济功能，掩盖了意识形态的具体指向。这样做使得我们往往无法在规范层面对制度或意识形态作出一个正确的评价。

五、牢固树立社会主义理想信念，切实维护意识形态安全的思想基础

新制度经济学倡导的产权私有化成为为既得利益集团谋取利益的重要手段。在这种手段指引下，在我国，国有资产大量流失到私人口袋中，财富以非常规方式积累，这种快速"致富"方法正在撕裂着社会群体之间的和谐，挤压普通民众生存空间，使得辛勤劳动无法获得应得收益，甚至成为别人的笑柄，进而使得理想信念被抛到九霄云外。同时，经济基础决定上层建筑，产权私有化的资本主义意识形态性决定了思想文化领域的资本主义意识形态性。而"资本主义文化的扩散，实质就是消费主义文化的张扬，而这样一种文化，会使所有文化体验都卷入商品化的旋涡之中。"① 一切都可以都以商品化衡量的消费主义从属于资本的逻辑，发挥了意识形态的功能，成为西方国家对社会主义展开说服最有利的工具，因为消费所带来的短期刺激肯定大于理想信念。

当前，在我国，社会主义理想信念被抛弃。"任何统治都企图唤醒对维持它的'合法性'的信仰。"② 而且，信仰对于我们党来说，意义更加不同。"过去我们党无论怎样弱小，无论遇到什么困难，一直有强大的战斗力，因为我们有马克思主义和共产主义的信念。有了共同的理想，也就有了铁的纪律。无论过去、现在和将来，这都是我们的真正优势。"③ 理想信念是我们党的优势。因此，党的十七届四中全会的《决定》中明确指出，"把理想信念教育作为全党学习践行社会主义核心价值体系的重中之

---

① ［英］汤林森：《文化帝国主义》，上海：上海人民出版社1996年版，第6页。
② ［德］马克斯·韦伯：《经济与社会（上卷）》，北京：商务印书馆1997年版，第239页。
③ 邓小平：《邓小平文选（第3卷）》，北京：人民出版社1993年版，第144页。

重"，明确要求广大党员"做共产主义远大理想和中国特色社会主义共同理想的坚定信仰者"。

其一，牢固树立社会主义理想信念的基础是树立对共产党领导和中国特色社会主义道路的信心。必须用中国革命和建设、改革开放以来取得的成绩阐明，必须坚持中国共产党的领导，只有社会主义才能救中国，只有中国特色社会主义才能发展中国。新中国成立后，中国共产党带领中国人民建立社会主义制度后，中国社会发生了翻天覆地的变化，取得了飞跃性的历史进步，这是中国人一直以来梦寐以求的。但是对于什么是社会主义、怎样建设社会主义，建设什么样的党、怎样建设党，实现什么样的发展、怎样发展等重大理论和实际问题，认识不准确，导致了"左"的错误特别是"文化大革命"的错误。十一届三中全会以来，共产党带领人民不断探索和回答这些重大理论和实际问题，开创了中国特色社会主义道路，取得了举世瞩目的伟大成就。实践证明，只有中国特色社会主义才能发展中国，才能把中国建设成为富强民主文明和谐的社会主义现代化国家。在当代中国，坚持中国特色社会主义道路，就是真正坚持社会主义。

其二，牢固树立社会主义理想信念的关键是对社会主义的正确理解和认识。牢固树立社会主义理想信念教育的关键要搞清楚中国特色社会主义是什么样的社会主义。对此，早在1938年，毛泽东就说："使马克思主义在中国具体化，使之在其每一表现中带着必须有的中国的特性，即是说，按照中国的特点去应用它，成为全党亟待了解并亟须解决的问题。"[①]1982年，邓小平说："把马克思主义的普遍真理同我国的具体实际结合起来，走自己的道路，建设有中国特色的社会主义，这就是我们总结长期历史经验得出的基本结论。"[②]而马克思主义普遍真理与本国实际相结合的过程，"必然要抛弃前人囿于历史条件仍带有空想因素的个别判断，必然要破除对马克思主义的教条式理解和附加到马克思主义名义下的错误观点，必然要根据新的实践使科学社会主义理论得到新的发展。"[③]

[①] 毛泽东：《毛泽东选集（第2卷）》，北京：人民出版社1991年版，第534页。
[②] 邓小平：《邓小平文选（第3卷）》，北京：人民出版社1993年版，第2页。
[③] 中共中央文献研究室编：《十三大以来重要文献选编（上）》，北京：人民出版社1991年版，第55页。

所以说，社会主义作为一种制度、理论与运动的综合，是在实践中发展的，是一种发展变化的历史进程。社会主义不会拘泥于某一种形式，不会定格在某一个阶段，而是需要不断发展，逐步走向更高、更加完善的阶段。社会主义需要不断改革，在世界各地表现出多种样式。

其三，牢固树立了社会主义理想信念的当务之急是立足社会现实，使人民群众正确看待理想与现实之间的距离。理想是立足于现实的一种愿景，是我们的奋斗目标，是源于现实又高于现实的。现实是指我们当前所处的基本环境以及境遇。理想与现实之间是存在距离的，是有差距的。这促使二者存在着一定矛盾，有时矛盾还存在激化的可能，这在社会主义初级阶段体现得尤为明显。就我国的情况而言，在改革开放的过程中，许多长期积累的深层矛盾凸显出来，比如城乡差距、贫富差距、地区差距、行业差距有进一步拉大的趋势，腐败还比较严重，这些问题都对社会主义理想信念教育构成直接威胁。社会主义理想信念教育不能一味地回避社会存在的问题和矛盾。必须坚持用马克思主义的基本立场、观点和方法，从实际出发全面、客观地对问题和矛盾作出解释，必须认真分析这些问题和矛盾存在的社会历史原因，深入剖析其解决的阶段性对策以及根除对策。必须认识到有些问题和矛盾是在社会进步过程出现的一些必然显现，不能因为出现了这样或者那样的问题和矛盾而怀疑甚至否定中国特色社会主义道路。只要真正在中国特色社会主义理论体系的指导下，牢固树立中国特色社会主义的共同理想，坚定不移地走中国特色社会主义道路，才能为从根本上解决这些问题和矛盾创造条件，才能实现中华民族的伟大复兴。

六、坚持改革开放，坚持国家利益至上，营造维护意识形态安全的国际环境

由于新制度经济学是随着改革开放的大潮来到我国的，而其强烈的资本主义意识形态性无法否认，所以，有学者主张对诸如新制度经济学之类的新自由主义经济学采取一概拒斥的态度。而实践已经向我们昭示，改革开放是我国的强国之路。今天发展的大好局面归因于改革开放。十一届三中全会以来，我们党提出的理论、路线、方针、政策，最显鲜明的特征就是改革开放。改革开放极大地解放了生产力、发展了生产力，冲破了传

统体制下束缚生产力发展的羁绊,推动了社会主义事业的快速发展。近年来,我们之所以能够在国际风云变幻中站稳脚跟,之所以能够战胜各种困难和风险,就是因为通过改革开放,我们找到了中国特色社会主义道路。可以说,对新制度经济学意识形态性的客观认识和有效抵御,也要依赖于改革开放的成就。

其一,坚持改革开放。由于处于社会转型期的中国需要解决的核心问题是制度问题,新制度经济学确实在一定程度上满足了我国社会转型的需求。新制度经济学意识形态理论是对马克思主义意识形态理论的丰富,其对效率的强调,对个体作用的强调等等,都是值得我们去关注的。因此,我们必须积极借鉴与运用新制度经济学意识形态理论成功适用的地方。实践也已经向我们证明,我国在积极推进意识形态建设,维护意识形态安全方面取得了很大的成绩。笔者认同,"意识形态的基本价值原则有的是阶段性的可以改变的,如'四个现代化'等等,有的则是具有终极性,是不可改变的,如共产主义等。但无论哪种性质,意识形态基本价值原则的内涵都将随主客观实际情况的变化或政治实践的发展而不断发展、补充或更新。"① "1978年以来,当代中国的意识形态一直处于变化之中,变化的目标主要集中在三个方面:改变1978年之前某些被扭曲了的和教条的意识形态;继承和发扬意识形态结构中合理的成分;建立与社会主义市场经济相适应的意识形态。90年代之后,意识形态的转变表现出另一个新特点,即中国共产党努力将经济伦理引入意识形态,社会主义初级阶段和社会主义市场经济被写入党章。"②意识形态的调整是全社会改革开放的体现和反映。③为了应对全球化、网络化与社会转型等带来的挑战,我们必须毫不动摇地坚持改革方向,坚定改革的决心和信心,坚持改革开放决不能动摇。必须通过不断地改革完善自身,社会主义事业才能保持强大的生命力。在推动社会主义事业发展的过程中,不断地推进、深化改革,用改革的办法来解决阻碍经济社会发展的体制性和机制性问题,积极构建与社

---

① 陈红太:《当代中国政府体系与政治研究法》,北京:经济日报出版社2002年版,第228页。
② 王邦佐、谢岳:《社会整合:21世纪中国共产党的政治使命》,《学术月刊》2001年第7期,第8页。
③ 魏崇辉:《新制度经济学视阈的当代中国意识形态建设》,《湖北经济学院学报》2009年第3期,第125~129页。

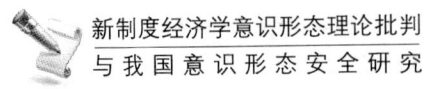

会主义初级阶段基本国情相吻合的制度。可以说，如果不积极推进改革开放，不要说取得新的成绩了，就连已经取得的成果也很难保持。改革开放是当代中国走向繁荣富强的必由之路。

其二，坚持国家利益至上。意识形态安全与一国基本社会制度维系、执政合法性增强以及社会的有效整合是密切关联的，而这些都属于国家利益的范畴。在我国，维护意识形态安全的过程就是维护社会主义制度的过程，就是中国共产党执政合法性增强的过程，就是成功实现社会整合的过程，也就是维护国家利益的过程。同时，改革开放是我国的强国之路，是必须坚持的方向。改革开放的最终目的也是为了国家利益。因此，在改革开放过程中必须坚持国家利益至上。这是维护意识形态安全的基本要求。在国际事务中，国家利益应该成为首先需要考量的因素。而且，"既然国家理性和基于国家理性的利益是社会实践的产物和经验建构，它就可以通过国家在国际进程中的互动活动中被解构、被改变、被重新定义。"[1]可见，不同的意识形态可以在当前的国际环境下共存。因此，在国际事务处理过程中，需要平衡意识形态与国家利益之间的关系。一方面，可以从不同的侧面建构国家之间的关系。当前的国际环境下，国与国之间的合作与冲突都不是永恒的。国家之间的关系可以通过建构实现重构。另一方面，在国际事务中，有时首先考虑国家利益的其他方面是为了以后更好地考虑意识形态，而不是为了抛开意识形态。所以，有时候，从表面上，与国家利益相比较，意识形态可能会退而居其次。但这并不是说可以不为意识形态追求国家利益。上文已经指出，意识形态是国家的有机构成要件。只要存在国家，意识形态就不会消失。而且，这一过程中，必须坚守社会主义意识形态的底线不动摇。这些底线大致有：不许干扰经济和现代化建设这个中心。当代中国需要牢牢把握的中心是一心一意谋发展，聚精会神搞建设；不许否定四项基本原则。这是社会主义中国确保自身存在的基本要求，是维护改革发展稳定大局的需要；不要指望控制中国。在国际共产主义运动处于低潮的今天，在"一球两制"资本主义制度占优的情况

---

[1] 秦亚青：《权力•制度•文化：国际关系理论与方法研究文集》，北京：北京大学出版社2005年版，第153页。

下,我国的现代化建设面临着霸权主义和强权政治的挑战,必须明确"任何外国不要指望中国做他们的附庸,不要指望中国吞下损害我国利益的苦果。"①对底线的坚守本身就是国家利益至上的表现。

---

① 侯惠勤:《弱化与强化:意识形态的当代走向与马克思主义的话语权——论邓小平理论和"三个代表"重要思想的一大理论创新》,《毛泽东邓小平理论研究》2004年第6期,第10页。

结 语

本书以马克思主义意识形态理论为指导,展开了对新制度经济学意识形态理论的全面解析,系统分析了作为新制度经济学一个组成部分的意识形态理论的理论建构,以此为线索,阐明了包含意识形态理论的新制度经济学的资本主义意识形态性。政治视域,而非经济视域,是本书的立足点,在此基础之上,本书试图分析新制度经济学意识形态理论对我国意识形态安全的威胁之处以及应对之策。在行将结束之后,发现尚有很多应该论述的问题没有作必要的分析论证。这些问题包括新制度经济学实现从学术思潮到意识形态转变的机制与路径、新制度经济学的哲学底蕴和基础等等。虽然文章也略有提及,但未能深入展开。这是本书的主要缺点之一。同时,本书对于有些问题的定位和解说是,当前不可以那样做,但至于以后怎么样办,没有做过多涉及。这是另外的缺点。全文些许成绩表现在所提出的课题、阐释这一课题的新思路,特别是旗帜鲜明地反对私有化的观点。最后,在论及对新制度经济学意识形态理论批判,维护我国意识形态安全的基本结论的同时,这里还会对一些问题稍作阐释以启发进一步的思考。

第一,深化意识形态研究是深化马克思主义研究的一个重要方向。[①]由于"经济学中的意识形态问题是极其复杂的,也许无法获得结论性的和毫不含糊的解决"[②],同时,马克思主义经典作家为未曾给出意识形态以一个明确的定义,使得开展马克思主义基础之上的新制度经济学意识形态批判更加

[①] 魏崇辉:《两种意识形态理论的比较研究:马克思主义与新制度经济学——一个分析框架构建的初步尝试》,《上海行政学院学报》2010年第2期,第4~10页;魏崇辉:《新制度经济学视角的意识形态研究》,南京:东南大学硕士论文2004年。

[②] [美]萨缪尔森:《经济学中的意识形态》,[美]温特劳布主编:《当代经济思潮》,北京:商务印书馆1989年版,第31页。

结 语
jie yu

具有难度。但无法否定一个事实，深化意识形态研究是深化马克思主义研究的重要方向。同时也彰显马克思主义不断创新和发展的重要性。

其一，深化对马克思主义意识形态理论的研究①。深化意识形态研究是深化马克思主义研究的一个重要方向。系统地、深入地开展对意识形态问题的研究至少应该做以下几个方面的工作：（1）深入探讨马克思主义意识形态思想的结构、功能、历史以及其在新历史时期的新发展；（2）探讨各种不同意识形态理论、与马克思主义意识形态之间的关系，以及它们的表现；（3）从实践上讲，积极探讨意识形态在社会主义历史时期的地位和作用问题，与经济基础之间的关系问题、与经济基础之间的中介环节（如社会心理、社会性格、社会无意识以及政治文化、国民性格等等）、与科学技术之间关系问题以及它的演变和最终消亡等等一系列问题；（4）积极研究政治价值、意识形态和政治信仰的关系。积极协调理论与实践，经济基础与意识形态的关系，建立适应现代化建设要求的意识形态体系。以新制度经济学意识形态理论研究为例，在这一过程中，仅仅就意识形态做研究肯定是不够的②。"社会学家和经济学家都注意到光凭意识形态的动力并不足以使人民大众进行不懈的努力。""市场经济中所有的经济活动都是个人为了其理想的或物质的利益而进行并完成的。当经济活动是根据集团的秩序方式而调整时，这自然也是正确的……"；"即使一个经济制度建立在社会主义基础之上，在这一方面也没有什么根本的不同……利益的结构和相关的情况会有所改变；会有其他追求利益的手段，但这一根本的因素仍将与以前一样。当然确实存在只建筑在单纯意识形态基础上的经济行为。但更为肯定的是大多数人不会这样做，而且从经验可以归纳他们不能也永远不会这样做……"③。从多个视域展开意识形态研究是非常有必要的。④

---

① 魏崇辉、王岩：《视阈·融通·走向：新制度经济学意识形态研究》，《社会科学家》2009年第2期，第142页。
② 俞吾金：《意识形态论》，上海：上海人民出版社1993年版，第334～371页。
③ [美]奥尔森：《集体行动的逻辑》，上海：上海三联书店、上海人民出版社1994年版，第46页。
④ 魏崇辉：《两种意识形态理论的比较研究：马克思主义与新制度经济学——一个分析框架构建的初步尝试》，《上海行政学院学报》2010年第2期，第4～10页；魏崇辉：《新制度经济学视角的意识形态研究》，南京：东南大学硕士论文2004年。

其二，深化对非马克思主义意识形态理论的研究。"从《德意志意识形态》到《资本论》，马克思实现了意识形态研究的具体化和精细化：从着眼于意识形态理论原则的一般研究到对早期资本主义意识形态个案的实证分析。然而'意识形态'术语在这一逻辑进路中逐渐淡出，在意识形态理论获得最完整最具体表达的地方甚至出现该术语的空缺。"①这一类似现象在新制度经济学身上亦有体现。在马克思主义意识形态理论看来，新制度经济学是新自由主义思潮，是资本主义意识形态。但在其意识形态理论获得最完整展示的地方，如新制度经济学阐释产权理论、国家理论时，却没有出现意识形态这个术语。对于新制度经济学意识形态理论这样的非马克思主义意识形态理论我们需要深入研究。

自产生以来，新制度经济学已经显示出强大的生命力。制度分析成为剖析现代社会问题的有力工具。而新分析工具的引入以及它与其他理论的嫁接与融合使新制度经济学又一次面临着新的发展机遇。比如当代产权理论家巴泽尔在产权分析时已经具有了博弈论的视界。巴泽尔在其《产权的经济分析》一书中虽然没有明确使用"博弈"概念，但其案例分析中充满着博弈论描述。因此，该书被认为是新制度经济学从"交易费用"到"博弈均衡"发展的一个重要转折点（汪丁丁，1997）。某种意义上，这种博弈分析与马克思的阶级分析具有相通之处，二者如能相互借鉴与吸收则可避免新制度经济学宏观分析方面的不足。再比如，新制度经济学的研究与认知科学（包括心理学、社会学、社会心理学、实验社会心理学、脑科学等相结合）（常根发，2000）。这些在意识形态理论上都应该有所体现和彰显，同时这也是深入推进马克思主义研究的一个方向。②

其三，深化对意识形态安全的研究。"意识形态研究的核心问题仍然是意识形态与社会现实的关系，但两者之间关系的具体内容，却远远超出'虚假意识'和'颠倒意识'的经典定义所蕴涵的空间。"③充分关注社

---

① 戈士国：《拜物教语境中的意识形态概念》，《哲学动态》2008年第4期，第20页。
② 魏崇辉：《两种意识形态理论的比较研究：马克思主义与新制度经济学——一个分析框架构建的初步尝试》，《上海行政学院学报》2010年第2期，第4～10页；魏崇辉：《新制度经济学视角的意识形态研究》，南京：东南大学硕士论文2004年。
③ 童世骏等：《意识形态新论》，上海：上海人民出版社2006年版，序言1。

会现实是马克思主义意识形态理论的立论基础。

对于处于社会转型时期的我国来说,国内外现实有好的方面,这可以推动意识形态安全工作的顺利开展。同时,改革过程中出现的社会贫富差距拉大、就业压力大、官员腐败等等现象以及由于经济社会多样化所引致的思想意识多元化等社会问题都对意识形态安全造成了挑战。从国际局势来看,全球化、网络化与"一球两制"并存发展是当前的既定事实。如何在这种情势下,针对资本主义与社会主义两种制度存在的公开的、更多是隐藏的对立与斗争,成为维护意识形态安全所迫切需要面对的。特别是在国际共产主义运动处于低潮时期,作为一个社会主义大国,如何在坚守自己主流意识形态的同时,积极理论创新,在经济基础、政治制度、文化底蕴、宣传策略、学术研究、理想信念教育、对外开放与国家利益维护等等方面巩固和加强意识形态安全,成为重点和难点。

第二,在理论和实践中坚持和发展马克思主义是科学地认识各种非马克思主义的基础。[①]马克思主义是与时俱进的科学体系。"要使党和国家的事业不停顿,首先理论上不能停顿。否认马克思主义的科学性,丢掉老祖宗,是错误的、有害的;教条式地对待马克思主义,也是错误的、有害的。我们一定要适应实践的发展,以实践来检验一切,用发展着的马克思主义指导新的实践。"[②]科学地认识各种非马克思主义必须在理论和实践中坚持和发展马克思主义。

其一,推动马克思主义与非马克思主义的对话和交流。从发展历程上来,马克思主义的每一次发展和进步都是与各种形式的非马克思主义的对话、交流与互动中取得的。这里所强调的"非马克思主义",即包含不同的研究视域的成分又包含了反马克思主义的因素。就新制度经济学意识形态理论而言,它与马克思主义意识形态理论存在着研究范式的差异,两者具有在多个层面存在契合、互补的可能与空间。以前,马克思主义处于为

[①] 魏崇辉:《两种意识形态理论的比较研究:马克思主义与新制度经济学——一个分析框架构建的初步尝试》,《上海行政学院学报》2010年第2期,第4~10页;魏崇辉:《新制度经济学视角的意识形态研究》,南京:东南大学硕士论文2004年。

[②] 江泽民:《高举邓小平理论伟大旗帜 全面贯彻"三个代表"要求 与时俱进努力开创建设有中国特色社会主义事业新局面》,《人民日报海外版》,2002年6月1日。

我独尊的地位，但是随着经济社会的发展，近年来，情况又出现了变化，马克思主义又有了被边缘化的倾向。因此，在开放局面日益加深的今天，能否以积极、开放和平等的心态展开与非马克思主义的对话，在研究路径与方法上展开交流与互动，对于马克思主义意识形态理论的当代发展具有极其重要的意义。①

其二，深刻认识非马克思主义的本质与影响。同时，我们需要注意的是，必须对各种非马克思主义的本质与影响有清醒的认知。上文研究指出，马克思主义通过与各种非马克思主义的对话和交流获得不断发展与进步。我们在这里对"非马克思主义"的界定，首先蕴含了反马克思主义的因素。以新制度经济学为例，其毕竟是新自由主义的重要流派，是一种衍生于西方世界的思潮。从马克思主义出发，笔者认为，新制度经济学意识形态理论是与马克思主义意识形态理论相背离的。同时，又包含了不同研究路径的成分。本书对两种意识形态理论的比较立足于不同路径的分析，同时又是以超越于中国特色社会主义理论体系为旨归。本书的研究体现出对非马克思主义本质与影响认识的双重性。②

其三，坚持用发展的马克思主义指导实践。"一个政党，并非……把自己的指导思想确立为马克思主义，就等于掌握了马克思主义科学理论，就会自然而然地按照马克思主义揭示的社会发展规律办事。相反，马克思主义的生命力，工人阶级政党本身的生命力，恰恰在于把理论运用到实践中去，和本国、本党的实际有机地结合起来。与时俱进，才是马克思主义的理论品质。"③实践证明，作为科学的意识形态体系，今天语境下，马克思主义仍然具有强大的生命力。要清醒地认识和领悟这一生命力的真谛，必须搞清马克思主义的真正内容，分清马克思主义的基本原理、个别论断、科学体系的相互关系。善于运用马克思主义的基本观点和基本方法分析现实生活中的新情况、新问题。因此，必须在新的历史向度下，根据

---

① 魏崇辉：《两种意识形态理论的比较研究：马克思主义与新制度经济学——一个分析框架构建的初步尝试》，《上海行政学院学报》2010年第2期，第4～10页；魏崇辉：《新制度经济学视角的意识形态研究》，南京：东南大学硕士论文2004年。

② 同上。

③ 王长江、姜跃：《世界政党执政兴衰史鉴》，北京：中共中央党校出版社2005年版，第2页。

结语
jie yu

实践的发展马克思主义。发展是马克思主义的存在方式。① 立足当今世界发展的基本趋势，发展马克思主义是坚持马克思主义的应有之义。②

第三，消解制度拜物教，坚定不移地走中国特色社会主义道路。一般认为，制度拜物教认为，诸如政治民主、市场经济及自由的公民社会等抽象的制度概念独有一种自然且必然的制度表达。③ 制度拜物教在新制度经济学身上的集中体现在于：有效的产权安排是私有产权制度安排，而建立在私有产权制度之上的只能是西方式民主。要想实现经济社会的发展，新制度经济学看来，需要确立私有制，相应地需要建立西方式民主，也就是多党竞争式民主，在经济基础和政治上层建筑发生变化的同时，个人主义价值观的确立也成为一种必需。当前，我们在积极借鉴和运用新制度经济学等西方文明成果的同时，必须消解制度拜物教，坚定不移地走中国特色社会主义道路。

其一，消解制度拜物教。一定意义上，西方国家是后发国家的"榜样"，为后发国家现代化提供"模板"。谋求国际垄断资本利益的西方国家又乐于利用这种"榜样"与"模板"的作用。而其中为人们所集中关注的是西方国家的"制度榜样"与"制度模板"。西方的制度往往具有了普世意义与价值。鼓吹西方制度的学术更加受到了后发国家的推崇。这是新制度经济学之所以得以在我国大肆传扬的原因之一。在我国传扬与实践的新制度经济学是"制度拜物教"的典型表现。新制度经济学是西方经济学中的"非主流"，是"主流之中的非主流"。古典政治经济学即古典经济自由主义解决了制度确立的问题。此后，西方学术研究的基调被定为在对资本主义制度的修缮。西方世界里，宏观制度安排是一个既定事实，不需要再做深入思考。强调西方世界"常识"的新制度经济学自然不受到西方国家的更多推捧，但其却恰好满足了后发国家的需求，更关键是迎合了国

---

① 丁为民：《发展是马克思主义的存在方式》，《国外理论动态》2006年第4期，第10～11页。
② 魏崇辉：《两种意识形态理论的比较研究：马克思主义与新制度经济学——一个分析框架构建的初步尝试》，《上海行政学院学报》2010年第2期，第4～10页；魏崇辉：《新制度经济学视角的意识形态研究》，南京：东南大学硕士论文2004年。
③ [美]罗伯托·曼戈贝拉·昂格尔：《法律分析应当为何？》，北京：中国政法大学出版社2007年版，第10页。

际垄断资本谋求全球利益的需要。它将产权私有化和西方式民主直接等同于普世价值,通过全球化、网络化所带来的便利条件,对处于转型期的社会主义中国意识形态安全构成了威胁。作为一种在国内外颇有影响的思维模式,"制度拜物教"的特点是将某种具体的制度安排直接等同于抽象理念。一如上文所说,有人把西方的企业制度直接等同于市场经济,将西方的多党制直接等同于民主。这种思维方式给特定历史条件下的具体制度安排以超历史的神秘的必然性。①新制度经济学对我国意识形态安全的威胁经过指导思想("泛"意识形态化、非意识形态化与攻击马克思主义)、经济制度(科斯定理与促动产权私有化改革)、政治制度(政治科斯定理与推行西方式民主)、思想文化(经济学帝国主义、话语霸权与生搬硬套以及工具理性肆虐与信仰缺失),通过对外扩张与肢解民族国家得以实现。对此,我们必须采取有效措施积极有效地应对新制度经济学意识形态理论威胁。但是,需要我们特别重视的是,西方资本主义意识形态有多种表现形式,一定意义上都是制度拜物教,因为它们鼓吹的都是资本主义意识形态的普世性。所以,消解制度拜物教需要从不同视角进行,就像上文提及对待新制度经济学意识形态理论那样。而对制度拜物教最根本的消解方法就是坚定不移地走中国特色社会主义道路。

其二,坚定不移地走中国特色社会主义道路。要实现经济社会又好又快的发展,一国必须找到一条符合本国国情、契合时代要求的发展道路。道路问题至关重要,事关全局。党的十七大报告明确指出:"中国特色社会主义道路,就是在中国共产党的领导下,立足基本国情,以经济建设为中心,坚持四项基本原则,坚持改革开放,解放和发展生产力,巩固和完善社会主义制度,建设社会主义市场经济、社会主义民主政治、社会主义先进文化、社会主义和谐社会,建设富强民主文明和谐的社会主义现代化国家。"中国特色社会主义道路是一条实现中国繁荣富强、人民幸福安康的正确道路,是马克思主义普遍真理与中国具体实际相结合的道路,是适合中国国情的道路。中国特色社会主义道路显示了强大的力量,是对"制度拜物教"的最好反驳,是维护我国意识形态安全的最有力武器。作为新自由主义的重要代

---

① 唐贤兴:《产权、国家与民主》,上海:复旦大学出版社2002年版,第21页。

表，新制度经济学强调和凸显一种非资本主义不可的发展路径，无视他国积极探索适合本国特色的发展道路的努力与现实。实践已经充分证明，只有社会主义才能救中国，只有中国特色社会主义才能发展中国。无论遇到什么艰难险阻、风险波折，都必须坚定不移地走中国特色社会主义道路，必须从中国的实际出发，不照抄、照搬别国经验、模式。

第四，积极探索坚持公有制主体地位与维护基本制度的有效路径。在新自由主义看来，市场经济与社会主义是格格不入的，二者的结合不可能取得成功。市场经济代表了自由选择，而社会主义则于计划经济密切相连。新自由主义认为，既然中国选择了市场经济之路，那么走向私有化则是必然选择。与其不知改革如何下手，不如干脆快刀斩乱麻。这恰恰是苏东一些社会主义国家转型的基本思路。实践昭示，中国的市场经济只能而且必须是社会主义的。本书以马克思主义意识形态理论为指导，从政治的角度展开了对新制度经济学意识形态理论的批判。不过，这仅仅是维护我国基本制度工作的一个视角。按照马克思主义的基本观点，经济基础决定上层建筑。因此，与维护我国基本制度直接相关的是公有制的主体地位。但在实际生活中的一些问题需要引起我们的高度注意。

其一，必须在理论上与实践中理直气壮地坚持公有制的主体地位。因为社会主义国家，坚持公有制为主体就是对基本制度形态的坚持。大多数学者也认为，必须坚持公有制的主体地位，维护我国的基本经济制度。同样不容忽视的是，亦有观点认为，应当根据现实情况修正基本经济制度的内涵，将"以公有制为主体"改为"以公有制为主导"或者实行社会所有制。应对"公降私升"的办法之一就是把基本经济制度改为"公有经济为主导"。公有制经济存在产权不清、效率低下、与市场经济无法兼容的一系列问题。只有通过彻底推进私有化或"民营化"，使国有企业完全退出竞争领域，同时加快垄断性国有企业的私有化进程，才能造就所谓"真正的市场经济"。"社会所有制"的概念比公有制更好。[1]社会主义国家

---

[1] 高尚全：《"国进民退"的问题不在进退》，《人民论坛》2010年第1期，第46~47页；晓亮：《中国民营经济60年》，《南方经济》2009年第10期，第3~7页；董德刚：《"社会所有制"这个概念更好些》，《北京日报》，2010年6月12日。

必须坚持公有制的主体地位。这是毋庸置疑的。但坚持公有制的主体地位需要深入回答与之相关的理论问题。比如，我国大多数观点力主必须社会主义公有制为主体，认为中国如果要全面推行资本主义私有制，只能先搞西方原始积累阶段的资本主义，而不会是当今西方发达国家那样的资本主义。进一步的追问是：资本主义私有制对于中国长远发展究竟是利，还是弊？对这个问题需要做进一步的思考。对这类问题的进一步明辨是非，将为我们坚持正确的改革方向提供充分有力的理论支持。①很显然，这方面的研究还远远不够。

其二，有效坚持公有制主体地位事关基本制度的维护。在整个社会主义初级阶段，除了要坚持公有制的主体地位，同时还必须坚持发展非公有制经济。但是，在有些地区、有些领域，非公有制经济的发展势头要好于公有制经济。同时，改革开放以来，由于受新自由主义思潮的严重影响，国有资产以各种形式的"变卖"或"侵吞"大量流失，非公有制经济在整个国民经济中的比重已超过50%，国有经济已下降到不足30%，而且下降趋势仍在继续，公有制经济的主体地位岌岌可危。②那么，假使这种趋势持续下去，那么公有制的主体地位如何保证？在必须旗帜鲜明地坚持公有制主体地位之后，我们需要应对的问题是，如何坚持这种地位。如果这个无法好好地解决，放任国有资产流失，不论在理论上多么强调公有制主体地位的重要性也只能是一句空话。故此，这一问题在我国是迫切需要面对和解决。国有企业改革给予我们直观印象是遭遇瓶颈：国有企业现在服务的更多是既得利益集团的利益，而不是公共利益。国有企业通过行政垄断谋取高额利润，其对公共利益的贡献却与之不相匹配。国有企业必须改革。进一步的，如何改革国有企业成为迫切需要面对的问题。国有企业不能简单一卖了之。社会主义中国需要坚持公有制的主体地位，公有制的主体地位包含有国有经济的主导地位。更为急迫需要认识到的，当代中国情势下，如果推进国有企业私有化，推崇"冰棍理论"，只能使国有资产流失

---

① 浦兴祖：《关注经济体制改革走向》，《社会科学报》，2005年1月20日。
② 周新城：《划清社会主义公有制为主体、多种所有制经济共同发展同私有化和单一公有制的界限》，《中共石家庄市委党校学报》2010年第1期，第9～14页。

到既得利益集团与国际垄断资本的手中。这必将给中国的良性发展带来灾难性后果。因此,还需回到原来的问题上,国有企业必须改革,关键是如何改革。这里又遇到了难题:国有资产愈发成为既得利益集团谋求私利的重要工具,其服务于公共利益的基本功用受到藐视。所以,在信息爆炸的时代,通过各种媒体进入我们眼帘的是关于国有企业改革的无谓争论。作为公有制重要组成部分的集体经济的发展同样存在诸多亟需解决的问题,而学术界却实在不能贡献太多有意义的研究。① 这些都使得如何坚持公有制主体地位成为一个难以解决的问题。总之,如何有效地坚持公有制的主体地位是值得深入研究的问题,这关系到社会主义制度的坚持与完善,关系到意识形态安全的维护。

另外,由于指导中国改革和发展的意识形态核心部分是两个性质不同而又密切相关的内容,即坚持四项基本原则和坚持改革开放,协调两者之间的矛盾,使它们真正统一起来,是改革中意识形态问题的核心环节和意识形态工作的中心任务。诸如"以马克思主义意识形态为指导的现实社会如何保持社会的公正,如何沿着马克思主义的政治价值观之目标规划自己的社会生活?在实际的进程中会不会重新出现不公正?而如果出现了新的不公正,它对自由(效率)的影响是什么?发展作为硬道理,其后面支撑的政治价值是什么?公正与自由在现实生活中的意义是什么?如何在纷繁复杂的社会生活中实践它们之间的关系?"② 等等关系到人们基本的政治价值观、政治信仰,直接影响到人们的政治实践的诸多关于意识形态的问题仍有待人们的解答。③

---

① 随着国家对三农问题、集体经济的重视程度增加,三农问题破解、集体经济发展逐渐成为学术界关注的热点问题。但大多停留在无谓的重复、口号研究上,现在已经到了谁都可以谈三农的地步。尤其是一些整天关在学校里从来未曾有农村生活经验、体验经验的学者,却大谈农村土地制度改革,特谈缩小城乡差距,无法否认其好的出发点,但其又确实不会带来任何意义的研究成果,这也是必须正视的事实。

② 桑玉成、商红日:《政治价值、意识形态和政治信仰——关于当代中国政治哲学基本问题的断想》,《江苏行政学院学报》2002年第4期,第86页。

③ 魏崇辉:《新制度经济学视阈的当代中国意识形态建设》,《湖北经济学院学报》2009年第3期,第125~129页。

参考文献

1. 马克思、恩格斯：《马克思恩格斯选集（第1、2、3、4卷）》，北京：人民出版社1995年版。
2. 马克思、恩格斯：《马克思恩格斯全集（第1卷）》，北京：人民出版社1956年版。
3. 马克思、恩格斯：《马克思恩格斯全集（第2卷）》，北京：人民出版社1962年版。
4. 马克思、恩格斯：《马克思恩格斯全集（第3卷）》，北京：人民出版社1960年版。
5. 马克思、恩格斯：《马克思恩格斯全集（第13卷）》，北京：人民出版社1962年版。
6. 马克思、恩格斯：《马克思恩格斯全集（第19卷），北京：人民出版社1956年版。
7. 马克思、恩格斯：《马克思恩格斯全集（第22卷）》，北京：人民出版社1965年版。
8. 马克思、恩格斯：《马克思恩格斯全集（第25卷）》，北京：人民出版社1974年版。
9. 马克思、恩格斯：《马克思恩格斯全集（第30卷）》，北京：人民出版社1995年版。
10. 马克思：《德意志意识形态》，北京：人民出版社2003年版。
11. 马克思：《资本论》，北京：人民出版社1975年版。
12. 列宁：《列宁选集（第1卷）》，北京：人民出版社1995年版。

13. 列宁：《列宁选集（第3卷）》，北京：人民出版社1995年版。

14. 列宁：《列宁全集（第20卷）》，北京：人民出版社1989年版。

15. 毛泽东：《毛泽东选集（第1卷）》，北京：人民出版社1995年版。

16. 毛泽东：《毛泽东选集（第2卷）》，北京：人民出版社1991年版。

17. 毛泽东：《毛泽东选集（第3卷）》，北京：人民出版社1991年版。

18. 毛泽东：《毛泽东选集（第5卷）》，北京：人民出版社1977年版。

19. 毛泽东：《毛泽东文集（第2卷）》，北京：人民出版社1993年版。

20. 毛泽东：《毛泽东文集（第7卷）》，北京：人民出版社1999年版。

21. 邓小平：《邓小平文选（第2卷）》，北京：人民出版社1994年版。

22. 邓小平：《邓小平文选（第3卷）》，北京：人民出版社1993年版。

23. 江泽民：《论党的建设》，北京：中央文献出版社2001年版。

24. 江泽民：《论科学技术》，北京：中央文献出版社2001年版。

25. 中共中央文献研究室编：《十三大以来重要文献选编（上）》，北京：人民出版社1991年版。

26. 《十六大以来重要文献选编（上册）》，北京：中央文献出版社2005年版。

27. 《十六大以来重要文献选编（中册）》，北京：中央文献出版社2006年版。

28. 《十六大以来重要文献选编（下册）》，北京：中央文献出版社2008年版。

29. ［美］康芒斯：《制度经济学（上、下册）》，北京：商务印书馆1983年版。

30. ［美］诺思：《经济史中的结构与变迁》，上海：上海三联书店1994年版。

31. ［美］科斯等：《财产权利与制度变迁——产权学派与新制度学派译文集》，上海：上海三联书店、上海人民出版社1994年版。

32. ［美］科斯等：《企业、市场与法律》，上海：上海三联书店1990年版。

33. ［美］科斯：《论生产的制度结构》，上海：上海三联书店1994年版。

34. ［美］科斯、哈特、斯蒂格利茨等：《契约经济学》，北京：经济科学出版社1999年版。

35. ［美］诺思：《理解经济变迁过程》，北京：中国人民大学出版社2008年版。

36. ［美］A. 菲吕博顿等：《新制度经济学》，上海：上海财经大学出版社1998年版。

37. ［美］诺思、托马斯：《西方世界的兴起》，北京：华夏出版社1999年版。

38. ［美］诺思：《历时经济绩效》，《经济译文》1994年第6期。

39. ［美］诺思：《新制度经济学及其发展》，《经济社会体制比较》2002年第5期。

40. ［美］诺思：《制度、制度变迁与经济绩效》，上海：格致出版社·上海三联书店·上海人民出版社2008年版。

41. ［美］约翰·N.德勒巴克等编：《新制度经济学前沿》，北京：经济科学出版社2003年版。

42. 张五常：《经济解释》，北京：商务印书馆2000年版。

43. 张五常：《给中国十个经济建议》，《中华儿女（海外版）》2000年第5期。

44. 布坎南：《宪法经济学》，载刘军宁主编：《公共论丛（第2卷）》，北京：三联书店1996年版。

45. ［美］奥尔森：《集体行动的逻辑》，上海：上海三联书店、上海人民出版社1994年版。

46. ［美］豪斯曼编：《经济学的哲学》，上海：上海世纪出版集团、上海人民出版社2007年版。

47. ［英］卢瑟福：《经济学中的制度：老制度主义和新制度主义》，北京：中国社会科学出版社1999年版。

48. ［法］亨利·勒帕日：《美国新自由主义经济学》，北京：北京大学出版社1985年版。

49. ［美］威廉姆森：《资本主义经济制度》，北京：商务印书馆2004年版。

50. ［英］约翰·伊特韦尔等编：《新帕尔格雷夫经济学大辞典（第2、3卷）》，北京：经济科学出版社1992年版。

51. ［美］迈克尔·罗斯金：《政治科学》，北京：华夏出版社2001年版。

52. 王一程：《马克思主义是剖析"普世价值"问题的科学思想武器》，《政治学研究》2008年第6期。

53. 马德普：《普遍主义的贫困——自由主义政治哲学批判》，北京：人民出版社2005年版。

54. 程恩富、胡乐明：《新制度经济学》，北京：经济日报出版社2005年版。

55. 卢现祥、朱巧玲：《新制度经济学》，北京：北京大学出版社2007年版。

56. 杨德才：《新制度经济学》，南京：南京大学出版社2007年版。

57. 傅殷才：《制度经济学派》，武汉：武汉出版社1996年版。

58. 朱德米：《新制度主义政治学的兴起》，《复旦学报（社会科学版）》2001年第3期。

59. 孙凤仪：《两种制度经济学范式中的意识形态理论：分歧与根源》，《财经科学》2006年第12期。

60. ［英］阿尔弗雷多·萨德—费洛、黛博拉·约鞠新顿等：《新自由主义批判读本》，南京：江苏人民出版社2006年版。

61. ［美］约瑟夫·斯蒂格利茨：《批评新自由主义的结构调整》，《国外理论动态》2001年第12期。

62. ［美］约瑟夫·斯蒂格列茨：《社会主义向何处去——经济体制转型的理论与证据》，长春：吉林人民出版社1997年版。

63. ［美］诺姆·乔姆斯基：《新自由主义和全球秩序》，南京：江苏人民出版社2000年版。

64. Jorge Larrain. *The Concept of Ideolgy*, Hutchinson, London, 1979.

65. Douglass. C. North and R. P. D. Thomas. *The Rise of the Western World:A New Economic History*, Cambridge University Press,1973.

66. Douglass.C.North. *Structure and Change in Economic History*, New York and London:W. W. Norton and Co,1981.

67. Douglass. C. North. *Institutions, Institutional Change and Economic Performance,* Cambridge University Press,1990.

68. Vira,B.The Political Coase Theorem:Identifying Differences Between Neoclassical and Critical Institutionalism. *Journal of Economic Issues*, vol116. Sept. 1996.

69. MarkR. Amstutz, *International Conflict and Cooperation*, Boston: Mc—Graw—Hill,1999.

70. J. E. Stiglitz, *Whither Socialism*, Cambridge, Massachusetts, The MIT Press, 1994.

71. ［美］豪斯曼编：《经济学的哲学》，上海：上海世纪出版集团、上海人民出版社2007年版。

72. 程恩富、黄允成主编：《11位知名教授批评张五常》，北京：中国经济出版社2003年版。

73. 何秉孟主编：《新自由主义评析》，北京：社会科学文献出版社2004年版。

74. 陈岱孙：《对当前西方经济学研究工作的几点意见》，《经济学动态》1995年第11期。

75. 李炳炎：《"张五常现象"剖析》，《经济经纬》2003年第3期。

76. 胡代光：《剖析新自由主义及其实施的后果》，《当代经济研究》2004年第2期。

77. 吴宣恭等：《产权理论比较——马克思主义与西方现代产权学派》，北京：经济科学出版社2000年版。

78. 左大培：《混乱的经济学——经济学到底教给了我们什么》，北京：石油工业出版社2002年版。

79. 刘元春：《交易费用分析框架的政治经济学批判》，北京：经济科学出版社2001年版。

80. 张林：《中国的"新制度经济学运动"——新自由主义者与马克思主义者一次触及灵魂的斗争》，载柳欣、张宇主编：《政治经济学评论》2006卷第1辑，北京：中国人民大学出版社2006年版。

81. 马德普：《普遍主义的贫困——自由主义政治哲学批判》，北京：人民出版社2005年版。

82. 靳树鹏：《张五常先生的独步单方》，《书屋》2000年第5期。

83. 许宝强：《资本主义不是什么》，上海：上海人民出版社2007年版。

84. 许宝强：《自由经济意识形态的传播》，《天涯》2001年第6期。

85. 江时学：《新自由主义、"华盛顿共识"与拉美国家的改革》，《当代世界与社会主义》2003年第6期。

86. 徐大同主编：《当代西方政治思潮（20世纪70年代以来）》，天津：天津人民出版社2001年版。

87. 李强：《自由主义》，北京：中国社会科学出版社1998年版。

88. ［澳大利亚］安德鲁·文森特：《现代政治意识形态》，南京：

江苏人民出版社2005年版。

89．［英］米勒、波格丹诺等编：《布莱克维尔政治学百科全书》，北京：中国政法大学出版社1992年版。

90．马春文：《什么是政治经济学》，《社会科学战线》2005年第3期。

91．贾根良：《西方异端经济学传统与中国经济学的激烈转向》，《社会科学战线》2005年第3期。

92．黄少安、张卫国：《新、老制度经济学的基本方法论及其比较——融合、继承与发展》，《江海学刊》2007年第4期。

93．李小科：《澄清被混用的"新自由主义"——兼谈对New Liberalism和Neo-Liberalism的翻译》，《复旦学报（社科版）》2006年第1期。

94．林岗、刘元春：《诺斯与马克思：关于制度的起源和本质的两种解释的比较》，《经济研究》2000年第6期。

95．荣兆梓：《新制度经济学的理论范式为什么是适用的》，《经济学家》2004年第2期。

96．张建君：《制度假设、分析工具与政治经济学的创新》，《当代经济研究》2007年第7期。

97．黄新华：《当代西方新政治经济学》，上海：上海人民出版社2008年版。

98．黄新华：《当代意识形态研究：一个文献综述》，《政治学研究》2003年第3期。

99．胡均、刘凤义：《新制度经济学与马克思经济学的差异》，《教学与研究》2001年第5期。

100．张宇：《过渡之路—中国渐进式改革的政治经济分析》，北京：中国社会科学出版社1997年版。

101．何增科：《新制度主义—从经济学到政治学》，载刘军宁主编：《公共论丛（第2卷）》，北京：三联书店1996年版。

102. 杨龙：《西方新政治经济学的政治观》，天津：天津人民出版社2003年版。

103. 唐贤兴：《产权、国家与民主》，上海：复旦大学出版社2002年版。

104. 陈书静：《诺斯经济哲学思想研究——基于历史唯物主义制度演化理论的视界》，上海：上海人民出版社2008年版。

105. 陈书静：《马克思与诺斯的意识形态理论比较研究》，《上海财经大学学报》2006年第5期。

106. 张才国：《新自由主义意识形态》，北京：中央文献出版社2007年版。

107. 王沪宁等：《政治的逻辑——马克思主义政治学原理》，上海：上海人民出版社1994年版。

108. 侯惠勤：《析马克思主义意识形态理论的"冲突"》，《中共南京市委党校南京市行政学院学报》2007年第1、2期。

109. 侯惠勤：《弱化与强化：意识形态的当代走向与马克思主义的话语权——论邓小平理论和"三个代表"重要思想的一大理论创新》，《毛泽东邓小平理论研究》2004年第6期。

110. 郑永廷等：《社会主义意识形态发展研究》，北京：人民出版社2002年版。

111. 俞吾金：《意识形态论》，上海：上海人民出版社1993年版。

112. 周宏：《理解与批判——马克思意识形态理论的文本学研究》，上海：上海三联书店2003年版。

113. ［英］大卫·麦克里兰：《意识形态》，长春：吉林人民出版社2005年版。

114. 季广茂：《意识形态》，桂林：广西师范大学出版社2005年版。

115. 戈士国：《拜物教语境中的意识形态概念》，《哲学动态》2008年第4期。

116. 田改伟：《试论我国意识形态安全》，《政治学研究》2005年第

1期。

117. 宋惠昌：《当代意识形态研究》，北京：中共中央党校出版社1993年版。

118. 刘娟、杨义芹：《马克思主义意识形态理论与我国意识形态建设》，《求索》2008年第9期。

119. 赵凯荣：《重新理解马克思对意识形态的批判》，《学术研究》2007年第7期。

120. 尹保云：《"虚假的意识"与马克思、恩格斯的意识形态概念》，《学术界》2000年第6期。

121. 郁建兴：《马克思国家理论与现时代》，上海：东方出版中心2007年版。

122. 张秀琴：《马克思意识形态理论的当代阐释》，北京：中国社会科学出版社2005年版。

123. 仲崇东：《经济全球化与我国的意识形态安全》，北京：中共中央党校博士论文2003年版。

124. 王岩、茅晓嵩：《"意识形态终结论"批判与我国意识形态安全》，《政治学研究》2009年第5期。

125. 王永贵等：《经济全球化与社会主义意识形态建设研究》，北京：人民出版社2005年版。

126. 严高鸿、杜永吉：《构建和谐社会与党的意识形态建设》，《学海》2008年第4期。

127. 王水雄：《论制度变迁中的意识形态安全》，《江海学刊》2007年第1期。

128. 何怀远：《意识形态的内在结构浅论》，《江苏行政学院学报》2001年第2期。

129. 魏崇辉：《新制度经济学意识形态理论研究》，南京：东南大学硕士论文2004年。

130. 魏崇辉：《作为一种制度的意识形态：基于新制度经济学的解

说》,《生产力研究》2007年第11期。

131. 魏崇辉:《马克思主义与新制度经济学意识形态思想的比较研究》,《天府新论》2008年第2期。

132. 魏崇辉:《意识形态理论的契合、互补与超越——马克思主义与新制度经济学》,《理论与改革》2011年第3期。

133. 魏崇辉、王岩:《视阈·融通·走向:新制度经济学意识形态研究》,《社会科学家》2009年第2期。

134. 魏崇辉、王岩:《制度变迁理论的比较与启示——基于理论预设视角》,《经济问题》2009年第6期。

135. 魏崇辉、王岩:《公共选择学派的个人主义:一个多重视角的考量》,《贵州社会科学》2010年第3期。

136. 魏崇辉:《新制度经济学意识形态生存世界的建构》,《贵州社会科学》2009年第2期。

137. 魏崇辉:《新制度经济学意识形态理论对我国意识形态安全的威胁透析》,《太平洋学报》2010年第12期。

138. 魏崇辉:《两种意识形态理论的比较研究:马克思主义与新制度经济学——一个分析框架构建的尝试》,《上海行政学院学报》2010年版。

139. 王岩、魏崇辉:《新制度经济学意识形态理论与我国意识形态安全》,《马克思主义研究》2011年第2期。

140. 魏崇辉:《当代中国意识形态安全之威胁、压力及其应对——基于全球化、网络化与社会转型视域》,《太平洋学报》2012年第1期。

141. 魏崇辉:《马克思主义意识形态理论与意识形态分析的可能路径》,《内蒙古社会科学》2011年第6期。

142. 魏崇辉:《意识形态的流变:概念、理论与透析理路》,《求索》2011年第12期。

143. 魏崇辉:《新制度经济学缘起之意识形态归因透析》,《现代经济探讨》2011年第7期。

后 记

本书是在王岩教授指导下完成的。从学术上的传道、授业、解惑，到本书选题、修改，再到为人处世，我从王老师那里获益良多。选题过程中，感觉太过于思辨的东西，于我难度太大。这一点，我也多次向王老师汇报。但做与现实联系过于密切的研究，诸如"新农村建设"、"基层民主"等等之类，没有实证调研，没有切身体验，恐无发言权，最终只能落个纸上谈兵。我这种"不上不下"的局面让王老师费心不少。选题确定之后，王老师又指导我对本书提纲前后就进行了十余次的修改。初稿提交以后，王老师又逐字逐句地加以修改，连其中重复的词语都标示出来，让我十分汗颜。虽然对本书反复修改，试图使得前后表述一致，意思表达明确，努力"自圆其说"，但是由于跨度比较大，个人能力实在有限，所以，书中还存在很多问题，只能在以后进一步修改、完善了。

感谢郑易平教授对我提供的帮助，这使我有机会师从王岩老师，有机会到南京航空航天大学向其本人及赵玲教授、吕立志教授等诸位老师求教。他们渊博的知识、严谨的治学态度使我受益终身。师兄田志文博士、邓伯军博士，同学苗加清、刘耀斌等帮助甚多，一并感谢。

感谢江苏盐城师范学院经济法政学院的刘德林院长、王强教授、高汝伟教授对我的关心与帮助。他们在生活、工作、学习等各个方面给予我很多照顾。王强教授在病中还经常关心我本书写作等情况，令我深受感动！感谢南京信息工程大学公共管理学院周显信院长等诸位老师的帮助与宽

后记

容。本书的部分内容已经发表在《马克思主义研究》、《上海行政学院学报》、《太平洋学报》、《政治与法律》、《经济问题》、《贵州社会科学》、《社会科学家》、《天府新论》、《云南行政学院学报》等刊物，在此深表感谢。

  感谢我的家庭。女儿交给我很多任务，更带给我无尽的欢乐，教我学会承担。妻子为我求学与调动，付出了很多，承受了很多。父母的支持提供了后盾。需要感谢的人还有很多很多，语言却显得无力。而且，我一直不善表达，即便表达，却又往往词不达意。只能在以后加倍努力，不辜负他们的期望，虽然老套，却发自内心！

魏崇辉

2014年4月于南京